PARTIZIPATION
MACHT
ARCHITEKTUR

jovis

SUSANNE HOFMANN

PARTIZIPATION MACHT ARCHITEKTUR

DIE BAUPILOTEN
– METHODE
UND PROJEKTE

PARTIZIPATION MACHT ARCHITEKTUR

Wir können es uns nicht mehr erlauben, an den Bedürfnissen der Nutzer*innen vorbei zu planen. Ihr Wissen über den Gebrauch von Räumen, ihre gelebte Erfahrung ist für Architekt*innen die Grundlage, bedarfsgerecht und damit auch ressourcenschonend und klimagerecht zu bauen. Gebäude und Städte können auf Dauer nur nachhaltig werden, wenn Nutzer*innen an der Gestaltung ihres Lebensumfeldes aktiv teilhaben. Wenn Ressourcen sparsam, klug und sozial verantwortlich eingesetzt werden, entstehen Alltagsräume, die gut und vielfältig nutzbar sind – und mit ihnen wachsen die Selbstwirksamkeit, die Identifikation und das Wohlbefinden der Nutzer*innen.

Wie sollen Planer*innen und Architekt*innen auf diese Herausforderungen reagieren? Was bedeutet das für ihr Berufsverständnis? Sie können diese Fragen nicht mehr ignorieren, ohne sich dem Vorwurf der Ignoranz auszusetzen. Ob sie sich einem Mitwirkungsprozess öffnen, ist besonders vor dem Hintergrund der Klimakrise zu einer existenziellen Frage geworden.

Aber was bedeutet Partizipation konkret? Kostet oder spart sie Zeit? Kostet oder spart sie Geld? Wie geht Partizipation? Wo und wann werden Nutzer*innen (wirksam) beteiligt? Wie werden aus ihren Wünschen gebaute Räume? Welche Wirkung hat Partizipation? Gelingt eine Identifikation mit der Architektur? Schafft sie sozialen Zusammenhalt? Wer hat eigentlich Angst vor Partizipation?

PARTIZIPATION MACHT ARCHITEKTUR gibt mögliche Antworten auf diese Fragen. Das Buch ist drei Teile gegliedert: Die Einführung gibt einem Überblick über historische und aktuelle partizipative Planungsstrategien. Danach wird die Planungsmethode des Architekturbüros Die Baupiloten in Form vom Methodenbausteinen als eine Art Spielanleitung erläutert. Sie umfasst eine große Bandbreite von Beteiligungsmöglichkeiten, die vor allem in der Kommunikation über und durch Atmosphären besteht. Abschließend werden die nach diesen Methoden entworfenen und gebauten internationalen Projekte des Büros Die Baupiloten vorgestellt. Sie zeigen, wie mit Partizipation anspruchsvolle Architektur entsteht, die vom Nutzer hochgeschätzt wird.

PARTIZIPATION MACHT ARCHITEKTUR richtet sich an alle, denen an einer demokratischen Planungs- und Baukultur gelegen ist und die wissen wollen, was es genau mit der Partizipation am Entwurf und der Planung in der Architektur auf sich hat.

Dr.-Ing. Susanne Hofmann
Berlin 2023

PARTIZIPATION UND ARCHITEKTUR

PARTIZIPATION UND ARCHITEKTUR
DIE CHANCEN EINES PARTIZIPATIVEN ENTWURFS-PROZESSES

Demokratische Gesellschaften, die in zunehmendem Maße aus emanzipierten Menschen bestehen, beanspruchen immer stärker die Teilhabe an der Gestaltung ihrer gebauten Umwelt. Partizipation wird daher für den architektonischen Entwurfsprozess immer relevanter, gleichzeitig wird die Rolle des Architekten als Experte infrage gestellt. Architekten haben oftmals mit Vorwürfen zu kämpfen, ihre Arbeit würde sich von den Bauherrn- und Nutzerwünschen zu sehr abheben und nur ihren eigenen Gesetzmäßigkeiten folgen. Ob sich Architekten isolieren und damit dem Vorwurf der Arroganz und Selbstverliebtheit aussetzen oder ob sie sich im Entwurf den Nutzern in einem Mitwirkungsprozess öffnen, ist zu einer existenziellen Frage geworden. Denn wenn man davon ausgeht, dass sich die Qualität der Architektur an ihrer nachhaltigen Nutzbarkeit und dem Grad der Identifikation des Nutzers mit dem Gebäude bemisst, muss dessen Teilhabe an der Gestaltung der Umwelt ein hoher Stellenwert eingeräumt werden. Das Wissen von Laien über den Gebrauch und das Erleben von Räumen ist für Architekten eine grundlegende Erkenntnis im architektonischen Entwurfsprozess, der daher auf einer tragfähigen Kommunikation zwischen Architekt und Nutzer aufbauen sollte.

In der allgemeinen Praxis eines Architekturbüros sollte die Arbeit mit dem Nutzer als ein wesentlicher Teil der Grundlagenermittlung im Entwurf gesehen werden und damit als eine Erweiterung des Betätigungsfeldes von Architekten. In dieser Form ist sie in der Honorarordnung für Architekten und Ingenieure (HOAI) nicht vorgesehen, wird entsprechend nicht vergütet und muss deshalb mit dem Bauherrn gesondert verhandelt werden. Im Baugesetzbuch ist nur die Information der Bürger bei Projekten verankert (BauGB §3,1), nicht aber deren Partizipation vorgeschrieben oder eingeplant. Beteiligung als Potenzial für eine bessere und passendere Architektur wird daher oft nicht genutzt oder so beiläufig und schlecht geplant durchgeführt, dass Vorurteile der Wirkungslosigkeit nur bestätigt werden. Partizipation als Alibi, Partizipation als Selbstzweck, Partizipation als ökonomisch zu aufwendig, dies sind nur einige der Bedenken gegen Beteiligungsverfahren. Für eine frühe Einbindung sprechen aber nicht nur die zunehmenden Proteste gegen Bauprojekte, auch kann gut geplante Partizipation wesentlich zu einer qualitätvollen gebauten Lebensumwelt und höheren Identifikation beitragen. Im Rahmen einer breiten Diskussion in der Fachwelt über eine „Phase Null" als vorgeschaltete Leistungsphase in Bezug zur HOAI spielt das Thema daher eine zentrale Rolle. Für den Schulbau definieren die Montag Stiftungen die Phase Null als „Vorbereitung und Entwicklungsphase [...] für die pädagogischen, räumlichen, wirtschaftlichen und städtebaulichen Anforderungen im jeweiligen Schulbauvorhaben [...]" Sie „umfasst über eine sorgfältige Bestandsaufnahme aller relevanten Daten hinaus die Entwicklung von belastbaren Nutzungsszenarien und Organisationsmodellen für die anstehende Bauaufgabe. [...]"[1] Allerdings wird die „Phase Null" meist losgelöst vom restlichen Entwurfsprozess verstanden und es werden oftmals andere Architekturbüros oder Projektentwickler als die ausführenden Architekten damit beauftragt. Die Montag Stiftungen empfehlen zum Beispiel externe, gesondert beauftragte Schulbauberatungsteams.

Der eigene Ansatz der Partizipation hingegen sieht eine enge Zusammenarbeit zwischen Nutzer, Bauherr und Architekt über mehrere Phasen des Entwurfsprozesses hinweg vor. Dabei ist aufseiten der Architekten zunächst Offenheit für die Nutzerwünsche Voraussetzung für eine zielgerichtete Kommunikation, Nutzerbeobachtung und eine Hospitation ihres Alltags.

Es müssen strategische Prozesse konzipiert werden, um Kommunikationshindernisse zu überwinden und nutzerspezifische, niedrigschwellige Interaktionsebenen einzurichten, die unter Umständen auch durch „Übersetzer" entwickelt werden können. Das können besonders geschulte Mitarbeiter im Büro sein oder bei der Arbeit mit Jugendlichen auch junge Menschen, die deren Lebenswelten noch nahe sind und damit gut vermitteln können. Die Nutzerbeteiligung sollte dabei als eine Fundierung des Entwurfsansatzes verstanden werden, nicht als eine Irritation oder Verwässerung der „reinen" Idee. Sie schafft eine robuste Entwurfsbasis, die zu einer hohen Nutzungsrelevanz des Entwurfes und zu einem hohen Identifikationsgrad der Nutzer mit der Architektur führt. Konflikte, die andernfalls erst während des Bauens oder nach Fertigstellung des Bauwerkes auftreten, können so schon in der Entwurfsphase geklärt werden. Wesentlich dafür ist die aufgebaute Vertrauensbasis zwischen Nutzer, Bauherr und Architekt, die im Sinne eines gleichseitigen Dreiecks gleichberechtigt sein sollte. Prinzipielle Voraussetzung ist die Bereitschaft des Bauherrn, des Bauverantwortlichen, des Einrichtungsträgers oder schlicht des Geldgebers, sich auf Partizipationsverfahren einzulassen und eine Nutzerbeteiligung für sinnvoll zu erachten. Aber auch die Nutzer müssen an ihre eigene Selbstwirksamkeit glauben. Nur so kann die Zusammenarbeit zwischen Architekt, Nutzer und Bauherr fruchtbar sein.

Die genaue Erkundung von Nutzerwünschen und Nutzervorstellungen über den Gebrauch von Gebäuden sowie eine gut funktionierende Kommunikation zwischen Laien und Architekten sind wichtige Grundlagen für die Entwurfsqualität und eine nachhaltige Nutzung der Gebäude, die durch die Zufriedenheit ihrer Nutzer zum Ausdruck gebracht werden. Die erhöhte Identifikation mit dem Gebäude trägt zum Wohlbefinden bei, was beispielsweise für Schulen und Kindergärten einen zusätzlichen pädagogischen Mehrwert ergibt. Die Identifikation mit dem Gebäude kann zu besseren sozialen Beziehungen im Wohnungsbau führen. Sie hat eine höhere Zufriedenheit mit dem bedarfsgerecht gebauten Lebensraum und einen schonenden Umgang mit dem Baubestand zur Folge und kann damit den Aufwand von Reparaturen oder Umbauten verringern. Partizipation hat also auch einen ökonomisch relevanten Mehrwert. Partizipation ist damit eine gesamtgesellschaftliche Herausforderung, aber auch in der überschaubaren Gemeinschaft der Beteiligten eines Bauvorhabens kann bei geeigneter Kommunikation eine Einigkeit hergestellt werden, die Konfliktpotentiale und damit verbundene Kosten und Zeit minimiert.

Inwieweit die Nutzer in den Entwurfs- und Bauprozess einbezogen werden, wie und an welchen Prozessen sie partizipieren und wer überhaupt als Nutzer definiert wird, bestimmt die Intensität und Qualität des Partizipationsprozesses. So wird ein öffentliches Gebäude von mehreren Gruppen auf unterschiedliche Weisen genutzt, die aber alle mitentscheiden sollten, wenn es um die Zukunft ihrer gebauten Umgebung geht. Das oftmals implizite Wissen der Menschen über Raumqualitäten und ihre Ansprüche an die Nutzung und das Erleben von Räumen ist ein gesellschaftliches Potenzial, das in der Architektur Berücksichtigung finden muss. Partizipation ist aber auch eine Herausforderung an den Architekten und seinen Entwurf, denn der mögliche Konflikt zwischen den Beteiligten und ihren unterschiedlichen Wünschen birgt Risiko und Ungewissheit. Deshalb ist der Konsens und die Frage, ob er erreichbar oder ob er wünschenswert ist, ein wesentliches Thema in den Theorien zur Partizipation. Die Rolle, die der Architekt in einem partizipativen Entwurfsprojekt einnimmt, steht ebenso zur Debatte wie die des zukünftigen Nutzers, denn Partizipation wird von vielen Architekten und Bauherren noch als störend sowie zu zeit- und kostenintensiv empfunden.

Partizipation ist also nicht zuletzt auch eine Herausforderung an das Selbstverständnis von Architekten, denn ein partizipativer Entwurfs- und Bauprozess bringt unter Umständen neue Produktionsweisen und eine neue Bauästhetik mit sich. Dafür wird eine Architektur zu erwar-

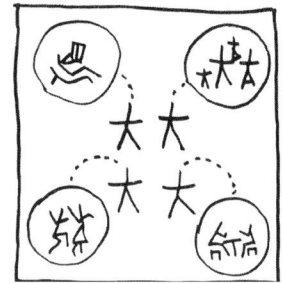

YONA FRIEDMAN, 1974 MEINE FIBEL. WIE DIE STADTBEWOHNER IHRE HÄUSER UND IHRE STÄDTE SELBER PLANEN KÖNNEN

ten sein, die der Nutzungsanforderung entspricht, herkömmlich gibt es hingegen oft Antworten auf fiktive Nutzungsannahmen. Letzteres mag fürsorglich gemeint sein, es hat – neben der Gefahr, an den realen Nutzerinteressen vorbeizuplanen, – immer etwas Bestimmendes und Einengendes, manchmal sogar Aggressives für die Nutzer. Wesentlich ist hier ein transparenter und gut vermittelter Entwurfsansatz, der die Bedeutung der „Leute" (im Sinne der österreichischen Soziologin Helga Nowotny) für den Prozess des Entwerfens sichtbar macht.[2]

Die Teilhabe von Architekturlaien an der Gestaltung ihrer gebauten Umwelt wird in der aktuellen Diskussion in Deutschland immer noch auf die Frage der Bürgerbeteiligung am Prozess der Stadterneuerung und Stadtentwicklung zum Beispiel in Form von öffentlichen Anhörungen reduziert.[3] Die Teilhabe an der architektonischen Gestaltung der direkten Lebensumwelt bleibt meist ausgeblendet. Architekten beteiligen sich kaum an diesen Debatten, ziehen sich oftmals mit ihrer gestalterischen Kompetenz daraus zurück und beschränken sich auf die Moderation oder Organisation von baulichen Prozessen und damit verbundenen Entscheidungen. Die Gestaltung gilt dabei oftmals als Feld nachrangiger ästhetischer Entscheidungen. Aber wie lässt sich eine Architektur entwerfen und bauen, die den von Vitruv postulierten Anforderungen an Konstruktion, Schönheit und Nützlichkeit gerecht wird? Nützlichkeit, die nicht nur verstanden wird im Sinne einer reinen Funktionalität, sondern die Erwartungen an eine hohe atmosphärische Qualität integriert, die den Gebrauch unterstützt und dem Nutzer die Möglichkeit gibt, sich mit der Architektur zu identifizieren?

Daraus ergeben sich konkrete Fragen für den Entwurfsprozess:

1. Wie lassen sich die aus der Nutzerpartizipation gewonnenen Erkenntnisse in den architektonischen Entwurfsprozess gewinnbringend integrieren?

2. Wie muss die Kommunikation zwischen Nutzern und Bauherrn sowie Architekten gestaltet sein, damit dieser Prozess fruchtbar verläuft, sodass Architekturlaien daran auf Augenhöhe partizipieren können?

3. Und wie kann der Entwurf ohne substanzielle Abstriche auch unter ungünstigen Vorbedingungen wie geringe Baubudgets, enge baurechtliche Vorgaben oder strikte Normen und Vorschriften so realisiert werden, dass die Nutzerwünsche wirklich zum Tragen kommen?

Um diese Fragen näher zu erörtern, wird im Folgenden ein Blick in die Geschichte der Partizipation und ihrer Möglichkeiten geworfen; ebenso wird Fragen nach dem spezifischen Nutzer- und Architektenwissen und einer gelungenen Kommunikation im Partizipationsprozess nachgegangen. Die Möglichkeiten einer erfolgreichen Partizipation werden anhand der eigenen Methode, die mittels der Kommunikation über und durch Atmosphären arbeitet, und konkreter Projekte vorgestellt.

PARTIZIPATION IM ARCHITEKTONISCHEN ENTWURFSPROZESS – EIN RÜCKBLICK

„Die Autorität und der elitäre Status des Architekten" sind nicht länger zu halten – diese Aussage zeugte schon mal in den 1960er Jahren von einer Geisteshaltung, die sich vehement vom „ästhetischen Expertentum" abwandte und unter anderem den Soziologen Lucius Burkhardt dazu veranlasste, die Einbeziehung der Nutzer in die Planungsprozesse zu fordern.[4] Der britische Architekt und Autor Jeremy Till spricht 40 Jahre später in diesem Zusammenhang von einem Eindringen der Nutzerbegierden in die Komfortzone der Architekten.[5] Diese würden an einem idealisierten – man könnte auch sagen verengten – Bild der von Vitruv aufgestellten Grundsätze der Nützlichkeit, der Schönheit und der Konstruktion festhalten, das in seiner Reinheit durch einen Partizipationsprozess infrage gestellt würde. Zumindest der Grundsatz der Nützlichkeit wird aber ausgehöhlt, wenn der Kommunikationsprozess zwischen Architekt und Bauherr oder Nutzer gestört ist und Architekten glauben, besser als die Nutzer selbst zu wissen, was diese brauchen. Till fordert deshalb eine glaubwürdige Integration der Nutzerwünsche und ihrer Angelegenheiten.[6]

TRANSPARENZ DES ENTWURFS

Einen wichtigen Versuch der Integration von Partizipation in einen systematischen Planungsprozess stellt das „Design Methods Movement" dar. Anfang der 1960er Jahre in Berkeley/USA unter anderem von den britischen und US-amerikanischen Architekten Christopher Alexander, Bruce Archer, John Chris Jones und dem deutschen Planungstheoretiker Horst Rittel gegründet, beinhaltete das „Design Methods Movement" das Bestreben, Nutzerbedürfnisse in den Entwurf zu integrieren und diesen für einen partizipativen Prozess transparent zu machen. Allgemein war die britische, aber auch die deutsche Diskussion Ende der 1960er, Anfang der 1970er Jahre von der Frage durchdrungen, wie eine Entwurfsmethodik durch eine Systematisierung auch für Laien zugänglich gemacht werden kann. In dem Ziel eines um Objektivität bemühten Entwerfens und einer hohen Rationalität des Denkens sah man die Möglichkeit, sich subjektiven, emotionalen und intuitiven Einflüssen zu entziehen, um damit den Entwurfsprozess auch für Außenstehende, also den Nutzer, nachvollziehbar zu machen. Die Vertreter des „Design Methods Movement" waren sich einig, dass die Undurchsichtigkeit des Entwurfsprozesses eine Partizipation verhinderte. Durch den Einsatz eines Computers glaubte man, einem größeren Teilnehmerkreis direkten Einfluss auf die Gestaltung seiner Umgebung geben zu können, oder sogar ganze Gebäude entwerfen zu können. Till kritisiert die Ansätze des „Design Methods Movement", da er einen grundlegenden Widerspruch zwischen einer autoritär wirkenden Ästhetik und einem hohen ökonomisch-technischen Aufwand auf der einen und der sozialen Wirklichkeit auf der anderen Seite sieht.[7] Allein ein transparenter Planungsprozess ermögliche dem Laien beziehungsweise dem Nutzer noch keine Beteiligung, denn die in dem rationalisierten Verfahren produzierten Diagramme und technischen Daten seien letztendlich doch nur für Experten verständlich, die zudem wieder den Rahmen vorgeben. Die tatsächliche Integration des Nutzers oder eines Laien verlange vielmehr eine Neuformulierung des Expertenwissens und neue Wege, dieses einzusetzen, sonst entfremde sich der Architekturdiskurs weiter von den alltäglichen Wünschen und Bedürfnissen der Gesellschaft.[8]

Zusammenfassend lässt sich also feststellen, dass der architektonische Entwurfsprozess zwar rationalisierbare und damit objektivierbare Erkenntnisse und Entscheidungsstrukturen beinhaltet, er kann aber nicht gänzlich durch diese abgebildet werden. Die vom „Design Methods Movement" favorisierten rationalistischen Entscheidungsstrukturen können zwar besser transparent gemacht werden als ein „intuitiver" Entwurfsprozess, sie bilden aber den gesamten Planungsvorgang kaum ab, sondern sind ein strukturelles Geflecht, dass unter Umständen genauso schwer kommunizierbar und für den Laien kaum verständlich sein kann.

ÄSTHETIK DES GEBRAUCHS
Christopher Alexander, einer der Protagonisten des „Design Methods Movement", suchte nichtsdestotrotz weiter nach einem Ausweg aus dem in seinen Augen willkürlichen Formalismus eines architektonischen Entwurfs. Andere, wie zum Beispiel der österreichische Architekt Ottokar Uhl, verbinden diesen Planungsansatz mit einer stark am Gebrauch orientierten Auffassung der Architektur und der Raumgestaltung, durch die vor allem Bewegungs- und Aneignungs- oder auch Kommunikationsmöglichkeiten angeboten werden sollen. Die Architekturtheoretikerin Christa Kamleithner spricht in diesem Zusammenhang von einer Ästhetik des Gebrauchs.[9] Der französische Architekt Yona Friedman forderte einen radikalen Wechsel in der Berufsauffassung von Architekten. Sie sollten nach seiner Vorstellung zu „Übersetzern" der Nutzerwünsche werden. Diese Rolle sah er im klassischen Verhältnis zwischen Architekt und Bauherr bereits vorgeprägt, es ging ihm um die Übertragung auf eine anonyme Nutzergruppe. Hier setzten auch die Bemühungen von Alexander mit der von ihm entwickelten „Pattern Language" (1977) an. In der „Pattern Language" finden die Nutzer die Überlegungen des Architekten kondensiert und vorformuliert, in ihrer konsequenten Anwendung sollten sie nach den Vorstellung von Alexander die weitere Arbeit eines Architekten in der Rolle des Entwerfers überflüssig machen. Auch der belgische Architekt Lucien Kroll räumt den Nutzern weitreichende Kompetenzen bei der Gestaltung der von ihnen genutzten oder bewohnten Bauten ein. Er entwickelte bereits früh auf CAD-Basis ein Baukastensystem, das die wesentlichen bautechnischen Entscheidungen vorwegnimmt, die endgültige Gestaltung aber im Rahmen des Systems dem Nutzer überlässt. Kroll nimmt dabei für sich in Anspruch, die Bewohner nicht nur am Entwurfsprozess teilhaben zu lassen, er sieht das ganze Projekt als ein kollektives Kunstwerk an. Wie Alexander gibt auch Kroll dem Unvorhersehbaren, dem Unbestimmbaren oder auch dem Unkontrollierbaren beim Bauen Raum.

Den Projekten von Alexander, Uhl, Kroll und auch denen des niederländischen Architekten Nicolaas John Habraken ist die Verwendung eines planerischen und konstruktiven Systems gemeinsam. Mit diesen Vorplanungen werden einige komplexe Probleme des Bauens, wie die Tragkonstruktion oder die Versorgung mit und Entsorgung von Wasser, Strom und dergleichen, vorab angegangen. Die damit getroffenen Festlegungen lassen Spielraum für die Entfaltung baulich-räumlicher Vorstellungen der Nutzer, die den Ausbau selbst bestimmen. Damit sind die Aufgaben des Architekten neu gestaltet, denn er entwickelt nur noch ein tragfähiges Trägersystem, der Ausbau ist nicht mehr seine Aufgabe – es sei denn, die Bewohner/Nutzer ziehen ihn oder einen Kollegen zurate. Die kritische Begleitung der Projekte von Kroll oder von Alexander zeigt aber auch, dass Nutzer mit dem Ausnutzen der Freiräume überfordert sein können und oftmals die gestalterische Expertise des Architekten fehlt. Das legt eine vertrauensvolle Begleitung der Projekte bis zur Fertigstellung und gegebenenfalls auch darüber hinaus durch die Architekten nahe.

Der für den Nutzer so geschaffene Freiraum ist also in zweierlei Hinsicht zu relativieren:
1. Wesentliche bauliche Entscheidungen sind in die Entwicklung des Bausystems verlagert worden, über das wiederum allein der Architekt und die Baufachleute entscheiden.
2. Um den gewonnenen Freiraum auszufüllen, braucht der Nutzer die Kompetenz des Architekten, ohne die er nur bedingt seine baulichen und ästhetischen Wünsche verwirklichen kann.

Für die Kritiker Geoffrey Broadbent und Reyner Banham liegt in diesem nach ihrer Auffassung zu großen Freiraum, den die partizipationsorientierten Architekten ihren Anwendern lassen, gleichzeitig ein zu großer Rückzug der Profession aus ihrer Verantwortung für die gebaute Umwelt, für eine gestalterisch wertvolle und gut nutzbare Architektur. Die Nutzer seien mit der ihnen übertragenen Aufgabe überfordert. Ein anderes Modell der praktischen Partizipation der Nutzer, in diesem Fall der „Bewohner" entwickelte der in London praktizierende Architekt Walter Segal. Sein kleinteilig aufgebautes System vorfabrizierter Bauelemente und einer weitgehend vorgedachten Planung kann nach einem Baukastenprinzip direkt auf der Baustelle umgesetzt werden.

ANLEITUNG ZUM SELBSTBAUEN
Ähnlich wie Alexander sah auch Segal die Ästhetik der Architektur beiläufig aus dem Planungs- und Bauprozess heraus entstehen und belegt das „Formwollen" der Architekten mit einem moralischen Bann. Segal sah sich selbst als „Ermöglicher" des Selbst-Bauens.[10] Er akzeptierte, ja begrüßte die komplexen und teilweise widersprüchlichen Wünsche seiner Bauherrn

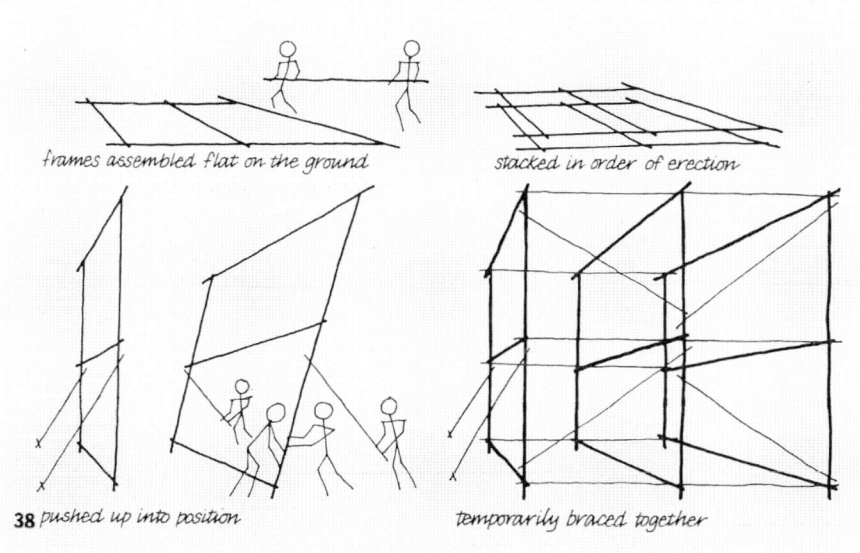

WALTER SEGAL, 1970er SKIZZEN FÜR DIE ANLEITUNG ZUM SELBSTBAU

und wandte sich explizit gegen die autoritäre, stereotype Interpretation der Gesellschaft durch die moderne Architektur und die ihr nahe stehenden Experten. Segals Mitarbeiter, der britische Architekt Jon Broome hebt hervor, dass die Familien der Selbst-Bauer stets komplett in die Arbeit einbezogen waren, der Bau der Häuser wurde zu einem wahren Familienunternehmen.[11] Die Autorin Charlotte Ellis betont in einem Beitrag für die britische Fachzeitschrift *Architectural Review*, dass Segal in seinem Partizipationsverfahren nicht nur auf die physischen, sondern auch auf die psychischen Bedürfnisse der Nutzer eingeht.[12] Er selbst erklärt, dass die Form aus der psychologischen und physiologischen Wirkung der Architektur abgeleitet werden muss. Das könne nur durch den Beitrag der Nutzer erreicht werden, ohne ihre Beteiligung entstehe eine „bedeutungslose Form".[13] Die Zusammenarbeit aller Beteiligten auf der Baustelle stifte außerdem nicht nur eine hohe Identifikation mit den Häusern, sondern wecke auch ein starkes Gemeinschaftsgefühl, das sich, wie Broome berichtet, bis heute nachhaltig in einer robusten Nachbarschaft und jährlichen Straßenfesten erhalten hat.[14] Folgt man Segal, geht es beim Bauen nicht so sehr um das Gebäude als vielmehr um eine Lebensweise. Der britische Architekt und Theoretiker Peter Blundell Jones resümiert: „An die Stelle eines Monologs des Entwerfers am Zeichentisch trat der Dialog – unvorhersehbar und unordentlich, aber voll Leben und faszinierend sowie in sozialer Hinsicht lohnend."[15]

Der deutsche Architekt Peter Hübner folgt in seinem Partizipationsansatz treu dem Vorbild Segals. Die von ihm gebauten Schulen spiegeln Hübners Überzeugung wider, dass Schulen lebendige und anregende, kleinteilige, differenzierte und individuell nutzbare Orte sein müssen. Dabei ist für ihn das Bild der gewachsenen Stadt ein wichtiges Vorbild.[16] Hübner, Segal und ebenso der für seine Bausysteme mit Selbstausbau bekannte deutsche Architekt Peter Sulzer sehen das ästhetische Erscheinungsbild ihrer Bauten als zweitrangig an. Der Prozess des Planens und Bauens steht im Vordergrund, das Ergebnis muss in ihren Augen nicht „schön" sein, wenn die Zufriedenheit der Nutzer, die Identifikation mit den Bauten und der Stolz über das selbst Geschaffene gegeben seien. Diese Auffassung von Ästhetik hat ihre Wurzeln in den funktionalistischen Gestaltungsideen, die im ersten Drittel des Jahrhunderts entwickelt wurden: Nicht der Architekt bestimmt die Form des Gebäudes, sondern der Produktionsprozess. Das Funktionieren hat eine höhere Priorität als der „Formwillen" des Architekten: Die Form folgt der Funktion. Segal, Sulzer und Hübner setzten an die Stelle der Funktion jedoch den Prozess des Bauens gemeinsam mit den Nutzern. Insbesondere Hübner entwickelte ein eigenes Beteiligungsverfahren: Er konzentriert sich bei der Zusammenarbeit mit dem Nutzer auf den gemeinsamen Entwurf, der vom Architekten aus den Ergebnissen eines Workshops entwickelt wird. Sachzwänge löst der Architekt durch seine planerische Expertise auf. Hübner hat so seinen akademischen Standort als Architekt verlassen, ohne dabei dessen wesentliche Kompetenzen aufzugeben, die ihn in die Lage versetzen, die Belange des Bauherrn respektive des Nutzers verantwortlich zu vertreten. Doch trotz ihrer Zurückhaltung im Prozess sind die Bauten dieser Architekten leicht wiederzuerkennen, denn sie haben jeweils ihre typische Erscheinungsweise. Segal zum Beispiel übersah, dass natürlich schon durch das Bausystem ästhetische Vorgaben gemacht werden. Hübners Schulen tragen, auch wenn sie mit den Schülern entwickelt wurden, eine einheitliche architektonische Handschrift durch die Rahmensetzung des Architekten, sie sind in der Regel als Holzskelettbau entworfen und gebaut worden. Und in seinen Workshops ist zu beobachten, dass er den Kindern oftmals mehr erläutert, wie Architektur funktioniert, als dass er ihre räumlichen Vorstellungen und Bedürfnisse erörtert.

Bei allen drei Genannten steht der Architekt den Nutzern nicht nur im Entwurfsprozess, sondern zusätzlich als Berater beim Bauen zur Verfügung. Blundell Jones sieht den Architekten hier vor allem als eine Art „Hebamme bei der Geburt des Bauwerkes". [17] Seine Rolle bleibt aber dominant und formbestimmend, ihm wird wiederum durch die Nutzer die vertrauensvolle Aufgabe übertragen, die Gestaltung zu ihrer Zufriedenheit und in identitätsstiftender Weise durchzuführen. Hübner betont allerdings, wie auch Alexander, Segal oder Sulzer, die Notwendigkeit, die eigenen ästhetischen Ansprüche an die Architektur zugunsten der Kreativität der zukünftigen Nutzer zurückzustellen.

MIT DEM NUTZER PLANEN
Alle bislang beschriebenen Partizipationsansätze halten eine Form der Beteiligung bereit, in der sich der Nutzer innerhalb des vom Architekten vorgegebenen Systems nur einbringt und damit dessen Vorgaben akzeptiert. Meist bedarf es zusätzlich einer Betreuung durch Architekten in den Bereichen, die den Nutzern zur Selbstbestimmung überlassen sind. Im Folgenden sollen partizipative Ansätze vorgestellt werden, bei denen Architekten mit ihren Kernkompetenzen Laien noch offensiver einbinden. So ging der italienische Architekt Giancarlo De Carlo von der These aus, dass sich die akademische Architektur zu sehr vom alltäglichen Leben entfernt und sich damit auch die Rolle des Architekten in der Gesellschaft verändert hat. Traditionell gab es nach seiner Einschätzung immer einen engen Kontakt der Menschen zu ihren Baumeistern. Der moderne Architekt aber habe sich als Geschäfts- und Fachmann mit der ökonomischen oder politischen Macht verbunden und sich von den „kleinen Leuten" entfernt.[18] Er stehe eher in der Nähe des klassischen Bauherrn als in der des Bewohners und Nutzers. Wenn die Architekten sozusagen die Seite wechselten und sich nicht mehr nach den Geldgebern richteten, sondern sich den „Überwältigten und Ausgeschlossenen" zuwenden würden, könne dies eine radikale Erneuerung der Architektur nach sich ziehen. Dabei sollte aber nicht vergessen werden, dass dafür die der Architektur „immanente Aggression" und die erzwungene „Passivität der Nutzer" zugunsten einer von Architekt und Nutzer gleichermaßen als wichtig erachteten Kreativität und Entscheidungsvollmacht zu weichen hätten.[19] Das heißt, die Wünsche und die Ideen der Nutzer sollten gleichwertig und ungefiltert in den Entwurfsprozess einfließen. Wesentlich sei in diesem Prozess, dass auch der einmal gefundene Konsens nicht festgeschrieben werden dürfe, der Prozess müsse ständig offen gehalten werden. Die von ihm geforderte „kollektive Partizipation" soll den Architekten in die Lage versetzen, die Bedürfnisse des Nutzers zu erkennen und sich mit ihnen zu identifizieren.[20] Partizipation heißt also für De Carlo nicht, für den Nutzer zu planen, sondern mit ihm.

Zur besseren Analyse der Nutzerinteressen schlägt auch er eine wissenschaftliche Methode vor. Eine Vielzahl komplexer Variablen sollte in die Beobachtungen, Vorschläge und Bewertungen einfließen und in einem prozessualen System bewertet und weiterentwickelt werden. Der Analyse der Nutzerbedürfnisse folgt nach seinen Überlegungen die Formulierung von Hypothesen und dann die Bewertung des Gebrauchs des Gebauten. Diese drei Phasen durchläuft der Partizipationsprozess nach De Carlo nicht einmalig, sondern sie wiederholen sich zyklisch in einer kontinuierlichen Abfolge von Kontrolle, Feedback und Reformulierung. Das heißt auch, dass die Zielvorstellungen des Bauens erst während des Prozesses festgelegt und nicht durch den Architekten vorab eingebracht werden. Die Entwicklung der Architektur endet nach seinen Vorstellungen nicht mit der Fertigstellung des Gebäudes, sondern der Architekt begleitet den Nutzer auch bei der Ingebrauchnahme und korrigiert den Bau nach dessen Bedürfnissen. Eine herkömmliche autoritäre, vorformulierte Architektur soll so durch eine prozessuale, mitbestimmt entwickelte bauliche Umgebung ersetzt werden [21] – ein Ziel, in dem sich De Carlo mit Till einig ist.

Der in London praktizierende und in Berlin lehrende niederländische Architekt Raoul Bunschoten hat in den 1990er-Jahren ein neues Planungswerkzeug entwickelt, welches die Architektin und Theoretikerin Meike Schalk unter dem Begriff *urban curation* subsumiert: Der Architekt kümmert sich als „städtischer Kurator" um die Sehnsüchte, Wünsche und Vorstellungen der

„urbanen Akteure", der städtischen Institutionen, der Bauherrn sowie der Nutzer, und stellt sie in einen neuen urbanen Kontext.[22] Diese Methode stellt nach Einschätzung der Architektin und Theoretikerin Doina Petrescu wiederum die Partizipationsansätze infrage, die auf eine konventionelle Rahmung setzen, und öffnet den Beteiligungsprozess für eine höhere Heterogenität der Strukturen und einen stärkeren Austausch in der kreativen Praxis.[23] Für Petrescu selbst ist das partizipative Entwerfen eine „kollektive Bricolage", in der alle Beteiligten – Bauherr, Nutzer und Entwerfer –gemeinsam an einem Projekt arbeiten und es dabei weiterentwickeln, wobei ihr der Prozess wichtiger erscheint als sein Ergebnis. Deshalb sollten auch städtebauliche Planungen „mikrogesellschaftliche Einheiten" wie Nachbarschaften, informelle Gruppen, Hausbesetzergruppen oder andere selbstverwaltete Organisationen einbeziehen.[24] Nicht nur kommerzielle Werte der Stadtentwicklung, sondern auch existenzielle Notwendigkeiten, Bedürfnisse und Sehnsüchte können so einfließen. Die reduzierte Rolle des Nutzers vorgegebener baulicher oder städtebaulicher Strukturen wird damit ausgetauscht gegen die eines intervenierenden und damit in den Prozess eingebundenen Bürgers.[25] Deshalb schlägt Petrescu eine „transversale Partizipation" vor, die alle gesellschaftlichen Schichten einbindet und fähig ist, nicht nur vorhersehbare Symptome aufzufangen, sondern auch unerwartete und sich ständig weiterentwickelnde Reaktionen. Ziel eines Partizipationsprojektes ist für sie nicht die totale Übereinkunft aller Beteiligten, sondern es sollte permanent offen bleiben für unerwartete Ereignisse.[26]

Auch Till hat sich in seinen Untersuchungen vor allem auf städtebauliche und auf die Stadtentwicklung bezogene Planungsprozesse konzentriert und ist dabei weniger auf Gebäudeentwürfe eingegangen. Seine Betrachtungen und die von ihm benutzte Dialektik von Begriffspaaren, wie inklusiv/exklusiv, demokratisch/autoritär oder *bottom-up/top-down* sind aber ohne weiteres auch auf den Architekturentwurf übertragbar.[27] Er weist im Gegensatz zu Petrescu dem Architekten im partizipativen Entwurfsprozess eine bedeutende Rolle zu: Er soll die wohlrecherchierten und ernsthaft abgewogenen Nutzerwünsche in seinem Entwurf mit Hilfe seiner Kernkompetenzen in gebaute Realität umsetzen. Till beschreibt die Partizipation als eine Bedrohung normativer Architekturwerte und fordert dazu auf, diese Irritation als eine Wiederbelebung der Architekturpraxis zu begreifen. Dabei zeigt er ein breites Spektrum von Partizipationsmöglichkeiten auf. Es reicht von einer wirklichen Kontrolle durch den Bürger bis zu solchen Beteiligungsformen, denen er lediglich einen Alibicharakter bescheinigt.[28] Die Wahl, welche Form im Planungsprozess zum Tragen kommt, trifft nach seinen Beobachtungen in jedem Fall der klassische Entscheidungsträger, also der Bauherr. Dadurch entsteht die Gefahr, dass den Betroffenen oder den Nutzern nur das Gefühl gegeben wird, den Entwurfsprozess zu beeinflussen. Damit kann die Akzeptanz des Entwurfs unter Umständen gesteigert werden, auch wenn die Bedürfnisse des Nutzers nicht wirklich einfließen. Denn das Fachwissen der Planer und Architekten und das von Till so genannte „stillschweigende Wissen" der Laien haben in der Regel keine gemeinsame Ebene.[29] Die Kommunikation dieser beiden Gruppen beruht auf einseitig festgelegten Codes und Konventionen, die den Planern und Architekten die Macht sichern. Eine ernsthaft betriebene Partizipation müsse aber gerade hier ansetzen und eine Ausgewogenheit des Wissens und der Macht anerkennen. Till sieht das in einer „transformierenden Partizipation" gegeben, von der der Planer oder Architekt genauso profitiert wie der Nutzer.[30] Darunter versteht er vor allem eine gegenseitige Teilhabe an dem auf beiden Seiten vorhandenen Wissen. Schließlich hilft es auch dem Nutzer nicht, wenn er das Expertenwissen des Architekten nicht anerkennt und ihn zu einem bloßen Techniker oder Manager degradiert, statt auf dessen Hilfe zu bauen, um abgeleitet aus seinen Wünschen neue räumliche Visionen zu entwickeln. Dafür reicht es nach Tills Auffassung nicht aus, das architektonische Wissen lediglich transparent zu machen, wie es das „Design Methods Movement" ursprünglich vorgeschlagen hatte, denn der fachliche Diskurs über Architektur habe sich zu weit vom Alltag der Gesellschaft entfernt.[31] Partizipation kann seiner Meinung nach Abhilfe schaffen. Architekten sollten dafür den Nutzer und das zu planende Gebäude nicht länger als „gegeben" betrachten, sondern der Architekt sollte aus seiner Experten-Welt in die Alltagswelt des Nutzers und zurück wandern. Wenn eine wirkliche Zweiseitigkeit besteht, kann der Architekt von den Nutzern lernen und ihr Wissen als Potenzial für die Entwicklung der Architektur nutzen. Die Grenzen und Zwänge, die das Fachwissen setzt, könnten so produktiv überwunden und an anderen Stellen neu definiert werden.[32] Till nennt diesen Prozess „Verhandlungen über den Ausblick in die Zukunft". Die Architekten sollten ihr Grundverständnis des Entwurfs als einen Prozess zur Lösung von Problemen durch die Erkenntnis ergänzen, dass architektonisches Wissen aus dem Kontext heraus und im gegenseitigen Verständnis von Architekt und Nutzer entwickelt wird. Dafür sind neue Kommunikationsmittel notwendig, die jenseits des üblichen Vokabulars und festgelegter Konventionen funktionieren.[33] Die damit verbundene Ungewissheit und Unschärfe beinhaltet genau die Eventualitäten, die eine kreative Architekturpraxis nach Meinung Tills braucht.

DIE ROLLE DES ARCHITEKTEN

Insgesamt speist sich die Debatte um eine angemessene und sinnvolle Partizipation nach wie vor aus den schon in den 1960er bis 1980er Jahren vertretenen Positionen, die sich vor allem um das Rollenverständnis des Architekten im Entwurfsprozess und die Möglichkeiten systematisierter Entwurfsentscheidungen und Bauweisen drehten. Die Architekten zogen sich hier aus dem konkreten Entwurfsprozess zurück und verlegten sich auf die Rolle eines Moderators oder Anleiters zum praktischen Bauen.[34] Diese Verfahren führen aber eher zu einer Überforderung der Laien, als dass sie ihnen helfen können, ihre Architekturvorstellungen und Wünsche zu realisieren.[35] Die Art und Qualität der Partizipation am architektonischen Entwurf hängt also sehr von der Haltung des Architekten selbst ab und davon, wie gut das Vertrauen und das Kommunikationsverhältnis zwischen Entwerfer und Nutzer ist. In diesem Verhältnis wird festgelegt, wie weit sich der Architekt mit seinen Kernkompetenzen, zu denen die Raumgestaltung und die Formfindung gehören, in den Prozess einbringen will, kann oder soll.

DER ARCHITEKTONISCHE ENTWURF ALS GEMEINSAMER ERKENNTNISPROZESS – NUTZER- UND ARCHITEKTENWISSEN

Der amerikanische Architekturtheoretiker Henry Sanoff betont die Gegenseitigkeit des Partizipationsprozesses, von dem Architekten wie Nutzer gleichermaßen profitieren. Der Nutzer transformiert das Wissen des Architekten aktiv und nimmt so auf den Entwurf Einfluss.[36] Die Hochschullehrer Tim Richardson und Stephen Connelly an der University of Sheffield betonen, dass es dabei keinen idealen Konsens geben kann. Bei einem partizipativen Prozess müssen die bestehenden Unterschiede anerkannt werden. Nutzerbedürfnisse können nicht direkt umgesetzt, die Architekten aber auch nicht aus ihrer ethischen Verantwortung für die Wahrung der Nutzerbedürfnisse entlassen werden.[37] Das Fachwissen darf dabei nicht als höherwertig angesehen werden als das Alltagswissen der Nutzer. Es reicht nach Auffassung der französischen Soziologin Anne Querrien nicht aus, die Wünsche, Vorstellungen und Interessen zusammenzutragen und sie auf einer „Agora" zu präsentieren. Entscheidend ist der Dialog über die Unterschiede und die daraus resultierende gemeinsame Arbeit, die in einem gemeinsamen sozialen Raum, einem von ihr so genannten *shared space* zusammengetragen wird.[38] Man kann hier also von einem gesellschaftlich interaktiven Erkenntnisprozess sprechen, der sowohl von Experten wie von Laien lokal konzentriert betrieben wird. Die Notwendigkeit der Kontextualisierung eines Forschungsprozesses und dessen von der Soziologin Helga Nowotny und anderen geforderten Komplexität gilt auch für den architektonischen Entwurfsprozess. Den Entwurfsprozess versteht Horst Rittel als ein Abwägen der Auseinandersetzung mit Sachverhalten, was wiederum zu neuen Sachverhalten führt. Er sieht dabei kein qualifiziertes Wissen, das nur im Kopf eines einzelnen Experten konzentriert ist. Er schlägt vor, die Expertise, die in einem Entwurfsprozess gebraucht wird, auf viele Köpfe zu verteilen, insbesondere auf jene, die von der Planung betroffen sind. Das benötigte Wissen kennt in diesem Prozess keine Hierarchien, daher sieht er in der Partizipation die Gefahr, dass der Architekt vor seiner wohl wichtigsten Aufgabe, dem Entwerfen, ausweicht.[39]

NUTZERWISSEN ERKENNEN

Das Nutzerwissen wiederum sieht der Soziologe Achim Hahn als eine besondere Art des Wissens, das sich aus der Nutzung von Gegenständen oder von Räumen ergibt. Laien schöpfen ihr Wissen nach seinen Erkenntnissen eher aus dem Können als aus dem Kennen. Sie bewohnen Räume, lernen und lehren in einer Schule, arbeiten in einem Büro und wissen daher um die Bedingungen, die diese Räume oder Gegenstände haben müssen. Dies ist ein nach langer Übung erworbenes Können, was sich auch in den Beschreibungen der Nutzung niederschlage, denn es würden eher Geschichten erzählt als Berichte oder Erklärungen abgegeben. Es werde die Erfahrung mitgeteilt.[40] Für den Entwurfsprozess ist das entscheidend, denn in der Art, in der Architektur benutzt wird, offenbart sich auch ihr Gebrauchswert, der sich durchaus verändern kann, wenn beispielsweise manche Gegenstände anders als ursprünglich geplant genutzt werden. Ein Tisch kann als Rückzugsort fungieren oder ein Stuhl zu einem Lesemobel werden. Jeder Umgang ist „situativ und lokal", was nach Hahns Definition heißt: auf den besonderen Fall bezogen.[41]

Diese Beispiele machen deutlich, dass eine reine Teilhabe der Nutzer an der Planung oder gar die alleinige Information über die Planung nicht ausreicht, um das Nutzerwissen in den Erkenntnisprozess des Entwerfens aktiv einfließen zu lassen. Welche Rolle sollten also die Kompetenzen des Nutzers im Partizipationsprozess spielen und welche Aufgaben kommen dabei den Architekten zu? Wesentlich scheint die aktive Gestaltung der Struktur und Dynamik der Gruppe der am Bau Beteiligten zu sein. In der in jüngster Zeit insbesondere in Großbritannien und Frankreich geführten Debatte um die Partizipation fällt besonders die Betonung des gleichberechtigten Wissensaustausches zwischen Laien und Architekten auf. Querrien oder Petrescu – die sich nicht nur wissenschaftlich mit partizipativen Methoden beschäftigt, sondern auch Partnerin im Studio atelier d'architecture autogérée ist – betonen die Notwendigkeit, dem kreativen Potenzial aller Beteiligten, insbesondere den Wünschen und Sehnsüchten der Laien, große Entfaltungs- und Ausdrucksmöglichkeiten einzuräumen. Petrescu nennt diesen Prozess, Querrien spricht vom schon erwähnten „shared space". Die Wünsche und Sehnsüchte der Nutzer fließen in den Erkenntnisprozess des Entwerfens ein, müssen im Dialog weitergegeben und von den Planern umgesetzt werden, ähnlich wie auch Till es fordert. Die Gruppe AOC (Agents of Change), die sich in London intensiv mit der Nutzerpartizipation für den architektonischen Entwurf befasst, stellt daher den Entwurf von Kommunikationsmodellen in den Vordergrund ihrer Arbeit. An ihren Projekten arbeiten nicht nur Architekten und Stadtplaner, sondern auch Kulturwissenschaftler, die als „kulturelle Dolmetscher" fungieren. AOC verstehen die Rolle des Architekten nicht allein als Moderator der Nutzerwünsche und Organisator des Bauens, son-

ERNST HERB LABORSCHULE BIELEFELD, DER STUHL ALS LESEMÖBEL

dern als Übersetzer der daraus entstehenden Anforderungen an die Architektur. Die Gruppe arbeitet dabei nach der Devise „Unordnung maximiert die Möglichkeiten". Partizipation bedeutet auch nach ihrer Auffassung nicht den Verzicht auf einen professionellen Entwurfsansatz, denn der Architekt agiert als ein Katalysator, als „Agent für Veränderungen".

MIT NUTZERWISSEN ENTWERFEN
Betrachtet man diese unterschiedlichen vorgestellten Partizipationsformen unter dem Blickwinkel des architektonischen Entwurfes, lässt sich feststellen, dass hier nicht ein Rückzug oder eine Zurückhaltung der Expertise des Architekten beziehungsweise seiner professionelle Kompetenz angebracht ist, sondern eine vertrauensvolle Interaktion zwischen Bauherrn beziehungsweise Nutzern und Architekten.

Geht man davon aus, dass das Entwerfen kein reiner Akt der künstlerischen Inspiration ist, der sich in einer stillen Nacht bei einem Glas Rotwein vollzieht, sondern auch von nachvollziehbaren Einflüssen bestimmt wird, kommt man schnell zu der Erkenntnis, dass es etwas mit der Produktion, Aneignung und Partizipation von Wissen zu tun hat. Vermeintlich objektive Rationalität kommt im Prozess des Entwerfens nicht ohne eine subjektive und intuitiv-emotionale Komponente aus. Der Entwurf besteht aus der komplexen Verdichtung der breit angeeigneten und weniger linear addierten Erkenntnisse, die sich der Entwerfende bewusst oder unbewusst annimmt und die er außerdem – wie der skandinavische Architekt Alvar Aalto und ähnlich auch der Architekt Bruno Taut es formuliert haben – einem Reifeprozess überantwortet.[42] Das intuitive Denken im Entwurfsprozess setzt eine rationale wie emotionale Auseinandersetzung mit den konkreten Einflussgrößen voraus und speist sich aus den daraus und zuvor erworbenen Erkenntnissen, die sich in das Unterbewusstsein eingeschrieben haben. Das meint auch der Freiraumplaner Martin Prominski, wenn er von dem „Mehrwert des Entwerfens" spricht, wenn rational-lineares und intuitiv-komplexes Denken zusammenfinden. Auch er versteht den Entwurf eher als komplex und integrativ denn als eine lineare Abfolge von Denk- und Handlungsschritten.[43]

Die Aneignung von Erkenntnissen und Erfahrungen ist aber nicht nur eine zentrale Frage für den architektonischen Entwurf. Dahinter steht über den architektonischen Entwurfsprozess hinaus generell die Bedeutung des Umgangs mit Wissen in unserer „Wissensgesellschaft". Helga Nowotny sieht die demokratischen Gesellschaften hier in einem Wandlungsprozess. Diesem Wandel ist auch das klassische linear-kausal aufgebauten *Modus-1-Wissen* unterzogen, das mit dem Anspruch auf Objektivität weitgehend abgeschottet von der Gesellschaft entwickelt wird. An seine Stelle sollte nach Auffassung von Nowotny das *Modus-2-Wissen* treten, das vom Austausch der wissenschaftlichen Disziplinen untereinander, aber auch zwischen Wissenschaft und Gesellschaft profitiert. Dabei wird die hierarchische Unterscheidung zwischen Laien und Experten infrage gestellt und dem Subjektiven bzw. der subjektiven Erfahrung mehr Raum gegeben. Forschung kann so stärker in die Gesellschaft eingebunden werden und erlangt eine höhere Relevanz. Die Ausführungen über den architektonischen Entwurf einiger Architekturtheoretiker, wie Wolfgang Jonas, Donald Schön, der schon erwähnte Horst Rittel oder auch Melvin Weber, weisen strukturelle Ähnlichkeiten mit der Argumentation von Nowotny auf. Auch die Architekturpsychologen Rainer Bromme und Riklef Rambow, die sich mit der Kommunikation zwischen Experten und Laien, in diesem Fall Architekten und Architekturlaien beschäftigen, schlagen vor, den Nutzer in den reflexiven Prozess einzubeziehen. Das bedeutet: Die Nutzer der Architektur, zu denen im Allgemeinen alle Mitglieder der Gesellschaft zählen und im Besonderen die, von der Planung betroffen sind, können im Entwurfsprozess neben den Bauherrn zu einem erheblichen Erkenntnisgewinn beitragen, sie sind im Sinne von Nowotny Akteure mit unterschiedlichem Wissen, die ihre Expertise aktiv einbringen. Nowotny bezeichnet das in einer solchen Gruppe im Austausch erworbene Wissen als „gesellschaftlich robust", den Raum des Austausches als „Agora". [44] Darunter versteht sie, ausgehend von dem Bild des Marktplatzes im antiken Stadtraum, einen sozialen Ort, an dem im ursprünglichen demokratischen Sinn Forderungen, Wünsche, Sehnsüchte und Bedürfnisse artikuliert werden, aus denen dann unterschiedliche Visionen, Werte und Optionen entstehen.

GESELLSCHAFTLICH ROBUSTES WISSEN
Übertragen auf den architektonischen Entwurfsprozess kann durch die Nutzerbeteiligung ein „gesellschaftlich robustes Wissen" und eine Verständigung über die Wünsche und Vorstellungen der Nutzer im Sinne des *Modus-2-Wissens* in den Entwurf eingebracht werden. Wenn man die „Agora" als Basis für den partizipativen Entwurf akzeptiert, stellt sich erneut die Frage, welche Rolle der Architekt dabei einnehmen kann und soll. Er ist der Vermittler und Übersetzer für die in den Entwurfsprozess auf der „Agora" an die Architektur herangetragenen Anforderungen und Wünsche, womit eine neue Dimension des partizipativen Architekturentwurfs erreicht werden kann. Entscheidend dafür ist eine Kommunikation zwischen Architekt und Nutzer, die dem Nutzer die Möglichkeit einräumt, seine Wünsche und Vorstellungen vorzutragen, und dem Architekten damit leichter zu seinen Entwurfsgrundlagen verhilft. Gleichzeitig sollte dem Architekten die Möglichkeit gegeben sein, seinen Entwurfsansatz dem Nutzer nachvollziehbar zu vermitteln, um damit die Grundlagen für einen erfolgreichen partizipativen Entwurfsprozess zu legen.

DIE KOMMUNIKATION ZWISCHEN ARCHITEKT UND NUTZER

Das Verhältnis der Menschen zu ihrer gebauten Umwelt ist von Erfahrungen der Aneignung und dem Benutzen von Bauwerken bestimmt. Der Nutzer muss aber in die Lage versetzt werden, seine Ansprüche an die räumlichen Qualitäten vorab formulieren zu können, der Architekt wiederum muss in der Lage sein können, die entsprechenden gestalterischen Antworten aufzuzeigen. Dazu sollte er nach geeigneten neuen Kommunikationsformen und -instrumenten suchen, denn schaut man sich die herrschende Kommunikation zwischen Architekt und Bauherr beziehungsweise Nutzer an, so sind hier einige Defizite zu beseitigen oder zu überwinden. Die Verständigung basiert in der Regel auf den Instrumenten der Architekturzeichnung, des Architekturmodells und dem verbalen Austausch über den Entwurf. Dabei wird meist nur das Abbild eines Raums vermittelt, nicht aber dessen beabsichtigte Wirkung.

Es bestehen zwischen Architekten und Laien grundlegende Verständigungsschwierigkeiten, die auf die unterschiedlichen Grundkenntnisse des Bauens, divergierende Einschätzungen architektonischer Qualitäten und eine klischeehafte Voreingenommenheit des jeweiligen Partners zurückzuführen sind. Arbeiten aus psychologischer, soziologischer und pädagogischer Sicht haben sich daher mit der Architektur, dem Raum, seinem Erlebnis und seiner Aneignung durch Laien beschäftigt und festgestellt, dass hier ein für den architektonischen Entwurf besonders relevantes Wissen liegt. Als einen generellen Unterschied in der jeweiligen Herangehensweise an die Planung machte die Soziologin Daniela Rätzel bei ihren Studien aus, dass Architekten sich vor allem die materielle und bauliche Beschaffenheit des Gebäudes vornähmen, um sich Handlungszusammenhänge zu erschließen, während Nutzer den umgekehrten Weg gingen und zunächst die Atmosphäre eines Raumes oder eines Gebäudes untersuchten, um sich dann der Analyse der Handlungszusammenhänge zuzuwenden.[45] Die Nutzer konstruieren aus dem physischen Raum also zunächst immer einen situativ sozialen Raum.[46] Diese wissenschaftlichen Erkenntnisse sollten Architekten wahr- und ernst nehmen. Ihre Bemühungen, ihre Architekturauffassungen durch den Einsatz publikumswirksamer Medien, durch verstärktes Marketing oder Initiativen in der Schulbildung zu vermitteln, schlagen fehl, wenn lediglich versucht wird, Laien architektenkonform zu erziehen. Initiativen, die auf eine Stärkung des Raumgefühls und der Auseinandersetzung mit dem Raum abzielen, versprechen mehr Erfolg, da sie auf das Laienverständnis von Architektur und ihrer Aneignung eingehen und nicht zu belehren versuchen.

SHARED REALITIES & STORYTELLING
Die von Giancarlo De Carlo in diesem Sinne geforderte Nähe des Architekten zum Alltag ist in einer Baugruppe, wie sie in dem von der österreichischen Architektengruppe BKK-3 betreuten Projekt „Sargfabrik" in Wien praktiziert wurde, ein unabdingbarer Bestandteil der Planung. Das von Samuel Mockbee 1993 an der Auburn University in den USA ins Leben gerufene Design-Build-Programm „Rural Studio" leistete sich sogar mehrere Wochen gemeinsamen Lebens im Umfeld des Klienten, um sich in deren Bedürfnisse einzuleben und ihren Wünschen auf den Grund zu gehen. In dieser Intensität lässt sich die Nähe der Architekten zu ihren Klienten aber nicht immer aufbauen, sodass zusätzliche Strategien der Kommunikation entwickelt werden müssen, um Wünsche in Erfahrung zu bringen und in Architektur umzusetzen. Interessante Methoden sind daher zum Beispiel für den urbanen Planungsbereich entwickelte Spiele wie die Planspiele der erwähnten britischen Architekturgruppe AOC oder die „Spielkarten" des deutsch-britischen Architekturbüros offsea. Die seit den 1960er-Jahren und dem „Design Methods Movement" weiterentwickelte Computertechnologie hat zudem die elektronische Datenverarbeitung für die Partizipation am Entwurf wieder interessant gemacht.

Wichtig ist auch der von Till gegebene Hinweis auf das „urban storytelling", das über Geschichten vermittelte Laienwissen.[47] Als ein wichtiges Kommunikationsmittel auf der „Agora" betrachtet auch Nowotny die Erzählung, also die vielschichtige Übermittlung auf narrativer Basis. Die Architekten können im Rahmen des „urban storytelling" die abgehobene, beobachtende Position verlassen und treten mit den Nutzern in eine soziale Beziehung. Die Geschichten, die bei solchen Gesprächen entstehen, sollten nach Jeremy Tills Auffassung festgehalten und zur Grundlage des Entwurfsprozesses gemacht werden.

Entscheidend für den partizipatorischen Entwurfsprozess ist also die Auswahl der Werkzeuge und der Kommunikationsmethoden, die eine unterschiedliche Wahrnehmung der Realität berücksichtigen und kommunizieren können. Es ist erklärtes Ziel, zu einer „gemeinsamen Realität" oder „gemeinsamen Realitäten" zu gelangen. So werden Imaginationen und Ideen gesammelt, die dann eine gemeinsame Geschichte und eine gemeinsame Realität ergeben. Es geht nicht darum, einen Kompromiss, also den kleinsten gemeinsamen Nenner oder die kleinste übereinstimmende Schnittmenge zu finden, sondern aus den unterschiedlichen Wunschvorstellungen eine differenzierte Einigung auf die beste Lösung zu erzielen.[48]

Man kann davon ausgehen, dass das Absenken der Beteiligungs- oder Interaktionshürden sowohl mit einer ernsthaften thematischen Auseinandersetzung und der Aneignung des dafür notwendigen Wissens verbunden ist als auch mit der notwendigen Freude und dem Spaß an den Aktionen. Das Spielerische dieses Prozesses erleichtert nicht nur die Beteiligung, es setzt auch die dafür notwendige Kreativität frei. Da, wie weiter oben erwähnt, für das Laienwissen vor allem Raumatmosphären eine große Rolle spielen, sind Atmosphären und ihre Beschreibung für die Verständigung zwischen Architekt und Nutzer von hoher Bedeutung. Da Atmosphären eine alltägliche Erscheinung sind, ergibt sich hier eine hohe Übereinstimmung in der Erfahrung von Räumen auf beiden Seiten. Dem Architekten ermöglicht dies, die Wünsche der Nutzer auf eine umfassende Art zu erfahren und gleichzeitig die notwendige Abstraktion der Wünsche zu erreichen, die er für den Architekturentwurf als Interpretationsspielraum braucht. Kommunikationsinstrumente, die eine hohe atmosphärische und zudem spielerische Wirkung haben, wie lyrische Texte, Bilder, Collagen oder Modelle, können also in der Verständigung zwischen Architekten und Nutzern über räumliche Wunschvorstellungen oder Qualitäten des Entwurfes eine große Bedeutung haben und unter Umständen eine bessere Verständigung erzielen, als herkömmliche Instrumente, wie Skizze oder Zeichnung.

RAUMWAHRNEHMUNG UND ATMOSPHÄRE ALS MITTEL DER KOMMUNIKATION

Denkt man die Architektur vom Raum her, kommt man um eine Auseinandersetzung mit Raumatmosphären und dem Begriff der Atmosphäre nicht herum. Die Atmosphäre bestimmt im direkten meteorologischen sowie im übertragenen Sinne unsere Umgebung. Folgt man dem Philosophen Gernot Böhme, erkennt man, dass es hier eigentlich keinen Unterschied gibt, denn die atmosphärischen Eindrücke unserer natürlichen, vom Wetter beeinflussten Umgebung und die durch räumliche Parameter bestimmten Sinneseindrücke der von Menschen geschaffenen Räume der Architektur haben in der körperlichen, besser: in der leiblichen Erfahrung ihre Parallele. Die Raumatmosphäre ist infolgedessen ein wesentliches Element der Architektur. Mehr als mit den Augen, erfahren wir den Raum über seine Atmosphäre, die wir mit allen unseren Sinnen wahrnehmen. Diese Wahrnehmung ist subjektiv, also individuell von vielen Einflüssen geprägt. Atmosphäre ist nach Böhme die gespürte Anwesenheit im Raum, sie ist kommunikationsfähig und kommunikationsaktiv.[49] Also kann die Kommunikation über Atmosphäre eine Methode sein, die den Nutzer mit seiner emotionalen Befindlichkeit in den Entwurf und in die dadurch zu schaffende Architektur einbindet, sodass er in der Folge einen hohen Identifikationsgrad mit ihr verbindet.

ARCHITEKTUR UND ATMOSPHÄRE

Die Integration von Aspekten der Atmosphäre in die Architektur bedeutet, dass nicht mehr nur der menschliche Körper mit seinen Maßen die Grundlage architektonischer Formgebung ist, sondern die leibliche, das heißt die sinnliche Erfahrung als wesentlicher menschlicher Maßstab. Das Prinzip der leiblichen Erfahrung, auch der des Raumes, ist ein Kernpunkt der von Edmund Husserl Anfang des 20. Jahrhunderts begründeten Phänomenologie. Betrachtungen zum Verhältnis vom Raum und dessen leiblicher Erfahrung reichen aber noch weiter zurück. Der Kunsthistoriker Heinrich Wölfflin stellt in seiner „Prolegomena zu einer Psychologie der Architektur" bereits 1886 unsere leibliche Erfahrung des Körperhaften und des Räumlichen als das Wesentliche unserer Architekturerfahrung dar und legt damit die Grundlage für Gedanken über die Beziehungen von Leib und Raum.[50] August Schmarsow, ebenfalls Kunsthistoriker, ergänzt diese Betrachtungsweise durch seine ebenfalls in der Psychologie verankerte Untersuchung von leiblichen Raumerfahrungen bei der Bewegung im Raum. Er macht in seinem Text „Das Wesen der architektonischen Schöpfung" deutlich, wie wesentlich die Raumerfahrung in der Bewegung des Menschen für unser alltägliches Leben ist.[51] Böhme sieht in den Betrachtungen von Wölfflin und Schmarsow die Charakterisierung der Architektur befreit von einer „Realisierung gegebener Raumstrukturen" und ergänzt um eine Beurteilung aus der Bewegung des Erlebens (eben auch aus der Benutzung) heraus. Als Ergebnis einer langjährigen Forschung zum Verhältnis von Körper, Leib, Raum und ihren Beziehungen untereinander hat der Architekt und Architekturtheoretiker Wolfgang Meisenheimer seine Abhandlung „Das Denken des Leibes und der architektonische Raum" verfasst. Er definiert den menschlichen Körper wie auch den Baukörper als ein Ding, das man betrachten, messen und sezieren und als Ganzes oder in Teilen darstellen kann. Der Leib hingegen ist auch für ihn nicht nur objekthaft und in seinen Maßen zu verstehen, sondern „der Inbegriff meines handelnden Ich".[52] Er geht in seiner Arbeit den Phänomenen der Interaktion zwischen den Gesten des architektonischen Raums einerseits, die er als eine Art „Performance" architektonischer Attribute beschreibt, und der sinnlichen Leibeswahrnehmung andererseits nach.

ATMOSPHÄRE ALS RÄUMLICHE ERFAHRUNG

Aus diesen in verschiedenen Jahrzehnten und Jahrhunderten gewonnenen Erkenntnissen wird zusammengefasst deutlich, dass nicht allein der menschliche Körper, sein Maß und seine geometrischen Proportionen die Grundlage für eine menschliche Architektur sein können, sondern dass auch und vor allem die Erfahrung des menschlichen Leibes die Basis für eine gehaltvolle Architektur ist. Wenn mit Gernot Böhme „Atmosphäre" die gespürte leibliche Anwesenheit im Raum ist, dann ist ihre Wahrnehmung eine Schlüsselerfahrung der Architektur.

Einige Wissenschaftler, vor allem Psychologen, haben sich in den letzten Jahren dem Phänomen der räumlichen Atmosphäre und ihrer Wahrnehmung wissenschaftlich genähert. So hat der Psychologe Christian Rittelmeyer mit verschiedenen Verfahren versucht zu erfahren, wie Schüler auf das Gebäude ihrer Schule reagieren, wie sie es erleben und wie sie ihre Wünsche in Bezug auf die Gebäude benennen würden. Um diese Erfahrungen zu ermitteln, definierte er das Erleben des Schulgebäudes als einen Dialog zwischen Nutzer und Gebäude, als eine Interaktion zwischen Leib und Raum bzw. zwischen Leib und Gebäude.[53] Zur genaueren Bestimmung der Erfahrungen benutzte Rittelmeyer zusätzlich das „semantische Differenzial". Das „semantische Differenzial" ist eine vielfach in der psychologischen Forschung, aber auch in der Schulforschung eingesetzte Untersuchungsmethode, um die Bedeutung von Wahrnehmungen in Erfahrung zu bringen. Die von Charles E. Osgood und anderen Ende der 1950er-Jahre entwickelte und von Peter Hofstädter für den deutschsprachigen Raum als Polaritätsprofil leicht variierte Methode setzt auf die affektiven Einschätzungen der Probanden. Auch die Psychologin Rotraud

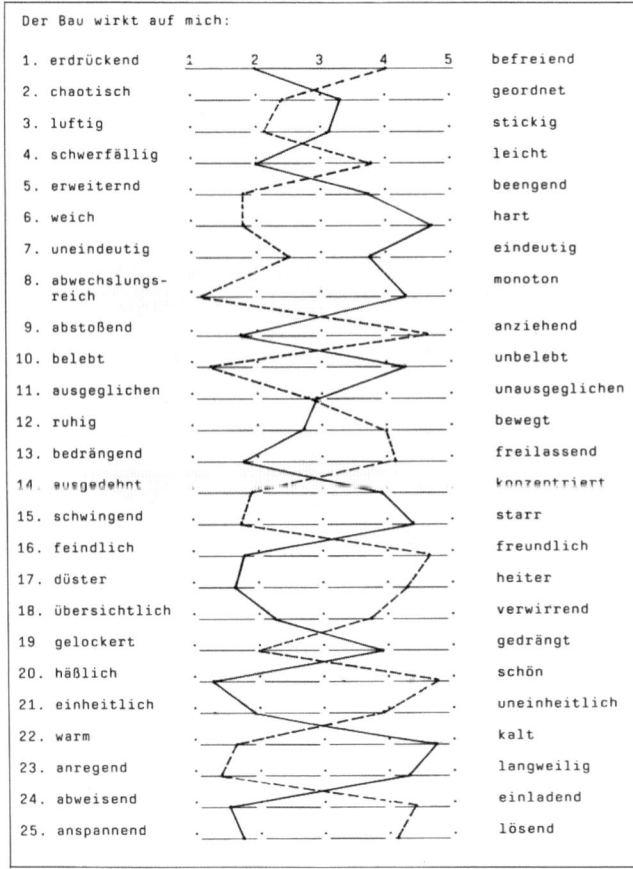

CHRISTIAN RITTELMEYER DAS SEMANTISCHE DIFFERENZIAL DER BEIDEN ABGEBILDETEN UND EINGESTUFTEN SCHULANSICHTEN

Walden hat sich mit der Frage beschäftigt, wie Laien sich mit ihrer alltäglichen gebauten Umgebung auseinandersetzen und wie dies messbar ist. Sie entwickelte den „Koblenzer Architektur-Fragebogen". In diesem werden die Funktionalität und die ästhetisch-gestalterischen Aspekte erfragt, aber auch sozial-physische Zusammenhänge untersucht. Der Bogen erfasst die Differenz zwischen den vorhandenen Qualitätsmerkmalen und zukünftigen Ansprüchen der Nutzer und gleichzeitig die persönliche Meinung der Befragten.[54] Mit dem Fragebogen kann das Profil eines „Gebäudes der Zukunft" entwickelt werden, es können Empfehlungen für die Verbesserung von An-, Um- bzw. Neubauten ausgesprochen und nicht zuletzt Daten für das Facility-Management bereitgestellt werden.

ATMOSPHÄRE ENTWERFEN
Auch praktizierende Künstler und Architekten beschäftigen sich seit vielen Jahrhunderten mit Atmosphären und ihren räumlichen Erscheinungen. Im 18. Jahrhundert, so stellt Böhme fest, kam neben den Naturwissenschaften, die sich um messbare Erkenntnisse in der Natur bemühten (und noch heute bemühen), der Kunst, insbesondere der Landschaftsmalerei, die Aufgabe zu, sinnliche Erkenntnisse zu vermitteln, so zum Beispiel im Gefolge von Alexander von Humboldt, der zu diesem Zweck gezielt Landschaftsmaler engagierte. Sie sollten mit ihren Bildern über die Natur vermitteln, was an Apparaten nicht ablesbar war.[55] Aber auch zeitgenössische Künstler wie Olafur Eliasson oder James Turrell machen Raumatmosphären und ihre Wirkung auf den Menschen zum Kernthema ihrer Arbeit. So betont der US-amerikanische Lichtkünstler James Turrell die wesentliche Idee seiner Lichträume: „Das Ziel ist die Wahrnehmung, sie ist das eigentliche Objekt. Ich will keine bildliche Darstellung, ich möchte keine symbolischen oder literarischen Bezüge."[56] Auch der Bauhaus-Künstler Josef Albers unterschied für die Betrachtung von Kunstwerken zwischen den „factual facts", den rational fassbaren Kriterien, und den „actual facts", also dem sinnlichen Gesamterlebnis der Kunst. Von den zeitgenössischen Architekten ist es am ehesten der Schweizer Peter Zumthor, der die Atmosphäre aktiv in seine Entwurfsstrategie einbringt. Für Zumthor besteht die architektonische Qualität darin, dass sie eine bestimmte Atmosphäre bietet, die den Menschen in seiner „emotionalen Wahrnehmung" [57] berührt. Die Arbeiten des französischen Architekten Phillippe Rahm zeigen sich im Gegensatz zu den Bauten Zumthors fast ausschließlich als Manifeste eines betont innovativen Architekturansatzes. Die Ansätze Rahms führen über die Zumthors hinaus: Atmosphären werden in seinen Installationen, zu denen auch die Lichtführung, die Kilma- und Klanggestaltung eines Raumes zu zählen wären, nicht allein durch tektonische Vorgaben geprägt. Rahm zeigt, dass weitere und umfassende Parameter die Raumatmosphäre bestimmen und als solche auch herstellbar sind.

In diesem Sinne kann Atmosphäre als Grundbegriff einer neuen Ästhetik verstanden werden.[58] Sie erhöht nach Auffassung von Gernot Böhme nicht nur das Wohlbefinden der Menschen in einer natürlichen Umgebung oder in einer menschengerechten Architektur, sondern könnte den Menschen zusätzlich die Sinne für das Erfahren ihrer Umgebung öffnen. Eine sensibilisierende, also die Sinne anregende räumliche Atmosphäre (als Teil eines architektonischen Konzeptes) trägt zum Erkenntnisgewinn der Menschen bei und versetzt sie in die Lage, über sie zu kommunizieren.[59] Böhme sieht Atmosphären als die gegenwärtige Entsprechung des Spiels oder des Spieltriebs, den Schiller im Mittelpunkt der ästhetischen Erziehung sah. In seiner Schrift „Über die ästhetische Erziehung des Menschen, in einer Reihe von Briefen" aus dem Jahr 1795 beklagt er die nach seiner Ansicht zu starke Trennung von Vernunft und Sinnlichkeit. Das Spiel bzw. der im Spiel angeregte Spieltrieb soll zwischen beiden vermitteln und dadurch die Bildung des Menschen vervollständigen. An dieser Stelle sieht Böhme den Begriff der „Atmosphäre" und den durch ihr Erleben erlangten Erkenntnisgewinn.[60]

ÜBER RAUMATMOSPHÄREN KOMMUNIZIEREN

Es lässt sich über Raumatmosphären kommunizieren wie über das Wetter und dabei Übereinstimmung in unterschiedlichen Erfahrungen finden. Während aber das Wetter als naturgegeben erscheint, ist die Architektur eindeutig von Menschen gemacht. Mit dem Entwurf der Architektur lässt sich also auch ihre Atmosphäre entwerfen und deren Einfluss auf ihre Nutzer bestimmen. Die genannten künstlerischen und architektonischen Werke weisen auf die Potenziale einer bewussten Produktion von Raumatmosphären sowie ihre Reflektion und Kommunikation hin und verdeutlichen die Spielräume, die auch für die nutzungsorientierte, angewandte Kunst der Architektur bestehen. Wenn die Atmosphäre ein Wesenselement des Raumes und seiner Erfahrung ist, muss sie auch ein wesentlicher Teil des architektonischen Entwurfes sein. Die Erfahrung räumlicher Atmosphäre ist ein Erkenntnisprozess, der sich im architektonischen Entwurf niederschlägt. Wenn die Atmosphäre eines Raumes und ihre Erfahrung darüber hinaus kommunizierbar sind, kann sie Teil eines Diskurses sein, der sich nicht nur unter den Nutzern dieser Architektur ergibt, sondern auch zwischen Nutzern und Architekten.

Architekten können sich mit Hilfe der Kommunikation über Atmosphären die Basis eines robusten Wissens über die Wünsche und Ansprüche der Nutzer an die Qualitäten der zu bauenden oder umzubauenden Räume schaffen. Dafür sind Partizipationsformen notwendig, die einen interaktiven Austausch zwischen Architekten als Experten für die Formfindung und Raumgestaltung einerseits und Nutzern als Experten der Raumnutzung andererseits gewährleisten. Diese müssen eine vertrauensvolle Kommunikations- und Interaktionsebene erreichen. So können Nutzer und Architekten verhandeln und sich auf eine Fiktion räumlich-atmosphärischer Qualitäten verständigen, die zur Grundlage eines abstrakten architektonischen Konzeptes wird. Dieses Konzept ist wiederum die Grundlage für den architektonischen Entwurf. Der Architekt erhält so eine tragfähige Basis für die Parameter seiner Planung. Der Nutzer kann sich nicht nur in den Entwurf einbringen, sondern auch daran mitwirken und sich gleichzeitig der Kompetenz des Architekten versichern und bedienen. Der architektonische Entwurfsprozess wird so als sozialer, atmosphärischer und technischer Erkenntnisprozess gestaltet und erhält dadurch in der Vielzahl seiner Anwendungen gesellschaftliche Relevanz. Die entwickelte Fiktion der Architektur (auf die sich Nutzer und Architekt nachvollziehbar verständigt haben) eröffnet dem Architekten den notwendigen Spielraum, Baukörper und Bauvolumen, Materialien, Konstruktionsweisen, Oberflächenfarben und dergleichen in Abgleich mit existierenden Auflagen zu entwickeln und einzusetzen, ohne von der mit dem Nutzer vereinbarten Grundlinie des Entwurfes abweichen zu müssen. Enttäuschte Erwartungen und durch die Beteiligung der Nutzer unnötig aufgebaute Zwänge können so vermieden werden. Und nicht zuletzt lassen sich mittels der Atmosphäre kreative und spielerische Elemente einbinden, die nicht nur in der Arbeit mit Kindern und Jugendlichen hilfreich und wichtig sind für die Verständigung und das Vertrauen untereinander, wie sie ebenso die Bereitschaft der Nutzer zur Beteiligung stärken.

ATMOSPHÄRE ALS PARTIZIPATIVE ENTWURFSSTRATEGIE
DIE BAUPILOTEN – METHODE UND PROJEKTE [61]

Um die Beteiligung der Nutzer am Entwurfsprozess nicht zum „Albtraum Partizipation" (Titel eines Buches von Markus Miessen, Berlin 2012) werden zu lassen, ist es wichtig, den Rahmen, Zeitpunkt, Intensität und Art der Beteiligung zu definieren. Eine maßgebliche Frage ist es, wie die Nutzer in den kreativen Prozess aktiv miteinbezogen werden können, sodass die Kreativität des Entwerfers nicht eingeschränkt, sondern im Gegenteil gefördert wird. Wie kann der Entwurfsprozess von Anfang an inklusiv und nicht exklusiv, demokratisch und nicht autoritär, *bottom-up* und nicht *top-down* gestaltet werden? Der partizipative Entwurf ist kein gradliniger Prozess einer wie auch immer gearteten Problemlösung, sondern ein Prozess der intensiven vielschichtigen Kommunikation und der beidseitigen Erkenntnisse. Die Partizipationsprozesse müssen je nach Nutzergruppe, dem Alter ihrer Mitglieder, ihren sozialen und kulturellen Hintergründen, aber auch der Gruppengröße, dem für den Partizipationsprozess vorhandenen finanziellen Budget und dem vorgegebenen Zeitrahmen konzipiert werden. Sie sollen sich an Interessen und Lebenslagen der Befragten orientieren. Gute Vorbereitung entscheidet über Atmosphäre und Verlauf, Wirkung und Erfolg. Die im Wechselspiel entwickelten Entwürfe als Antworten des Architekten auf die Wünsche der Nutzer brauchen mehrere Schritte zur Präzision. Es empfiehlt sich eine multimediale Kommunikation. Der Einsatz der Medien – schriftliche und mündliche Kommunikation, Zeichnungen, Modelle oder das Erzählen von Geschichten – sollte variiert werden. Eine routinierte oder schematische Anwendung der Instrumente führt nicht zum Erfolg, manchmal müssen neue eigene Instrumente gefunden werden. Der bewusste Umgang mit der Kommunikation vermeidet die Verwendung unverständlicher Codes. Ein entscheidendes Instrument der Verständigung ist dabei die gemeinsame Entwicklung einer Geschichte, einer Fiktion, die die Entwerfenden in die Lage versetzt, ein tragbares architektonisches Konzept zu entwickeln.

KOMMUNIKATION ÜBER ATMOSPHÄRE IM PLANUNGSALLTAG
In unserer Arbeit hat sich dabei die Beteiligung über Atmosphäre und die Erarbeitung einer gemeinsamen Geschichte als sinnvoller Weg erwiesen: „Form follows fiction." Atmosphären geben Experten und Laien die Möglichkeit, über Raumqualitäten miteinander zu kommunizieren. Raumatmosphäre – vermittelt auf verbaler Ebene oder über anschauliche Hilfsmittel wie Bildcollagen und sinnlich nachvollziehbare Modelle – ist ein wesentliches Kommunikationsmittel für die Wünsche und Vorstellungen der Nutzer in Bezug auf die Raumgestaltung. Die Wunschvorstellungen, aber auch anderes Wissen der Nutzer fließen dabei nicht einfach in den Entwurfsprozess ein, sondern werden zudem gemeinsam interpretiert und reflektiert. Dafür haben wir Methodenbausteine der Partizipation im Entwurfsprozess entwickelt, die eine gemeinsame Kommunikationsebene bzw. einen gemeinsamen Referenzrahmen für alle Beteiligten schaffen und die sich gegebenenfalls auch für außen stehende Gruppierungen öffnen lassen.

Entscheidend ist, in welcher Art und Weise die Nutzer nach ihren Wünschen gefragt werden. Geschieht dies zu direkt, bilden die Antworten die gewohnte Umwelt oder die Wunschwelt eines Warenhauskataloges ab. Sie orientieren sich damit zu sehr an den ihnen bekannten Bildern. Die Nutzer sollten also zunächst für die Fragestellung sensibilisiert, ihre Wahrnehmung und ihr Blickwinkel erweitert und damit ihre Fantasie angeregt werden, „um über die alltägliche Erfahrungswelt hinaus Ideen zu entwickeln."[62] In diesem Zusammenhang wird nicht nur mittels Atmosphären anders miteinander gesprochen, geschrieben oder kommuniziert, sondern die Atmosphäre selbst wird zum Kommunikationsmittel. Die Zeichnungen, Collagen, Adjektivketten die Fotopaneele oder die atmosphärischen Modelle, die in den Workshops entstehen, schaffen eine spezifische Atmosphäre, die der Beteiligte als ebensolche wahrnimmt und deshalb schnell weiß, worüber der Entwerfende spricht.

Die Wahrnehmung von Raumatmosphären kann also gefördert und bewusst gemacht werden. Atmosphären sind in der Architektur nicht nur ein beiläufiges Abfallprodukt, sie sind nicht nur bewusst im Entwurf einsetz- und herstellbar, sie sind auch ein Kommunikationsmittel, das aktiv dafür eingesetzt werden kann, eine Übereinstimmung über die zu schaffenden Qualitäten der

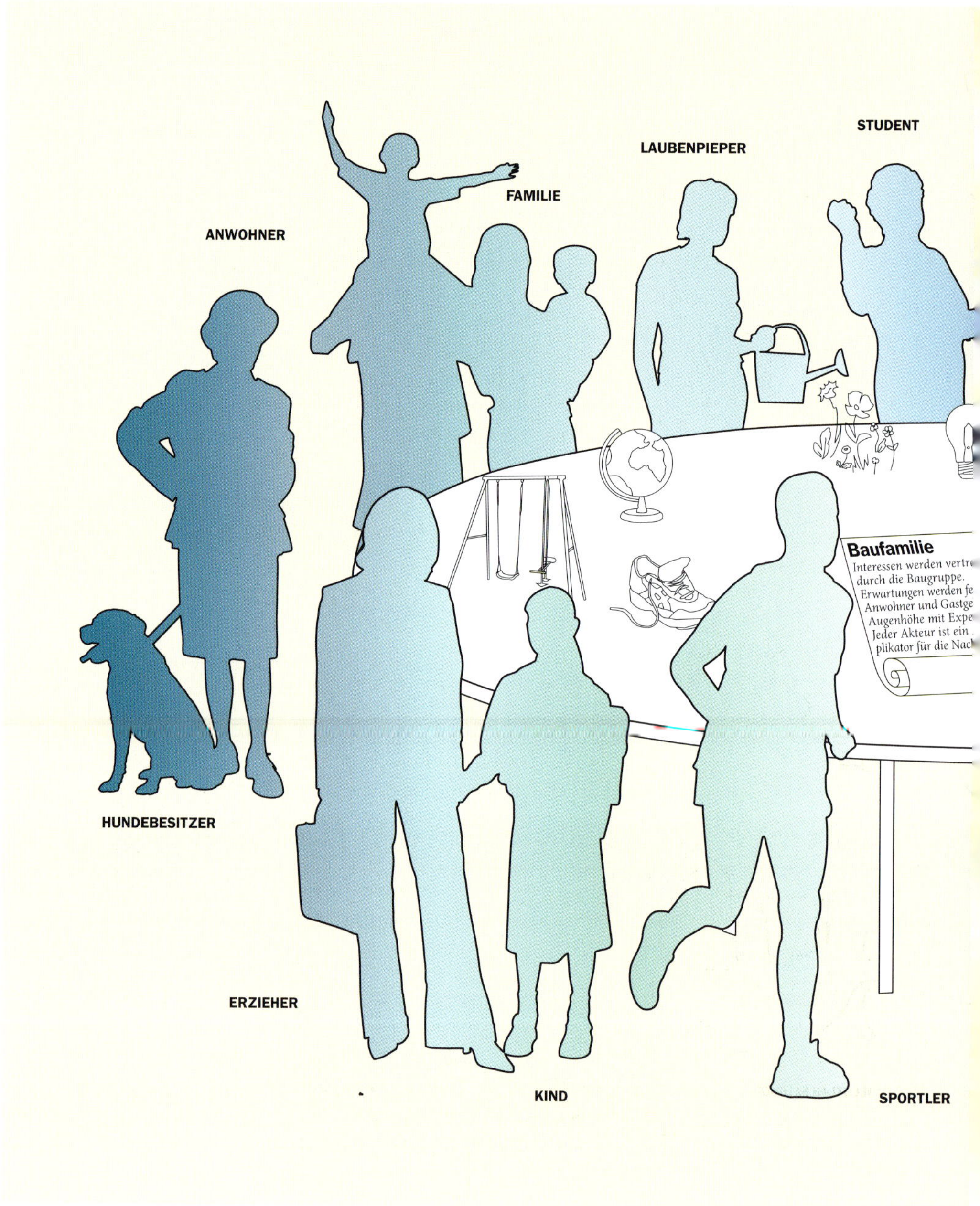

ANWOHNER
FAMILIE
LAUBENPIEPER
STUDENT
HUNDEBESITZER
ERZIEHER
KIND
SPORTLER

Baufamilie
Interessen werden vertr[eten]
durch die Baugruppe.
Erwartungen werden fe[...]
Anwohner und Gastge[...]
Augenhöhe mit Expe[...]
Jeder Akteur ist ein [...]
plikator für die Nac[...]

MEHRWERT PARTIZIPATION
FÜR GROSSE PARTIZIPATIONSVERFAHREN MIT UNTERSCHIEDLICHSTEN INTERESSENGRUPPEN KÖNNEN BAUFAMILIEN GEGRÜNDET WERDEN, IN DENEN DIE RELEVANTEN STAKEHOLDER („UNTERHÄNDLER") REPRÄSENTIERT SIND. DIE IM DIAGRAMM DARGESTELLTE BAUFAMILIE WURDE EXEMPLARISCH IM IDEENWORKSHOPVERFAHREN „URBAN LIVING" ZUSAMMENGESTELLT. DIE GESCHENKSYMBOLE RECHTS STEHEN FÜR DEN POTENTIELLEN MEHRWERT EINES PARTIZIPATIVEN ENTWURFSPROZESSES FÜR DIE BETEILIGTEN UNTEREINANDER, FÜR DIE NUTZERS UND FÜR DIE PLANER.

 AKZEPTANZ VON DEMOKRATISCH GETROFFENEN ENTSCHEIDUNGEN
ERHÖHTES VERSTÄNDNIS FÜR EINANDER
STARKES GEMEINSCHAFTSGEFÜHL / ROBUSTE NACHBARSCHAFT
KONFLIKTE LÖSEN IM GEMEINSCHAFTLICHEN KONSENS
TOLERANZ + KOEXISTENZ STATT DOMINANZ

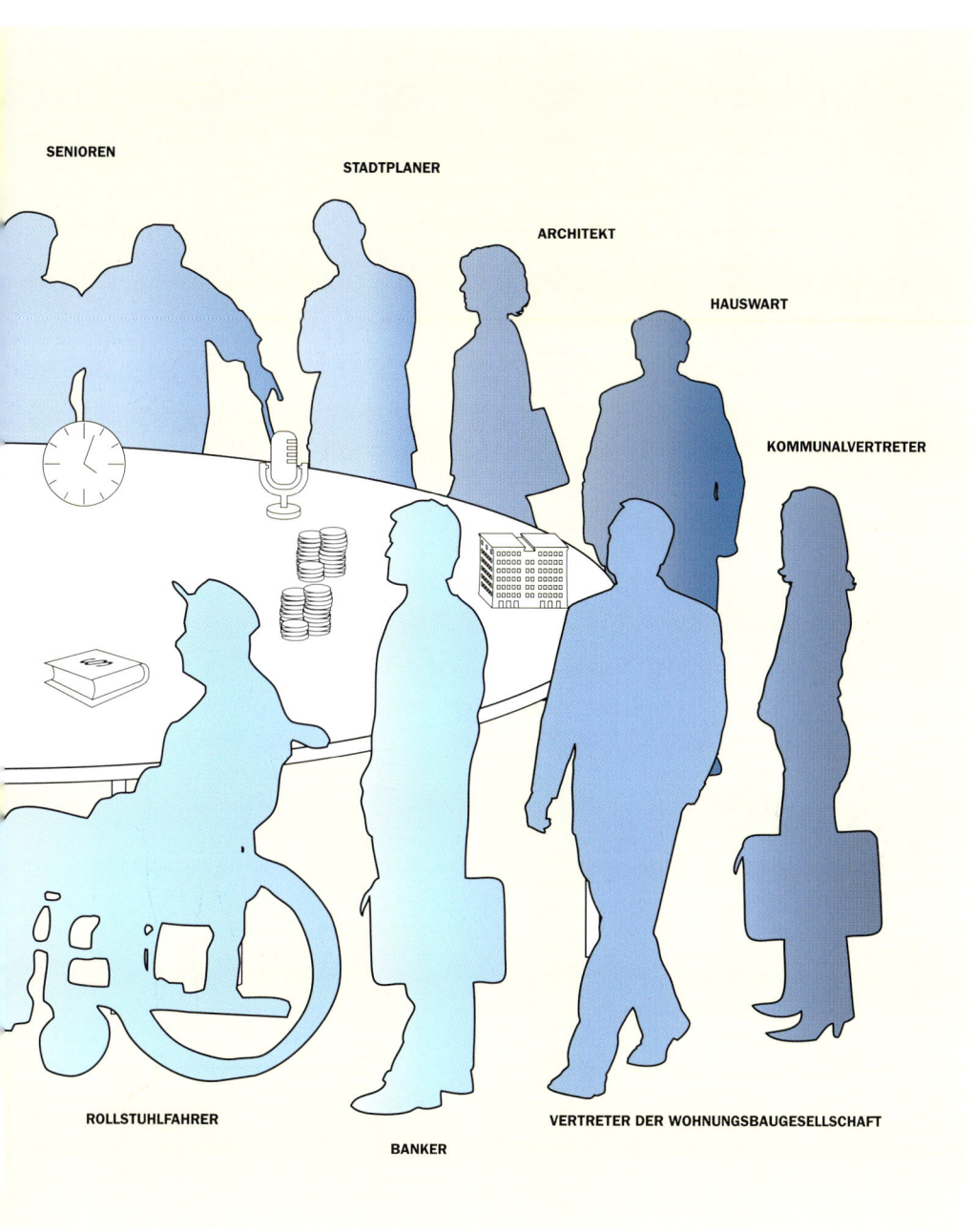

🎁 STOLZ ÜBER DAS SELBST GESCHAFFENE
ERHÖHTE IDENTIFIKATION
MITVERANTWORTUNG FÜR DAS GEBAUTE
ZUFRIEDENHEIT MIT DEM GEBAUTEN
GEFÜHL DER SICHERHEIT
INDIVIDUELLE GESTALTUNGSMÖGLICHKEITEN
SELBSTWIRKSAMKEIT

🎁 INTEGRIERTE STADTTEILENTWICKLUNG / SOZIALE STADT
TRANSPARENZ + FAIRNESS DER VERFAHREN
LOKALE EXPERTISE
BEDARFSGERECHTE PLANUNG
INNOVATION + ARCHITEKTURAVANTGARDE
REDUKTION DER KOSTEN DURCH VERMEIDUNG VON FEHLPLANUNG
NEUE PRODUKTIONSWEISEN + NEUE BAUÄSTHETIK

Architektur zwischen Architekten und Nutzern herzustellen. Mit Hilfe dieses Verständigungsmittels ist zudem auch umgekehrt für Architekten ein Zugang zu den Wunschwelten der Nutzer und/oder Bauherrn (oder anderer für das Projekt relevanter Interessengruppen) zu erreichen, deren Kenntnis sie zur Herstellung eines einvernehmlichen Entwurfes einsetzen können. Diese Erkenntnis bildet die Grundlage meiner Architekturpraxis und des inzwischen abgeschlossenen Studienprojekts Die Baupiloten. Dabei haben sich in unserer Arbeit vier wesentliche Methodenkategorien der Partizipation mittels Atmosphäre im Verlauf des Entwurfsprozesses herausgebildet:

A METHODENBAUSTEINE ATMOSPHÄREN
zur Sensibilisierung und zum Aufbau einer gemeinsamen Kommunikationsebene

N METHODENBAUSTEINE NUTZERALLTAG
zur Begleitung und Protokollierung der Nutzer in ihrem Alltag

W METHODENBAUSTEINE WUNSCHFORSCHUNG
zur Ermittlung von Wunschvorstellungen und Bedürfnissen der Nutzer

R METHODENBAUSTEINE RÜCKKOPPLUNG
zur Sicherstellung der Nutzervorstellungen und -interessen im laufenden Entwurfsprozess

Vor einer Auseinandersetzung mit den pragmatischen Anforderungen und der Funktionalität des Entwurfes wird auf einer abstrakten Ebene ein Konzept entwickelt. Zu Beginn steht daher die Auseinandersetzung mit dem Charakter und Wesen eines Ortes (Umbau, Neubau, Quartier) und seiner Atmosphäre. Dabei spielt der geometrische Raum mit seinen Abmessungen zunächst noch keine Rolle.

METHODENBAUSTEINE ATMOSPHAREN
Die Workshops, die am Anfang des partizipativen Entwurfsprozesses stehen, haben das Ziel, mittels der Atmosphäre eine gemeinsame Sprache zwischen Nutzer und Architekt herzustellen und damit Vertrauen und Offenheit untereinander aufzubauen. Die Arbeit mit atmosphärischen Darstellungen (Collagen, Modellen) sowie der sprachliche Austausch darüber ermöglichen es, die festgelegten Codes der Architektenkommunikation über Zeichnungen, Pläne oder

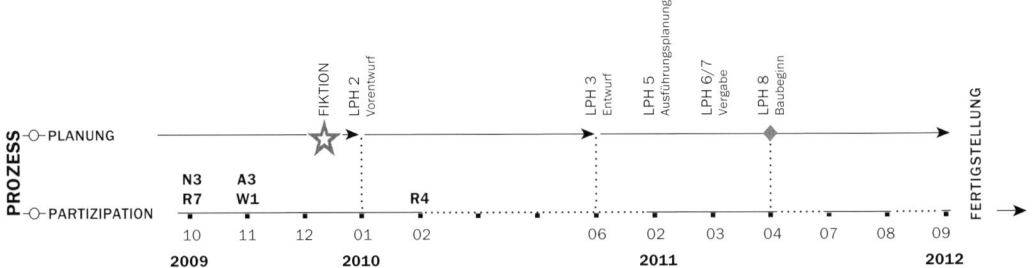

ZEITSCHIENE PLANUNGSPROZESS KINDERGARTEN LICHTENBERWEG, LEIPZIG
ALS ERGEBNIS DER PARTIZIPATIONS- UND ENTWURFSRÜCKKOPPLUNGSVERFAHREN WIRD VOR EINER AUSEINANDERSETZUNG MIT DEN PRAGMATISCHEN ANFORDERUNGEN UND DER FUNKTIONALITÄT DIE GEMEINSAME ENTWICKLUNG EINER FIKTION ANGESTREBT, DIE GLEICHZEITIG ZUR KONZEPTIONELLEN GRUNDLAGE DER ARCHITEKTUR WIRD. SIE WIRD KONTINUIERLICH AN DEN FAKTISCHEN ANFORDERUNGEN GESPIEGELT UND WEITERENTWICKELT. IN DIESEM PROZESS GEWINNEN DIE ENTWÜRFE IHRE KONKRETE FORM. DAS DIAGRAMM ZEIGT FÜR JEDES PROJEKT DEN SPEZIFISCHEN PROZESS IN DER GEGENÜBERSTELLUNG VON METHODENBAUSTEINEN, DEN MOMENT DER FORMULIERUNG DER FIKTION UND DIE EINZELNEN PLANUNGSPHASEN GEMÄSS HOAI.

Modelle zu umgehen. Es kann so direkter über Architektur und ihre realen und gewünschten Qualitäten kommuniziert werden. Über die Bild- und Einbildungskraft können Vorstellungen von atmosphärischen Qualitäten weiterentwickelt werden, auf deren Grundlage ein tragendes Entwurfskonzept konkretisiert wird, mit dem sich der Nutzer identifizieren kann.

Für die gemeinsame Einstimmung können verschiedene Hilfsmittel eingesetzt werden. So kann zum Beispiel mithilfe von vorgelegten Bildmotiven eine gemeinsame Sprachebene entwickelt werden.**A1** Die Bilder und die Zuordnung zueinander helfen dem Nutzer, atmosphärische Beschreibungen zu finden. Die Methode des Flanierens, der Bewegung durch den Raum ohne vorher definiertes Ziel, ist auch ein hilfreiches Mittel, um einen Einstieg zu finden. Mit Detailfotografien des Ortes, die miteinander kombiniert werden, können atmosphärische Raumqualitäten abstrahiert visualisiert und kommuniziert werden.**A2** Durch die Erfassung eines Ortes oder einer Situation in Detailbildern und deren Zusammenstellung zu einer ganzheitlichen Darstellung kann eine gemeinsame narrative Ebene geschaffen werden. Die aus den Atmosphären-Workshops entstehenden *moodboards* werden vom Entwerfer (oder dem Moderator des Prozesses) protokolliert, immer weiter verdichtet und differenziert mithilfe unterschiedlicher Medien und der Kartierung/Mappierung, die die Wahrnehmung der atmosphärischen Wirkung verortet.

 Die Protokollierung ist wesentlich für die Wahrnehmung von räumlichen Atmosphären, denn sie reflektiert und intensiviert diese in einem permanenten Prozess und legt damit auch die Grundlage für die Kommunikation von Atmosphären. Auch das Interview kann eine sinnvolle Methode der Atmosphärenermittlung sein.**A5** Die sogenannte „aktivierende Befragung" sollte allerdings nicht als Abruf von Daten, sondern als soziale Interaktion gestaltet werden. Bei den Antworten kommt es auf Spontanität und Intuition an, die auch unterbewusste Vorstellungen zutage treten lassen. Zudem können eventuelle anfängliche Verständigungsschwierigkeiten gut ausgeräumt werden, sich zunächst ablehnend verhaltende Akteure können ermutigt werden, in die Kommunikation einzutreten.

Mithilfe der Atmosphären-Workshops kann über räumliche Qualitäten diskutiert werden, ohne dass es um konkrete Bauentscheidungen gehen muss. Es geht um Sinneseindrücke von bestimmten Orten und ihre damit verbundene Wahrnehmung bzw. die Erinnerung daran, mit dem Ziel, erste Eindrücke der Nutzervorstellungen zu sammeln, eine gemeinsame Kommunikation von Architekt und Nutzer zu entwickeln und vor allem eine gemeinsame Vertrauensbasis zu schaffen.

METHODENBAUSTEINE NUTZERALLTAG
Die Beobachtung der Nutzer in ihrem Alltag bildet eine zweite wichtige Kategorie der Methodenbausteine des partizipativen Entwurfsprozesses. Es gibt die Möglichkeit, den Nutzer in seinem Alltag beobachtend zu begleiten, seine Tages- und Funktionsabläufe zu notieren, um daraus Rückschlüsse auf die dafür notwendige Architektur ziehen zu können. Das kann auch zu einem Probewohnen in einer umzubauenden Wohnanlage oder zu einer Langzeitbegleitung führen, um Aufschluss über private Vorlieben der Nutzer zu gewinnen.**N1** Eine weitere Methode besteht darin, den Nutzer nicht nur zu begleiten oder zu befragen, sondern ihn aktiv aufzufordern, seinen Alltag zu reflektieren, zum Beispiel seine Lieblingsorte und Treffpunkte zu zeigen und zu dokumentieren.**N4** Den Nutzer in einer für ihn unbekannten Umgebung zu begleiten und zu beobachten kann Verhaltensmuster aufbrechen und Wünsche zutage treten lassen.**N5**

Ziel aller Nutzeralltag-Workshops ist es, die Lebenswelt der Nutzer kennenzulernen und sie gemeinsam mit ihnen zu erörtern. Die so gewonnenen Erkenntnisse fließen in die Entwurfsarbeit ein und werden gleichzeitig zur Grundlage der Kommunikation. Sie können als Bestätigung für die Erkenntnisse aus den Atmosphäre- oder Wunschforschungs-Workshops oder auch als deren Korrektiv dienen. Die gemeinsame Erforschung des Nutzeralltags hilft auch, eventuelle Klischeevorstellungen auf beiden Seiten abzulegen. In jedem Fall ist sie für die Entwerfenden eine Erkenntniserweiterung. Insbesondere das Probewohnen **N1** und die Stadtspaziergänge **N2** führen zu intensiveren Kontakten zu den Nutzern und stärken das Vertrauen zwischen Nutzer und Architekten. Eine Herausforderung für die Entwerfer ist es hier jedoch, die gewonnenen individuellen Erkenntnisse miteinander zu verbinden, um eine breite Basis für den Entwurf herzustellen.

METHODENBAUSTEINE WUNSCHFORSCHUNG

Die Methodenbausteine der Wunschforschung haben im partizipativen Entwurfsprozess das Ziel, gemeinsam eine Geschichte, eine Fiktion zu entwickeln, die zur konzeptionellen Grundlage der Architektur wird. Die Workshops der Wunsch- oder auch Bedürfnisforschung sind vielfältig in den eingesetzten Medien und können in früheren Phasen des Entwurfs ebenso wie in der Rückkopplungsphase oder als „Last-minute-Workshops" eingesetzt werden. Ziel ist es, mehr über die Wunschvorstellungen der Nutzer in Bezug auf ihre zukünftige Lebens-, Wohn-, Lern- oder Arbeitswelt zu erfahren. Die Wünsche werden mittels kreativer Prozesse zutage gefördert und betreffen weniger konkrete, auf die Funktion reduzierte Forderungen, als vor allem atmosphärische Qualitäten.

Für viele dieser Workshops werden eigens Spiele hergestellt, auf deren Grundlage Wünsche für bestimmte Atmosphären entwickelt, abgeglichen und räumlich zugeordnet werden können. **W7** Innerhalb der Spiele können zudem unterschiedliche Partikularinteressen und Wünsche miteinander abgewogen und ausgehandelt werden.**W8, W9** Andere Methodenbausteine setzen vorhandene, vom Architekten ausgesuchte oder vom Nutzer selbst aufgenommene Bilder oder Fotos ein. In Collagen werden die Medien einander zugeordnet und ergeben so immer in Kombination mit den entwickelten Geschichten komplexe, trotzdem greifbare und damit vermittelbare Darstellungen der erwünschten Atmosphäre.**W2** Auch Modelle sind geeignet, die Fantasie anzuregen, zudem fordern sie zu konkreten Fragen heraus, wie zum Beispiel nach Baumaterialien oder Raumkonstellationen.**W1, W2, W3** Die mit dem Nutzer gemeinsam entwickelten, lebensgroßen Modelle als Prototyp oder Möbel sagen nicht nur etwas über dessen Wunschvorstellungen aus, sondern der Architekt erhält auch konkrete Hinweise auf eine haptische und körpergerechte Gestaltung.**W4** Eine kurzweilige Sortieraktion an konkreten Referenzprojekten hilft, räumliche, gestalterische und programmatische Vorlieben und Abneigungen festzustellen.**W6**

Wesentlich ist es in dieser Phase, keine direkten Fragen zu stellen, sondern die Wunschvorstellungen der Nutzer auf einem Umweg über Atmosphären und Wunschwelten zu erfahren, die sich zwar prinzipiell auf den Planungsgegenstand beziehen, aber zunächst einmal nicht konkrete Fragen nach der architektonischen Form oder Materialität stellen. Bei Workshopveranstaltungen kommt es deshalb nicht nur auf das Arbeitsergebnis, sondern auch auf die Kommunikation im Prozess an, die Erkenntnisse für den Entwurf bietet. Entscheidend für den Erfolg aller Workshops und Befragungen ist, dass die Befragten oder Teilnehmer Klischeevorstellungen, Voreingenommenheiten oder bereits getroffene Vorentscheidungen hinter sich lassen, sich also ein Stück weit aus ihren Alltagswelten heraus begeben und sich einer möglichst freien Inspiration öffnen. Die Inspirationen aus den Workshops regen sowohl die Kreativität unter den Architekten als auch bei den Nutzern an.

Aus der Wunschforschung heraus wird die Geschichte entwickelt, die im weiteren Verlauf abstrahiert eine Grundlage für den Entwurf und die Ausformulierung der gestalterischen Details

LERNLANDSCHAFTEN UND MENSA, HEINRICH-NORDHOFF-GESAMTSCHULE, WOLFSBURG, 2014
JEDER TEILNEHMER STELLTE IM ANSCHLUSS DES WORKSHOPS W2 SEINE COLLAGE MIT DEM BILDTITEL UND EINER KURZEN GE-
SCHICHTE VOR. DIE ERGEBNISSE WURDEN VERGLEICHEND DISKUTIERT, ES WURDEN ASSOZIATIONEN FÜR DEN RAUM ENTWICKELT
UND ATMOSPHÄREN FESTGEHALTEN. FÜR DAS ATRIUM DER HEINRICH-NORDHOFF-GESAMTSCHULE DOMINIEREN DIE THEMEN INSEL,
GARTEN, WIESE UND NATUR.

bildet („form follows fiction"). Außerdem bilden die gemeinsam hergestellten gestalterischen Ergebnisse der Workshops eine sehr gute Grundlage für Ausstellungen und/oder Präsentationen, um weitere Beteiligte (erweiterter Nutzerkreis, Bauherren, Anlieger etc.) einzubeziehen. Das Anfertigen atmosphärisch wirksamer Modelle und Collagen verschafft dem Architekten zudem Erkenntnisse über den eigenen Entwurfsansatz. Das Bewusstsein wird geschärft dafür, welche atmosphärischen Qualitäten Ziel des Entwurfs sein sollten.

Der nächste Schritt im Entwurfsansatz ist die Entwicklung räumlicher Strukturen im Sinne der Geschichte, die den Wunschwelten oder Wunschvorstellungen der Nutzer atmosphärisch entsprechen können. Die Architekten sind aufgefordert, aus der Fülle von Hinweisen aus den Workshops und den Befragungen architektonische Schlüsse zu ziehen, die Texte, Bilder und Kommentare aufzugreifen, atmosphärisch, aber auch konzeptionell zu analysieren und eine erste Idee des Ortes, des Raumes oder des Gebäudes beispielhaft zu entwickeln. Dabei sollten sie möglichst unvoreingenommen und losgelöst von Bekanntem auf die Vorstellungen der Nutzer eingehen. Es handelt sich dabei zunächst noch nicht um konkrete, direkt baubare Entwürfe. Die atmosphärisch-räumlichen Strukturen nehmen in erster Linie die Vorstellungen der Nutzer auf, die aus den vorangegangenen Workshops herauskristallisiert werden konnten.

METHODENBAUSTEINE RÜCKKOPPLUNG
Um eine Entsprechung mit den Nutzerinteressen und -vorstellungen sicherzustellen, werden weitere Workshops abgehalten, die eine Rückkopplung des Entwurfs mit den Nutzern ermöglichen, die integraler Bestandteil des Entwurfsinstrumentariums ist. Durch gemeinsame Präsentationen und Kritiken werden die Stärken und Potenziale der einzelnen Wunschvorstellungen und Auslegungen diskutiert, herausgearbeitet und miteinander ins Verhältnis gesetzt. Manche

RISING EDUCATION, BERTUOA, KAMERUN, 2014
NOCH VOR BAUBEGINN WURDE DAS GESAMTE VIERTEL TINGAZA ZU EINEM BÜRGERFEST AUF DAS ZUKÜNFTIGE BAUGRUNDSTÜCK EINGELADEN. ZIEL WAR ES, SICH VORZUSTELLEN UND EINE EINFÜHRUNG ÜBER DEN SCHULNEUBAU ZU GEBEN SOWIE IDEEN MIT DER BEVÖLKERUNG AUSZUTAUSCHEN.**R2** DABEI ZEIGTEN DIE ARCHITEKTEN BILDER UND MODELLE, DIE IN BERLIN ERARBEITET WURDEN. DURCH LOKALE MUSIKER, GEMEINSAMES ESSEN UND EINE LOCKERE ATMOSPHÄRE FAND MAN SCHNELL EINE GEMEINSAME EBENE UND KONNTE SICH AUSTAUSCHEN. [63]

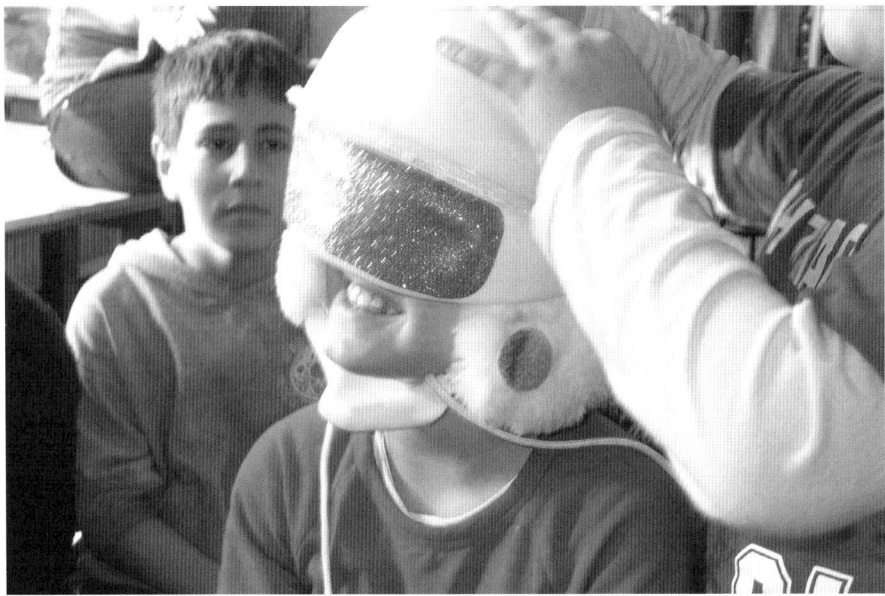

SPION MIT DEM SCHILLERNDEN DECKMANTEL, CARL-BOLLE-GRUNDSCHULE, BERLIN, 2008
ATMOGENERATOR: DIE ANREGUNG ZU DER IDEE DES „SPIONIERENS" ENTSTAND AUS EINEM KONZEPTMODELL DER BAUPILOTEN MIT DEM TITEL „WELTUMWANDLERHELM", BEI DEM ES UM EINEN BESONDEREN HELM GING, DEN DIE KINDER AUFSETZEN KONNTEN. **R4** NACH WEITEREN RÄUMLICHEN, ATMOSPHÄRISCHEN UNTERSUCHUNGEN AN MODELLEN, FOTOMONTAGEN UND ZEICHNUNGEN WURDE DIE FIKTIVE FIGUR „DER SPION MIT DEM SCHILLERNDEN DECKMANTEL" IM RAHMEN DER ARBEIT MIT DEN KINDERN ZUM LEITMOTIV DER ARCHITEKTUR BESTIMMT.

Entwurfsansätze oder auch Wunschvorstellungen werden in dieser frühen Phase fallen gelassen, wenn sie in der Diskussion nicht als relevant betrachtet wurden. Die Kommunikation während der Arbeit an den Entwürfen mit dem Nutzer bedarf dabei besonderer Darstellungen der entworfenen Architektur, um sich über die atmosphärischen Raumqualitäten zu verständigen.

Es gibt viele Medien, die sich für die Verbindung von Entwurf und Wunschwelt eignen. Mittels Fotomontagen kann sich der Nutzer beispielsweise im wahrsten Sinne des Wortes in den Entwurf hineinversetzen, ihn für sich räumlich erfahrbar machen und so seine Vorstellung präzisieren.**R1** Eine kritische Denkrunde anhand visualisierter Architekturideen regt die Nutzer an, ihre Bedürfnisse und Wunschvorstellungen anhand des Entwurfs weiter zu konkretisieren.**R2**

Damit der Ideenentwurf, Vorentwurf (Leistungsphase 2, LPH2) oder auch Entwurf (Leistungsphase 3, LPH3) dem Nutzer anschaulich kommuniziert werden kann, bietet sich aber vor allem ein Entwurfsmodell an, das nicht nur konkret auf die örtlichen, funktionalen und programmatischen Bedingungen eingeht, sondern auch sinnlich nachvollziehbar gebaut wird. Bei großen Baumaßnahmen empfiehlt es sich, entscheidende Ausschnitte des Projektes zu bauen. Empfehlenswert ist der Maßstab 1:20, der ein gutes Größenverhältnis bietet, um sich einfühlen zu können. Das Modell sollte so hergestellt sein, dass Elemente herausgenommen und verändert werden können, um Raumzusammenhänge gemeinsam zu bewerten und zu optimieren.**R3** Sinnliche „1:1"-Modelle von Raum- oder Fassadenelementen machen als Atmogeneratoren eine räumliche Wirkung unmittelbar erfahrbar.**R4** Auch räumliche Workshops mit schauspielerischen Elementen wie ein Schattentheater helfen der Verortung von Wünschen im Raum im Abgleich mit dem Entwurf.**R1** Die Präsentation der Workshop-Ergebnisse und Entwürfe durch die beteiligten Akteure vermittelt auch deren Interpretationen, was wiederum eine Rückkopplung in den Entwurfsprozess ermöglicht. Außerdem können durch die Vorstellung vor einem interessierten größeren Kreis neue Multiplikatoren gewonnen und weitere relevante Akteurskreise (Nachbarn, zukünftige Nutzer etc.) einbezogen werden.**R5**

OPEN-SOURCE-GEDANKE / BAUFAMILIE
Mit den aus den unterschiedlichen Methodenbausteinen gewonnenen Erkenntnissen der Nutzervorstellungen und den Ideen der Architekten ergibt sich eine Sammlung von Möglichkeiten, die im Sinne des „Open-source-Gedankens" allen am Prozess Beteiligten – also den Architekten und den Nutzern, dem Bauherrn (sofern er nicht mit dem Nutzer identisch ist) betroffenen Nachbarn, aber auch den beteiligten Planern wie Tragwerksplanern, Landschaftsarchitekten, Haustechnik-, Energieplanern oder dergleichen – zur Verfügung stehen. Die Expertise der letzteren sollte ebenfalls in den Entwurfsprozess eingebracht werden, ihre Anforderungen mit denen der Partner verhandelbar sein und jene zu Ideen anregen. Die Stadtplaner und Architekten Andreas Fritzen und Martin Kohler sehen im Offenlegen der Quellen die Möglichkeit neuartiger Zusammenarbeit bei der Bewältigung komplexer Aufgaben, die „leistungsfähig und schnell sein kann, individuelle Lösungen ermöglicht, den Nutzern eine hohe Kontrolle gibt und deren Mitarbeit einfordert."[64] Der Begriff *open source*, ursprünglich aus der Software-Entwicklung, meint die Idee des öffentlichen und freien Zugangs zu Information. In unserem Sinne ist damit eine neue kooperative Arbeitsweise im Entwurf verbunden, bei der alle Informationen, Erkenntnisse über Nutzerwünsche, Atmosphären oder besonderen Phänomene, aber auch Entwurfsansätze allen Teilnehmern des Projekts zur Verfügung stehen. In einem Prozess des „Samplings" werden die Elemente verhandelt, getauscht, wieder verwendet und weitergegeben. In diesem Sinne sind auch die Methodenbausteine und Workshops in unterschiedlichen Phasen des Entwurfs- und Planungsprozesses immer wieder einsetzbar und kombinierbar.

Weitet man die Partizipation im architektonischen Entwurfsprozess – wie oben beschrieben – im Sinne einer „Baufamilie" auf einen erweiterten Kreis von Interessentengruppen aus, sollte das partizipative Verfahren schon im Vorfeld der konkreten Bauplanung in der Entwicklung des Projektes verankert sein. Das betrifft zum Beispiel Projekte, die in der Nachbarschaft stark diskutiert werden, weil ein starker Einfluss auf das Wohnumfeld befürchtet wird. In solchen Situationen ist es unserer Erfahrung nach hilfreich, auch den zukünftigen oder potenziellen Nachbarn die Möglichkeit zu geben, ihre eigenen Vorstellungen über das jeweilige Projekt zu entwickeln, sich in die Rolle des Nutzer hineinzufühlen und deren Interessen sozusagen als ihre „Stellvertreter" wahrzunehmen. Dadurch kann eine gemeinsame und damit in der Nachbarschaft tragfähige Vision für das Projekt entwickelt werden und es können sich eventuell auch Mitwirkungs- oder Interaktionsmöglichkeiten der Nachbarn mit der neuen Einrichtung, beispielsweise einer Kita, einer Schule, einer Altenwohnanlage und dergleichen ergeben. Hier bieten Planspiele, die Fakten und Expertisen in plakativen knappen Formeln präsentieren und spontan ergänzt werden können, gute Möglichkeiten der Kommunikation. Aber es sind auch andere Kommunikationsmöglichkeiten denkbar, wie die Organisation von Straßenfesten, die Entwicklung von Netzwerkspielen, die Einrichtung einer Internetplattform oder die Gründung von „Baufamilien", die jeweils einen besonderen Verantwortungsbereich übernehmen. Letztendlich sollen die Projekte, aber auch die planerischen Entscheidungen der Beteiligten damit

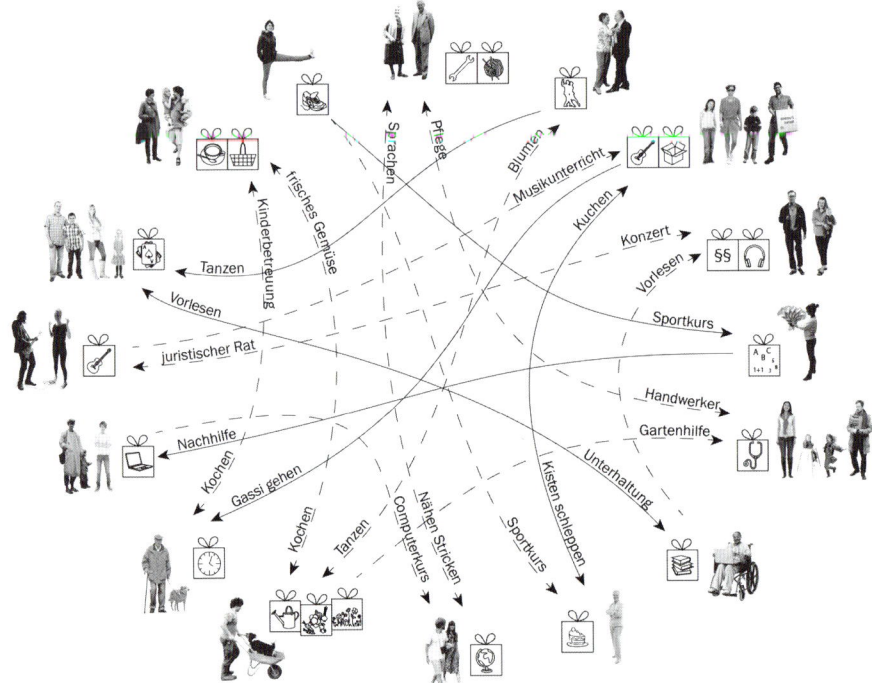

RESSOURCENAUSTAUSCH, AGING-IN-NEIGHBORHOOD, URBAN LIVING, BERLIN, 2014
IM IDEENWORKSHOPVERFAHREN „URBAN LIVING – NEUE FORMEN DES STÄDTISCHEN WOHNENS" DER SENATSVERWALTUNG FÜR STADTENTWICKLUNG HABEN WIR EXEMPLARISCH MIT DEM PROJEKT „AGING IN NEIGHBOURHOOD" EINEN PROTOTYP EINES BOTTOM-UP- BETEILIGUNGSPROZESSES ENTWICKELT. DAS MODELL RESSOURCENAUSTAUSCH IST DABEI EIN WESENTLICHER BAUSTEIN. ES IST EIN NIEDRIGSCHWELLIGES NETZWERKSPIEL MIT DEM ZIEL SICH KENNENZULERNEN, ZU UNTERSTÜTZEN UND AUSZUTAUSCHEN. DEM ARCHITEKTEN UND BAUHERREN GIBT ES DIE MÖGLICHKEIT, EIN GEFÜHL FÜR DIE BEDÜRFNISSE IN DER NACHBARSCHAFT ZU ENTWICKELN. ER KANN ZUDEM AKTEURE GEWINNEN, DIE DEN WANDEL BEFÜRWORTEN UND AN IHM TEILHABEN WOLLEN.

auf die Basis eines „gesellschaftlich robusten Wissen" gestellt werden, das auch die Belange der Nachbarschaft miteinbezieht. [65]

Die Strategie, „stellvertretende Nutzerpositionen" zur Basis der partizipativen Planung zu machen, entspringt den Erfahrungen aus der Planung für Gruppen mit hoher Fluktuation wie beispielsweise in einem Studentenwohnheim oder in einer Schule. Wir stellten fest, dass, obwohl die Schüler, die am Planungsprozess beteiligt waren, die Schule nach einigen Jahren verließen, die Bereitschaft der nachfolgenden Generationen, sich mit dem Gebäude und seiner „Geschichte" zu identifizieren, ungebrochen war. Die „Planergeneration" der Schüler wurde also zum „Stellvertreter" der Nachfolger. Es geht bei der Beteiligung also nicht darum, den Entwurfsprozess zu individualisieren oder zu personifizieren, sondern ihn mit konkreten Vorstellungen aus Nutzersicht zu präzisieren.

FORM FOLLOWS FICTION

Mit den Ergebnissen der Atmosphäre-Workshops, der Erforschung des Alltags, der Bedürfnisse und Wünsche der Nutzer beginnt die architektonische Entwurfsarbeit, mit der Schritt für Schritt und Rückkopplung für Rückkopplung die architektonische Entsprechung der Wunschwelten entwickelt und verfeinert wird. Als Ergebnis der Partizipations- und Entwurfsrückkopplungsverfahren wird die gemeinsame Entwicklung einer Geschichte, einer Fiktion angestrebt, die gleichzeitig zur konzeptionellen Grundlage der Architektur wird.

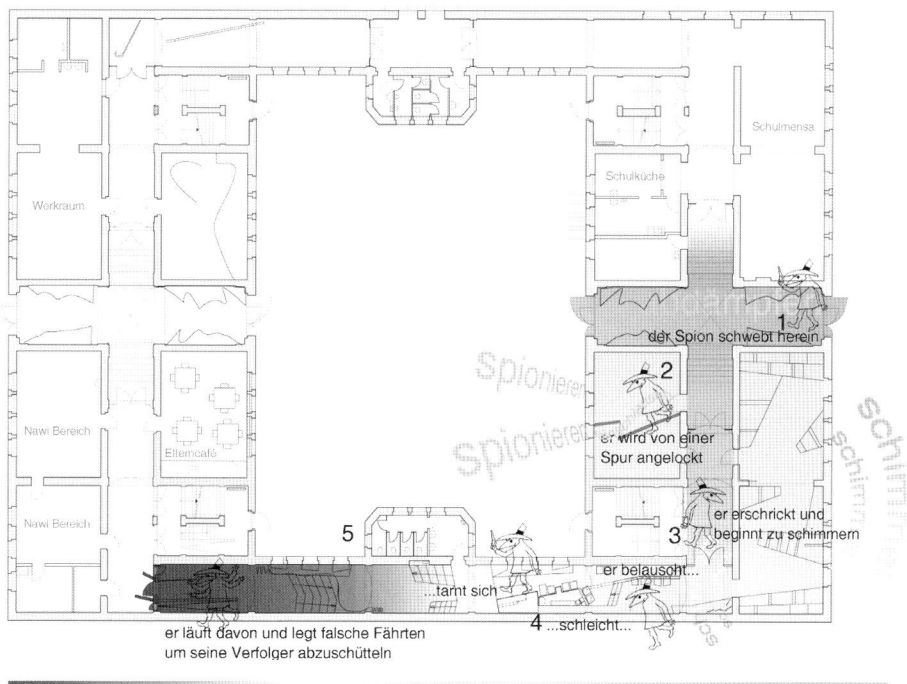

FREIZEITLANDSCHAFT, CARL-BOLLE-GRUNDSCHULE, BERLIN, 2008
DIE IDEE DES SPIONS IM SCHULGEBÄUDE KONNTE ZU EINER TRAGENDEN GESCHICHTE UND ZU EINEM GRUNDLEGENDEN ENTWURFSKONZEPT WERDEN. ARCHITEKTONISCHES PRINZIP WAR ES, DEN SPION NICHT ALS BILD ODER PLASTISCHE FIGUR ZU GESTALTEN, SONDERN RÄUMLICH-ATMOSPHÄRISCHE QUALITÄTEN ZU ENTWICKELN, DIE IM SINNE DER GESCHICHTE DAS VERSTECKEN UND DAS ENTDECKEN, DAS SEHEN UND DAS GESEHENWERDEN, DAS SUCHEN UND DAS FINDEN ERMÖGLICHEN. DIE ARCHITEKTUR DER EINBAUTEN LÄSST DEN KINDERN GENÜGEND FREIRAUM ZUR EIGENEN INTERPRETATION.

Die Geschichte ist eine Art „orchestrierte Erzählung" der Stimmen der Nutzer. Sie ist gleichzeitig Ergebnis eines intensiven Austausches zwischen Nutzern und Architekt über die Vorstellungen atmosphärischer Raumqualitäten und Strukturen. Indem nicht nur Fakten, sondern Geschichten vermittelt werden, lässt sich auch zwischen den Zeilen schreiben und lesen. Damit kann Abstraktes zum Leben erweckt werden oder Unausgesprochenes greifbar werden, unter Umständen auch lange gehegte unbewusste Wünsche benannt werden.[66] Je stärker die fiktive Welt, auf die sich die Beteiligten verständigen, und je präziser die Übereinkunft über diese „Welt" ist, umso einfacher ist die Kommunikation und erübrigt so manchen sonst aufwendigen Verständigungsprozess. Der Architekt kann den Nutzer so während des gesamten Entwurfsprozesses einbeziehen, ohne ihn zu überfordern, und damit beide vor unerwünschten Überraschungen schützen. Der Partizipationsprozess erhält eine höhere Effektivität.

DAS ARCHITEKTONISCHE KONZEPT

Entwurfsentscheidungen können getroffen werden, indem sie auf das Konzept, auf die entwickelte Geschichte zurückgeführt werden. Die Geschichte ist jedoch erst mal nicht konkret und im Moment der Ideenfindung zunächst noch unabhängig vom Gebäude oder anderen äußeren einschränkenden Parametern. Die Architektur soll der daraus entwickelten Fiktion folgen, besteht aber in diesem vorentwurflichen Stadium lediglich als ein atmosphärisches Gefüge, das in späteren Entwurfsstadien in der Realität der physischen Gesetzmäßigkeiten gespiegelt werden soll. Die Geschichte bringt als Konzept schließlich nicht nur die einzelnen Entwurfsansätze zusammen, sondern schärft deren einzelne Konzeptionen und gibt ihnen den Bezugsrahmen für ihre weitere Ausformulierung als Untergeschichte.

STUDENTENWOHNHEIM, DAS HOCHHAUS DER TEAMPLAYER, SIEGMUNDS HOF, BERLIN, 2014
DER STÄDTEBAULICHE ENTWURF FÜR DIE STUDENTENWOHNANLAGE SIEGMUNDS HOF „ÖKOPOP" SPANNT SICH ZWISCHEN ZWEI EXTREMEN AUF: AUF DER EINEN SEITE DIE FANTASTISCHE ÖKOLOGISCHE LANDSCHAFT UND AUF DER ANDEREN SEITE DAS LEBEN IM ZENTRUM EINER PULSIERENDEN GROSSSTADT. IN DIESEM FALL STAND WENIGER EINE GESCHICHTE IM VORDERGRUND, SONDERN DIE ERKANNTE BIPOLARITÄT DER LEBENSWÜNSCHE WURDE ZUR GRUNDLAGE DER KONZEPTION GEMACHT. HIER DER ENTWURF DES HOCHHAUSES ALS „TEAMPLAYER" DER WOHNANLAGE.

Entscheidend im entwurflichen Prozess sind die Konkretheit der Nutzervorstellungen bzw. der Grad ihrer Abstraktion. Auf der Ebene der Fiktion sollten die Vorstellungen der Nutzer sehr deutlich herausgearbeitet und auch sehr konkret formuliert sein. Je konkreter sie aber auf der baulichen Ebene formuliert sind, umso komplizierter sind sie in die Realität umzusetzen. Wünschen sich beispielsweise Kinder einer umzubauenden Kindertagesstätte einen Traumbaum oder – im Fall einer umzubauenden Schule – einen „Silberdrachen", der sie als Freund durch den Alltag begleitet, kann er auf sehr unterschiedliche Art und Weise materialisiert und in Architektur umgesetzt werden. Je klarer also die nicht bauliche, aber atmosphärische Vorstellungswelt der Nutzer entwickelt ist und je offener ihre Vorstellungen auf der architektonischen Ebene bleiben, umso größer ist der Spielraum, der den Architekten bleibt, um alle (auch die eigenen) Vorstellungen im Entwurf unterzubringen.

FIKTION UND REALITÄT
Den aus den Workshops mit den Nutzern gewonnenen Erkenntnissen stehen zudem die programmatischen Anforderungen Dritter gegenüber. Für Schulen und Kindergärten sind beispielsweise pädagogische Programme der Landesverwaltungen zu berücksichtigen. Es gibt Bauvorschriften des Brandschutzes und zur Energieeinsparung, unter Umständen durch den Denkmalschutz und nicht zuletzt die Bauordnungen, Bauphysik und statische oder konstruktive Belange, die beim Entwurf eingehalten werden müssen. Auch die von Bauherren an die Architekten herangetragenen programmatischen Anforderungen müssen als Datengrundlage für die Entwürfe berücksichtigt werden. Dazu kommen oft enge Budgetvorgaben und Terminpläne. In einigen Fällen empfiehlt sich eine kooperative, partizipative Vorgehensweise nicht nur mit dem Nutzer sondern auch mit dem Bauherrn und anderen Beteiligten. All diese Parameter fließen parallel zu den Nutzerinteressen in die Entwurfsarbeit ein. Dabei geht es nicht darum, die Nutzerwünsche an die Realität anzupassen, sondern sie in die Realität zu übersetzen. Hier kommt es oft zur Nagelprobe für den Entwurf, hier können einige spielerische Elemente der Architektur verloren gehen, wenn die Architekten keine Wege finden, die Ideen unter Berücksichtigung aller Bedenken umzusetzen. Die Wunschwelten der Nutzer und die programmatischen sowie faktischen Anforderungen an ein Bauwerk müssen sich dabei aber nicht zwangsläufig widersprechen, sie können sich auch gegenseitig beflügeln.

Die daraus entstehenden Synergieeffekte sollten genutzt werden, um eventuelle Gegensätze zu überwinden oder Widersprüche aufzulösen. Es findet ein permanenter Übersetzungsprozess zwischen fiktionalem Konzept und baulicher Realität statt, die dem Nutzer immer wieder im Entwurfsprozess in einer mit den Rahmenbedingungen abgestimmten Form präsentiert wird. Dies geschieht nicht in einem Kompromiss, sondern in einer Einigung auf die beste Lösung (vergleiche Jeremy Tills Motto „making best sence"). [67]

EVALUATION
Wenn in diesem Sinne das Ziel ist, den Nutzern eine Umgebung zu schaffen, mit der sie sich identifizieren können, muss das Vertrauen darauf in der Entwurfsphase aufgebaut werden, aber auch nach der Ingebrauchnahme des Gebauten weiter bestehen können. Eine Überprüfung der geplanten Nutzung im Gebrauch des Gebäudes findet in der Regel nicht statt. Für eine Optimierung zukünftiger Planung wäre das sinnvoll und hilfreich. Hier stellt sich letztendlich auch die Frage, inwieweit Architekten an die Untersuchungsmethoden und das Instrumentarium von „Post-Occupancy Evaluations" (POE) anknüpfen können, die Architekturpsychologen durchführen, um den Kommunikationsaustausch zwischen Nutzern und Planern hinsichtlich ihrer Architektur zu verbessern und um damit auch ein Feedback für Architekten zu schaffen. [68]Dabei stellt sich neben funktionalen Gesichtspunkten vor allem die Frage, inwieweit die

OPTIMIERUNGSWORKSHOP, HELLWINKELSCHULE, WOLFSBURG, 2012
LEHRERINNEN DER HELLWINKELSCHULE OPTIMIEREN DIE ERGEBNISSE DES VERHANDLUNGSWORKSHOPS **W9** HINSICHTLICH DER SCHULABLÄUFE.

von den Nutzern vorgetragenen Wunschvorstellungen in die gemeinsame Fiktion und Planung eingeflossen sind. Eine beim Umbau der Erika Mann Grundschule durchgeführte Befragung belegte, dass sich auch Schüler, die nicht in den Entwurfs- oder auch Realisierungsprozess involviert waren, mit der Architektur identifizieren können. Der Silberdrache als Fiktion und starkes Identifikationsmoment lebt in der Erika-Mann-Grundschule wie ein Mythos fort, der von Generation zu Generation weitergereicht wird, obwohl oder gerade indem er in der Architektur abstrahiert wird. Die Abstraktion ermöglicht den Nutzern einen Interpretationsspielraum in der Fiktion (und in der Nutzung der Architektur), ohne dass die Verständigungsbasis verloren geht. Eine durchgeführte Evaluation zeigte zudem, dass der aus den Schülerwünschen entwickelte Chill-Room nach wie vor der beliebteste Ort nach dem Schulhof ist. [69]

PARTIZIPATION MACHT ARCHITEKTUR — FAZIT

Räumliche Atmosphären wahrzunehmen, zu analysieren und zu kommunizieren hängt eng miteinander zusammen. Manches Mal werden sie uns erst bewusst, wenn wir versuchen, sie zu erkennen und zu kommunizieren, das heißt über sie zu sprechen, zu schreiben oder sie mit anderen Medien zu vermitteln. Architekten können sich diesen Umstand zunutze machen, indem sie gezielt versuchen, die Atmosphäre von Orten, an denen sie tätig werden, zu bestimmen und sich darüber klar werden, welche Veränderungen sie mit ihren Bauwerken vornehmen. Atmosphären lassen sich entwerfen, gestalten und herstellen. Dafür konnten wir in zahlreichen partizipativen Entwurfsprozessen unterschiedliche Methoden ausprobieren und neu entwickeln, die auf verschiedenen Kommunikationsebenen, von der reinen Text- und Bildebene bis zur Ebene des atmosphärischen Erfahrungsraums, funktionieren. Die Erfahrung räumlicher Atmosphären funktioniert nicht erst in räumlichen Strukturen, in Bauten, in guter Architektur, sie können auch mit Wort, Bild, Musik, plastischen Modellen und räumlichen Inszenierungen in unserer Vorstellung erzeugt werden. Für die Arbeit eines Architekten ist das essenziell, er kann dank dieser Fähigkeit Räume entwerfen und bauen. Aber er ist nicht der einzige, der diese Vorstellungskraft besitzt oder entwickeln kann. Er ist in dieser Beziehung ein Vordenker, ein Vorempfinder der Benutzung dieser Räume im Namen des Nutzers, der sich sein Produkt nicht nur aneignen, sondern auch nachempfinden und sich damit identifizieren muss. Architektur wird, um es mit Walter Benjamin zu sagen, „taktil und optisch" [70] wahrgenommen und erhält daraus ihren Wert.

Nutzer sind dafür Experten. Sie wissen, welche Umgebung sie zum Leben in seinen unterschiedlichen Facetten, während der Arbeit, in der Schule, im Kindergarten und in anderen Lagen brauchen, auch wenn sie nicht Architektur studiert haben und ihnen diese Fähigkeit manchmal auf Anhieb nicht bewusst ist. Sie können sich sehr wohl Vorstellungen über eine wünschenswerte Welt machen, ihre Atmosphäre bestimmen und sich darüber insbesondere mit Architekten austauschen. Diese können sich das zunutze machen, in dem sie ein auf den Austausch atmosphärischer Wirkung aufgebautes Kommunikationssystem mit dem Nutzer entwickeln.

Dabei spielt das Alter der Nutzer, ihre soziale Lage oder ihr kultureller Hintergrund nur insofern eine Rolle, als das die Kommunikationsverfahren darauf eingestellt und differenziert werden müssen. Sie müssen der besonderen Situation angepasst werden, der Versuch, patentierbare Rezepte zu entwickeln, ist zum Scheitern verurteilt. Wichtige Elemente dieser Kommunikation sind einerseits die Abstraktion der ersonnenen atmosphärischen Welten, andererseits die konkreten Wünsche nach atmosphärischen Wirkungen. Daraus wird eine Geschichte, eine Erzählung erarbeitet, aus der ein architektonisches Konzept entwickelt wird: „Form follows fiction." Daraus können die Architekten dann sowohl komplexe als auch detaillierte Entscheidungen ableiten, in dieses Konzept werden auch programmatische Anforderungen eingebracht. Die mit den Nutzern erarbeitete Fiktion und die darin kondensierten Erzählungen ihrer Vorlieben sowie das daraus entwickelte Konzept bilden das Rückgrat des Entwurfs, der dadurch flexibel auf Anforderungen reagieren kann, ohne die Nutzer zu enttäuschen. Feedbacks und Evaluationen verschiedener Projekte haben den Erfolg dieser Methode bestätigt. Der Identifikationsgrad der Nutzer mit dem fertigen Bauwerk ist hoch.

Ich habe im Rahmen meiner Büropraxis und des vor kurzem abgewickelten Studienprojekts Die Baupiloten ein partizipatives Entwurfsverfahren entwickelt, dass dem Nutzer und/oder dem Bauherrn die Möglichkeit gibt, seine eigenen Vorstellungen über die zu schaffende Architektur und insbesondere über ihre Atmosphäre zu entwickeln und zu kommunizieren. Dafür werden bewusst spielerisch Wunschwelten erfunden, die vom Alltag und der realen Situation abgehoben sind, und in Bildcollagen, Modellen, Erzählungen oder räumlichen Inszenierungen festgehalten. Es ist ein feinfühliger Dialog zwischen Nutzern und Architekten, die den Nutzern mit ihrer Expertise und Kompetenz in räumlicher Gestaltung auf atmosphärischer Ebene antworten. Voraussetzung für einen konstruktiven Dialog dieser Art ist eine vertrauensvolle Begegnung von Nutzer und Entwerfer, in der jeder den anderen mit seiner Expertise und in den sich daraus ergebenden Rollen akzeptiert. Atmosphäre als partizipative Entwurfsstrategie ist kein Albtraum, sondern Potenzial für eine produktive und sinnvolle Beteiligung der Akteure.

METHODE

DIE METHODE UND IHRE SPIELANLEITUNG

Die hier vorgestellten Methodenbausteine, gekoppelt mit jeweils einem von Die Baupiloten durchgeführten Beispiel, sind in vier Bereiche unterteilt, die aufeinander aufbauen oder sich ergänzen:

A1 - A5 ATMOSPHÄREN
N1 - N5 NUTZERALLTAG
W1 - W9 WUNSCHFORSCHUNG
R1 - R8 RÜCKKOPPLUNG

Ihre übergeordnete Bedeutung für den Entwurfsprozess ist ausführlich im ersten Teil des Buches beschrieben. Sie sind untereinander kombinierbar, einige können zusätzlich auch in anderen Phasen leicht modifiziert eingesetzt werden. Die Workshops können auch in mehreren kleinen Gruppen oder mehreren Runden durchgeführt werden. Der Architekt agiert in den meisten Fällen als Moderator, der im Verlauf der Workshops entstehende Hinweise und Ideen aktiv aufnehmen kann und in den Prozess zurückspielt. Wichtig ist auch, dass er die entstandenen Ideen, geäußerten Wünsche und sich entwickelnden Geschichten sorgfältig protokolliert, um eine gründliche Auswertung zu ermöglichen. Diese kann qualitativ und/oder quantitativ (vor allem bei Methodenbausteinen des Nutzeralltags) erfolgen. Auch eine interpretativ-explikative Auswertung mittels einer Ausstellung kann sinnvoll sein.

Die Methodenbausteine der „Atmosphäre als partizipative Entwurfsstrategie" sind variationsreich und vielfältig, denn nicht jede Art der Partizipation ist für jeden Nutzer, jeden Ort und jede Bauaufgabe gleichermaßen geeignet. Auch die Art der eingesetzten und herzustellenden Materialien und Mittel (Collagen, Filme, Bilder, Spiele etc.) muss auf die Beteiligten und die Bauaufgabe abgestimmt sein. Die Wahl der Methodenbausteine ist zudem abhängig vom vorher ermittelten Zeitrahmen und dem zur Verfügung stehenden Budget.

Die im Folgenden aufgeführten Piktogramme zeigen übersichtlich auf, für welche Teilnehmer- und Zielgruppe die Workshops empfehlenswert sind, welches Material eingesetzt oder vorbereitet werden sollte. Für manche Workshops sind, "Wünschepostkarten" **A5**, Fragebögen **R6** oder Spiele **W7—W9**, **R7** entwickelt worden, deren Herstellung am Ende dieses Methoden-Kapitels erklärt wird. Die Piktogramme geben Hinweise zur Arbeitsstruktur der Workshops, wie deren empfohlener Größe, ihrer möglichen Kopplung mit einer Leistungsphase gemäß Honorarordnung für Architekten und Ingenieure (HOAI) und ihrem durchschnittlich anzusetzenden Zeitrahmen.

Die Methodenbausteine sind als Anregung zu verstehen und können beliebig an die eigenen Projekte angepasst und weiterentwickelt werden.

Viel Spaß & viel Erkenntnisgewinn!

ERWACHSENE		Viele der für Jugendliche entwickelten Workshops eignen sich auch für Erwachsene. Vorab sollte festgestellt werden, ob die Teilnehmer Lust auf handwerklich-kreative Workshops haben oder ob eine eher zurückhaltend-anspruchsvolle Variante bevorzugt wird.
JUGENDLICHE		Bei Projekten mit Jugendlichen kann die Durchführung im Rahmen eines Studienprojektes zu wertvollen Erkenntnissen führen: Studierende sind in einem ähnlichen Alter wie Jugendliche und teilen damit auch noch deren Erlebniswelten.
KINDER AB 4 J, 6 J, 8 J		Bei den Workshops wird unterschieden nach den Altersgruppen ab 4, ab 6 und ab 8 Jahren. Manche jüngere Kinder benötigen die Geborgenheit einer bekannten Person, um sich zu äußern.
NOTIZPAPIER, STIFT		Notizen während der Workshops sind empfehlenswert: Ebenso interessant wie die einzelnen Arbeitsergebnisse sind die vielen Kommentare und Geschichten, die währenddessen abgegeben oder erzählt werden.
FOTOAPPARAT		Wie das schriftliche Protokoll ist auch die fotografische Dokumentation sehr aufschlussreich und wichtig für die Auswertung. Ergebnisse von Planspielen sollten immer von oben, sozusagen aus der Vogelperspektive fotografiert werden.
BILDMATERIAL		Den Workshops entsprechend thematisch passendes Bildmaterial aus der nicht-architektonischen Welt mit starker räumlicher Wirkung am besten in DIN-A4-Größe sammeln. Gute Quellen sind Naturzeitschriften oder das Internet.
MATERIALIEN		Gewöhnliche Materialien wie Klebstoff, Schere, Karton, einfaches Modellbaumaterial wie farbige oder spiegelnde Folien, Schwämme, Holzstäbchen, Watte, Schnur, Perlen, gefundenes Material wie Kronkorken, Kork, Stoffreste und vieles mehr.
BESONDERE MATERIALIEN		Materialien, die vorbereitet, unter Umständen angefertigt werden müssen, wie Maßstabsfiguren, auch Entwurfsmodelle und -module, spezifische (Modell)baumaterialien oder Dinge, die speziell besorgt werden müssen, wie zum Beispiel Postkarten.
SPIELSET		Die Herstellung der Spielsets ist ab S. 110 ff. beschrieben. Die Spielsets können der Bauaufgabe und dem Ort entsprechend spezifiziert werden. Die Entwicklung und Herstellung der Spiele können bei Die Baupiloten in Auftrag gegeben werden.
STUDIENREFORMPROJEKT DIE BAUPILOTEN, TU BERLIN		Im Rahmen eines Studienprojektes können in Workshops mehr Aspekte offengelegt, mehr Eindrücke und Erkenntnisse gesammelt werden. Damit sind die Ergebnisse besser objektivierbar. Zahlen in Klammern weisen auf eine Kooperation mit einer anderen Universität als der TU Berlin hin.
GRUPPENGRÖSSE		Viele Einzelarbeiten können auch gut zu zweit diskursiv erledigt werden. Für die Planspiele und manche Workshops werden spezifische Gruppengrößen pro Moderator empfohlen. Bei großen Gruppen mehrere Spielrunden und gegebenenfalls mehrere Spielsets zur Verfügung stellen.
MODERATOR / ARCHITEKT		Der Moderator ist meist der Architekt selbst. Durch die Partizipation bekommt er ein sehr gutes Gefühl für die Projektnutzergruppe und damit wichtige Erkenntnisse für einen ganzheitlichen Entwurfsprozess.
HÖCHSTZAHL TEILNEHMER		Workshops in einer Größe von 12–20 Personen haben sich als sehr gut durchführbar erwiesen. Bei mehr als 20 Personen ist mehr ein zweiter Moderator empfehlenswert. Planspiele sind besonders ertragreich mit jeweils einem Moderator pro Team von ca. sechs Teilnehmern.
LEISTUNGSPHASE GEMÄSS HOAI		Die Workshopbausteine sind einer bestimmten Leistungsphase (LPH) gemäß Honorarordnung für Architekten und Ingenieure (HOAI) zugeordnet und untereinander dementsprechend kombinierbar. Einige können zusätzlich auch in anderen Phasen leicht modifiziert eingesetzt werden.
ZEITRAHMEN	90 MIN	Alle Zeitangaben sind Empfehlungen für einen durchschnittlichen Zeitrahmen bei einer Gruppengröße von höchstens 20 Teilnehmern ohne Vorbereitungszeit. Dieser umfasst den gesamten Ablauf des Workshops, der auch in Einzelschritten auf mehrere Tage verteilt werden kann.

ATMOSPHÄREN

METHODENBAUSTEINE ZUR SENSIBILISIERUNG UND ZUM AUFBAU EINER GEMEINSAMEN KOMMUNIKATIONSEBENE UND IHRE ANWENDUNG DURCH DIE BAUPILOTEN

A1	ATMO ZUORDNEN	EVANGELISCHE SCHULE BERLIN ZENTRUM	BERLIN	2008
		HERMANN-VON-HELMHOLTZ-GESAMTSCHULE	BERLIN	2010
		ERNST-REUTER-OBERSCHULE	BERLIN	2011
		GUSTAV-FALKE-GRUNDSCHULE	BERLIN	2011
		KOBBET EL HEWA SCHOOL IN SHUBRA	KAIRO, ÄGYPTEN	2012
		EL KODS SCHOOL IN ARD EL LEWA	KAIRO, ÄGYPTEN	2012
		QUARTIER, DONAUKIEZ	BERLIN	2012
		HELLWINKELSCHULE	WOLFSBURG	2016
A2	ATMO ERKUNDEN	STUDENTENWOHNEN SIEGMUNDS HOF	BERLIN	2008
		EVANGELISCHE SCHULE BERLIN ZENTRUM	BERLIN	2008
		HERMANN-VON-HELMHOLTZ-GESAMTSCHULE	BERLIN	2010
		WALT-DISNEY-GRUNDSCHULE	BERLIN	2010
		ERNST-REUTER-OBERSCHULE	BERLIN	2011
		GUSTAV-FALKE-GRUNDSCHULE	BERLIN	2011
		QUARTIER, DONAUKIEZ	BERLIN	2012
A3	ATMO MALEN	KINDERGARTEN LICHTENBERGWEG	LEIPZIG	2012
A4	ATMO KONSTRUIEREN	GET INVOLVED, BIENNALE	VENEDIG, ITALIEN	2012
		ACHTUNG HAFEN CITY BEBT, HCU	HAMBURG	2004
A5	ATMO ERFRAGEN	FIND THE GAP, ARCHITEKTURFORUM AEDES	BERLIN	2005
		STUDENTENWOHNEN SIEGMUNDS HOF	BERLIN	2008
		KOTTI 3000, KOTTBUSSER TOR	BERLIN	2009
		QUARTIER, DONAUKIEZ	BERLIN	2012
		I KISS UMEÅ, AUSSTELLUNG	UMEÅ, SCHWEDEN	2013
		GYMNASIUM BORNBROOK	HAMBURG	2014

👫	👬	👭	📝	📷	🖼	✂	💡	📦	💼	📺	👥	M	<20 T	L-PH	⏱
-	•	-	•	-	•	-	-	-	16	4	1	-	1		60 MIN
-	-	-	•	-	•	-	-	-	30	10	2	-	1		60 MIN
-	-	-	•	-	•	-	-	-	30	10	2	-	1		60 MIN
-	-	-	•	-	•	-	-	-	30	10	2	-	1		60 MIN
-	-	-	•	-	•	-	-	-	(18)	9	2	-	1		60 MIN
-	-	-	•	-	•	-	-	-	(18)	9	2	-	1		60 MIN
-	-	-	•	-	•	-	-	-	70	10	3	-	1		60 MIN
-	-	-	•	-	•	-	-	-	15	5	1	-	1		60 MIN
-	-	-	•	•	-	-	-	-	15	-	1	-	1		1 TAG
-	•	-	•	•	-	-	-	-	16	8	1	97	1		1 TAG
-	-	-	•	•	-	-	-	-	30	-	1	-	1		1 TAG
-	-	-	•	•	-	-	-	-	30	-	1	-	1		1 TAG
-	-	-	•	•	-	-	-	-	30	-	2	-	1		1 TAG
-	-	-	•	•	-	-	-	-	30	-	2	-	1		1 TAG
-	-	-	•	•	-	-	-	-	70	-	3	-	1		1 TAG
-	-	4 J	-	-	•	•	-	-	-	12	6	75	1		2 TAGE
•	-	-	•	•	-	-	•	-	-	-	2	23	1		145 MIN
-	-	-	-	•	-	-	•	-	(55)	-	1	-	1		2 TAGE
-	-	-	-	-	-	-	-	•	26	-	1	180	1		30 MIN
•	•	-	•	-	-	-	-	-	16	-	1	274	1		40 MIN
•	•	-	•	-	-	-	-	-	6	-	1	24	1		20 MIN
•	•	8 J	•	-	-	-	-	•	70	-	2	187	1		15 MIN
•	•	-	•	-	-	-	-	•	-	-	1	272	1		15 MIN
•	•	-	•	-	-	-	-	•	-	-	1	83	1		15 MIN

A

ATMO ZUORDNEN

VORBEREITETES FOTOGRAFISCHES BILDMATERIAL ATMOSPHÄRISCHEN QUALITÄTEN ZUORDNEN

INTRO

ATMO ZUORDNEN ist ein Kommunikationswerkzeug mit dem Ziel, dass Architekt und Nutzer sich über räumliche Atmosphären austauschen und eine gemeinsame Sprachebene darüber finden.

ABLAUF

VORBEREITEN: Bildmaterial aus der architektonischen und/oder nicht-architektonischen Welt mitbringen beziehungsweise die Teilnehmer dazu auffordern.

BILDMATERIAL AUSBREITEN: Den vorbereiteten Bildpool gut sichtbar auf einem großen Tisch ausbreiten. Das atmosphärische Bildmaterial beispielhaft erläutern, Beispiele von atmosphärischen Kategorien benennen (zum Beispiel familiäre, gefährliche, heitere oder eisige Atmosphäre).

BILDER BETRACHTEN UND SORTIEREN: Bilder nach Ähnlichkeiten ihrer Atmosphäre sortieren. Im Team diskutieren, welche Bilder mit anderen in eine Ähnlichkeitsgruppe, also einen „Cluster" einsortiert werden können.

WORTE FINDEN: Die Cluster in der Gruppe mit charakteristischen Wortketten aus Adjektiven und Substantiven beschreiben. Ein Cluster eines luxuriösen Ambientes kann beispielsweise durch „großzügig – prunkvoll – edle Materialien – pompös – konservativ – Säulen" charakterisiert werden.

ATMO PRÄSENTIEREN: Präsentation und Diskussion der verschiedenen Cluster mit den anderen Gruppen: Welche Worte sind besonders treffend, welche weiteren bezeichnenden Worte finden die anderen Teilnehmer? Welche Bildmerkmale sind prägnant für die gefundenen Atmosphären?

ENTWURF

Eine gemeinsame Sprache von Nutzer und Architekt kann bei der Beschreibung von Atmosphären entwickelt werden, um späteren Missverständnissen im Entwurfsprozess vorzubeugen. Der Architekt erhält zudem erste Eindrücke von der Vorstellungswelt des Nutzers.

A1

👥👥👥	✏️	📷	🖼️	✂️	💡	💼	TV	👥	M	<20 T	L-PH	🕐		
• • •	•	•	•	-	-	-	-	-	4	1	-	1	75 MIN	GRUNDMODUL
- - •	-	•	•	-	-	-	-	15	5	1	-	1	60 MIN	PROJEKT

HELLWINKELSCHULE Die Teilnehmer des Entwurfsseminars „Zukunftsweisende Schulbautypologien" brachten Bilder mit, um sie nach atmosphärischen Ähnlichkeiten in Gruppen zu sortieren und anschließend treffende Bezeichnungen für diese zu finden, zum Beispiel warm, lebendig, versteckt, verrückt, gemeinschaftlich, entspannt, ruhig, weich, kalt, weit, technisch, verträumt, unheimlich und energetisch.

UMBAU

WOLFSBURG
4.2012

S. 120

ATMO ERKUNDEN

ATMOSPHÄRISCHE QUALITÄTEN EINES ORTES ODER EINER SITUATION IN FLANIERENDER ANNÄHERUNG FOTOGRAFIEREN UND ZU STIMMUNGSBILDERN VERARBEITEN

INTRO

ATMO ERKUNDEN ist eine flanierende fotografische Annäherung an die atmosphärischen Qualitäten eines Ortes. Ziel ist eine Sensibilisierung für Atmosphären und ihre Benennung auch durch die Verarbeitung der Fotos in Collagen oder Bildern.

ABLAUF

FLANIEREN: Sich durch die Stadt treiben lassen, um einen Ort zu finden, der als besonders empfunden wird. Dabei ist auf folgende Aspekte zu achten: sichtbare Qualitäten (Materialien, Farben, Licht, Architektur), unsichtbare Qualitäten (Bewegungsmuster, Erinnerungen), veränderliche Qualitäten (Nutzung, Einfluss der Nutzer), Zeitpunkt (Wetter, Tageszeit).

120 MIN

ATMO FOTOGRAFIEREN: Den Ort in den Ausschnitten fotografieren, die seinen Charakter besonders deutlich werden lassen. Fotos ausdrucken bzw. abziehen.

ATMO ARRANGIEREN: Fotos auswählen und anordnen, sodass ein atmosphärischer Gesamteindruck wiedergegeben werden kann. Die dargestellte Struktur kann auch ein Ineinandergreifen, eine Gegenüberstellung bzw. die Veränderlichkeit von atmosphärischen Qualitäten sein, die vor Ort aufgespürt wurden.

60 MIN

ATMO THEMATISIEREN: Fünf deskriptive Adjektive und einen anschaulichen, anregenden Titel für die aufgespürte Atmosphäre finden.

100 MIN

ATMO PRÄSENTIEREN / DISKUTIEREN: Die Paneele einzeln vorstellen, alle Teilnehmer außer dem jeweiligen Autor sollen deskriptive Adjektive finden.

ATMO ÜBERPRÜFEN: Vergleich der genannten Adjektive mit den eigenen durch den Autor und Überprüfung, inwieweit die Kommunikation über die empfundene Atmosphäre erfolgreich war.

TIPP 1: Atmosphären mit Film (oder Ton) einfangen, ca. 15-minütiges Rohfilmmaterial und verbale atmosphärische Beschreibungen erstellen. Die zentralen Aussagen über atmosphärische Qualitäten zu einen einminütigen Clip zusammenfassen und zur Diskussion stellen.

TIPP 2: Dieser Methodenbaustein ist auch als Entwurfswerkzeug gut geeignet, um zum Beispiel den Ort, an dem gebaut werden soll, differenzierter zu erkunden.

ENTWURF

Die Sensibilisierung für die Wahrnehmung von atmosphärischen Raumqualitäten und ihre Protokollierung schaffen eine Grundlage für die Kommunikation auf Augenhöhe zwischen Architekt und Nutzer und helfen diesem zusätzlich, seine Wahrnehmung für atmosphärische Qualitäten zu sensibilisieren. Mit Hilfe dieses Methodenbausteins können zudem architektonische Konzepte initiiert, überprüft und differenziert werden.

A2

•	•	•	•	•	-	-	-	-	-	1	-	1	1 TAG	GRUNDMODUL
-	•	-	•	•	-	-	-	16	8	1	97	1	1 TAG	PROJEKT

WIE FÜHLST DU DICH
UNTER PLATANEN?

VERWUNSCHEN ☐
VERZAUBERT ☐
GEHEIMNISVOLL ☐

WIE FÜHLST DU DICH
UNTER EINEM KASTANIENBAUM?

GEMÜTLICH ☐
BEHAGLICH ☐
ANGENEHM ☐
BEQUEM ☐
HEIMELIG ☐

WIE FÜHLST DU DICH
UNTER EINEM KIRSCHBAUM?

SANFT ☐
WEICH ☐
FRIEDLICH ☐
ZART ☐
MILD ☐

EVANGELISCHE SCHULE BERLIN ZENTRUM Zehn Schülerinnen untersuchten ihren Lieblingsort, den Monbijoupark, in Begleitung der Baupiloten-Studierenden Laura Larraz. Sie suchten zunächst bezeichnende Worte für dessen allgemeine Qualitäten (fröhlich und erholsam), dann unterschieden sie die atmosphärischen Stimmungen unter den verschiedenen Baumarten. Diese aufgespürten besonderen Qualitäten wählten sie aus, um sie in die Transformation ihrer Schule einzubringen.

ENTWURF
BERLIN
4.2008

ATMO MALEN

AUSGEWÄHLTE FOTOS VON NATUR- UND WETTERPHÄNOMENEN INSPIRIEREN ZUM AUSDENKEN UND MALEN VON WÜNSCHENSWERTEN ATMOWELTEN

INTRO

ATMO MALEN greift das natürliche Interesse von Kindern an naturwissenschaftlichen Phänomenen und Experimenten auf. Ziel dieses Workshops ist es, die Imagination der Kinder anzuregen, um so von ihren individuellen „fantastischen" Vorstellungswelten zu erfahren.

ABLAUF

VORBEREITEN: Die Thematik mit Erziehern abstimmen. Dazu eine Auswahl an unterschiedlichen Bildern von Natur- und Wetterphänomenen zusammenstellen und den Erziehern zur Verfügung stellen.

ELEMENTE VORSTELLEN: Die Erzieher stellen Geschichten und auch Fakten zu den abgebildeten Natur- und Wetterphänomenen vor. Die Kinder erzählen von ihren eigenen Erfahrungen.

ELEMENTE MALEN: Die Kinder malen ihre Vorstellungswelten zu den Elementen (zum Beispiel „Regenbogengärten" oder „Gewitterwolken mit einem Schatz").

ATMOWELTEN VORSTELLEN: Die Kinder stellen ihre Welten vor, tauschen sich darüber mit den anderen Kindern aus und spinnen die Welten der anderen weiter.

M

1 TAG

TIPP: Die Bilder und ihr Erstellungsprozess können in den Unterricht integriert werden. Sie regen zusätzlich zu einfachen Experimenten an, in denen die Wechselwirkung der Elemente und die verschiedenen Aggregatzustände, zum Beispiel des Wassers als Eis und Nebel, untersucht werden und aus denen sich Ideenwelten und Geschichten entwickeln können.

ENTWURF

Kinder werden anhand ihrer eigenen Bilder angeregt, anschaulich ausführliche Geschichten zu atmosphärischen Wunschwelten zu erzählen, die sie gemeinsam „weiterspinnen" können. Die Kinder können ihre Welten in Bildern besser schildern (ältere zusätzlich auch in Worten), ihre Phantasie wird angeregt und sie kommen aus sich heraus, sodass der Architekt Ideen für seinen übergeordneten Entwurfsansatz finden kann. Kinder können sich in Bildern auch ohne Worte gut erklären.

A3

												M	<20 T	L-PH			
-	•	4 J	•	-	•	-	-	-	-	-	-	10	1	-	1	1 TAG	GRUNDMODUL
-	-	4 J	-	-	•	•	-	-	-	-	-	12	6	75	1	2 TAGE	PROJEKT

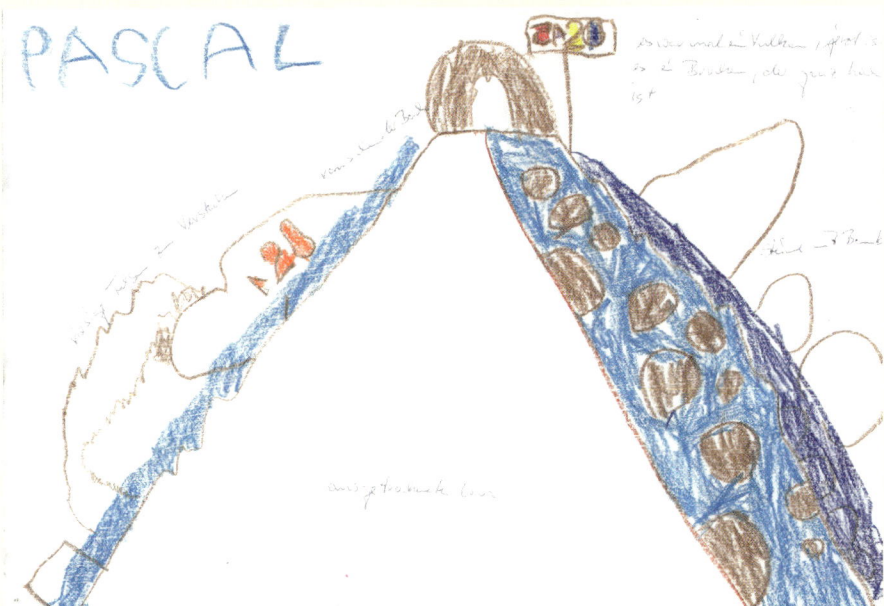

KINDERGARTEN LICHTENBERGWEG Die Kinder haben sich im Rahmen einer Projektwoche auf der Grundlage einer Bildauswahl mit den Elementen Erde, Wasser, Feuer, Luft und dem Wetter beschäftigt. Die Auswahl inspirierte die Kinder zum Beispiel dazu, Vulkane und deren Vorzüge („wie riesige Felsen zum Verstecken") zu malen. Dazu erzählten sie sich jeweils Geschichten, die sie gemeinsam in ihrer Imagination weiter vertieften.

NEUBAU
LEIPZIG
11.2009
S. 174

ATMO KONSTRUIEREN

DIE STIMMUNG VON ATMOSPHÄRISCH AUFGELADENEN BILDERN ERFASSEN, AN EINEM ALLTAGSORT SUCHEN UND FOTOGRAFISCH NACHSTELLEN

INTRO

ATMO KONSTRUIEREN ist ein spielerischer, unterhaltsamer Workshop. Ziel ist es, die Stimmung eines Bildes zu verstehen, zu benennen und durch die nachahmende fotografische Inszenierung auf einen realen Ort zu übertragen. Die Übertragung eröffnet neue Blickwinkel auf den Ort, der unter Umständen in der Alltagswahrnehmung stark vorgeprägt ist.

ABLAUF

VORBEREITEN: Abbildungen von Kunstwerken mit figürlichen Darstellungen in verschiedenen atmosphärischen Stimmungen besorgen und zusammenstellen. Insgesamt sollten doppelt so viele Motive wie Teilnehmer zur Verfügung stehen. Alternativ können von den Teilnehmern selbst Bilder mitgebracht werden. Die Bilder gut sichtbar ausbreiten.

ATMO AUSWÄHLEN: Das Bild auswählen, das als besonders anregend empfunden wird.

ATMO BEZEICHNEN: Die bei der Betrachtung wahrgenommene Atmosphäre mit einer kleinen Zahl von Adjektiven versehen.

ATMO ÜBERTRAGEN: Mit den aus den Bildern gelesenen Atmosphären auf die Suche nach einer möglichst ähnlichen Atmosphäre im Alltagsraum gehen. Der Maßstab der neuen Situation spielt keine Rolle, die atmosphärische Wirkung kann im Detail versteckt sein. Ortsausschnitt, Figuren, Posen, Bewegung, Kleidung, Licht, Gegenstände, eine bestimmte Tageszeit oder Wetterstimmung machen die Gesamtkomposition aus. All das bedarf einer präzisen Beobachtung.

ATMO FOTOGRAFIEREN: Die imitierte und konstruierte Atmosphäre fotografieren, entweder nur mit sich selbst im Bild oder mit zusätzlichen Statisten.

ATMO BETITELN: Einen anschaulichen Titel finden.

ATMO PRÄSENTIEREN: Die Fotografien auf einem Computer sammeln und präsentieren.

ATMO DISKUTIEREN: Die Teilnehmer (außer dem jeweiligen Fotografen) beschreiben die Atmosphäre mit einer Reihe von Adjektiven. Welche Vorher-/Nachher-Bilderpaare sind besonders gelungen? Wo ist die Atmosphäre eines Bildes besonders treffend konstruiert und warum?

ATMO ÜBERPRÜFEN: Die jeweiligen Fotografen überprüfen, ob die atmosphärische Anmutung gut vermittelt werden konnte.

ENTWURF

Durch die aktive Konstruktion einer Atmosphäre wird ein höherer Reflexionsgrad beim Nutzer angeregt. Parameter einer gewünschten Atmosphäre können durch die spielerische Übertragung besser verstanden werden. Nicht nur die Kommunikation über Atmosphären im Allgemeinen, sondern auch die Sensibilisierung für die eigene Umgebung werden beim Nutzer angeregt. Das spielerische Element kann zudem dem Nutzer den Zugang zu innovativen Entwurfsansätzen erleichtern.

A4

•	•	•	•	•	•	-	-	-	1	-	1	140 MIN	GRUNDMODUL
•	-	•	•	•	•	•	-	-	2	23	1	145 MIN	PROJEKT

GET INVOLVED Aus dem Gemälde „Junge Leute beim Schaukeln in einem Garten in Neapel" (1823, J. E. Hummel) wurde die Atmosphäre „frivol, ausgelassen, gesellig und improvisiert" gelesen. Um diese auf dem Gelände der Architekturbiennale in Venedig zu konstruieren, wurde ein informeller Ort hinter einem Pavillon ausfindig gemacht. Dort wurden weitere Besucher motiviert, gemeinsam ausgelassen für das Foto hochzuspringen. (J. Böhler, B. Aulikki Köhler und Fr. Nijoy)

WORKSHOP

VENEDIG
ITALIEN
10.2012

ATMO ERFRAGEN

IN KURZEN QUALITATIVEN BEFRAGUNGEN MIT HILFE VON ATMOSPHÄRISCHEN RAUMQUALITÄTEN BESTEHENDE UND ERWÜNSCHTE WELTEN IN ERFAHRUNG BRINGEN

INTRO

ATMO ERFRAGEN bietet die Möglichkeit, in ein Projekt einzusteigen oder ein Planspiel im Rahmen eines Partizipationsprozesses vorzubereiten. Ziel ist es, Wahrnehmungen aus erster Hand, aber auch Wunschvorstellungen der Nutzer in Erfahrung zu bringen. Mit einem gezielten Aufbau der Fragen ist dieser Baustein zudem ein wirkungsvolles und einfaches Instrument, um die Befragten dafür zu öffnen, ihre sinnliche Wahrnehmung und Erinnerung an bzw. Vision von als angenehm empfundenen Räumen wiederzugeben.

ABLAUF

VORBEREITEN: Interviewleitfaden herstellen (S. 110), Interviewtermine, auch mit lokalen Einrichtungen und anderen Beteiligten bzw. potenziell Interessierten organisieren. Die Interviewsituationen können vielfältig sein, wie im Rahmen von festgelegten Gruppenterminen, im Café, auf der Straße etc. Der Einstieg und Verlauf eines Gesprächs ist abhängig von der Art des Projekts, der Gesprächssituation sowie der Persönlichkeit und den Interessen der Beteiligten.

EINFÜHREN: Zusammenhang des Projektes und sich selbst vorstellen. Der Moderator führt die gesamte Befragung.

OFFEN FRAGEN: Nach dem vorher konzipierten Interviewleitfaden Fragen stellen. Dabei Ratschläge oder auch die Darlegung eigener Sichtweisen vermeiden. Die Befragung nicht als Abruf von Daten, sondern als soziale Interaktion gestalten.

NACHFRAGEN: Vertiefende Fragen sind zugelassen. Nachfragen, wenn auf die persönliche und sinnlich differenzierte Wahrnehmung eines Ortes oder auf die Wunschvorstellung noch zu wenig eingegangen wurde.

BEDANKEN: Für die Gesprächsbereitschaft, Zeit und Ideen danken und die Möglichkeit anbieten, sich über den weiteren Projektverlauf erkundigen zu können. Wenn erwünscht, Kontaktdetails erfragen.

TIPP 1: Statt persönlich geführter Interviews können Wünschepostkarten (digital oder analog) als ein Format für knappe Antworten und eine große Reichweite konzipiert werden.

TIPP 2: Die Agentenkarten können wiederum gleichzeitig als ein Nachbarschaftsnetzwerkspiel funktionieren, indem Menschen einer Nachbarschaft oder einer anderen losen Gruppierung aufgefordert werden, in je einem Satz zu erklären, was man zum Beispiel gerne jemandem wo beibringen könnte bzw. mit wem man wo was lernen möchte. Es ist hilfreich, mit einer Aktivität zu beginnen, dann potenzielle Personen und Ort zu überlegen, schließlich den Ort mit Adjektiven näher zu bestimmen (S. 110).

ENTWURF

Der Architekt erfährt die Wunschvorstellungen des Nutzers an dessen Lebensumfeld, dieser wird wiederum angeregt, sie zu entwickeln und zu artikulieren. Die Wunschvorstellungen legen den Grundstein für die Kommunikation zwischen Nutzer und Architekt. Die Antworten ergeben zudem ein Bild von den Ansprüchen und Funktionszusammenhängen des Ortes.

A5

												M	<20 T	L-PH			
•	•	•	•	•	-	•	-	-	•	-	-	1	∞	1	40 MIN	GRUNDMODUL
•	•	•	-	-	-	-	-	-	•	-	-	1	272	1	15 MIN	PROJEKT

I KISS UMEÅ, COMMUNITAS Es wurde eine spielerische, partizipative Karte entwickelt, um die Ausstellungsbesucher einzuladen, sich mit Orten auseinanderzusetzen. Sie sollten verraten, wo sie gerne küssen, wo ihr Lieblingsort zum Grübeln ist, ihr perfekter imaginärer Raum und ein dritter Raum, der weder mit dem Daheim noch mit dem Arbeitsplatz assoziiert ist. Im Laufe der Ausstellung entstand so eine alternative Karte von Umeå, die eine öffentliche, persönliche und intime Verbindung mit der Stadt zeigt.

PARTIZIPATIVE AUSSTELLUNG

UMEÅ
SCHWEDEN
2.2013

NUTZERALLTAG

METHODENBAUSTEINE ZUR BEGLEITUNG UND PROTOKOLLIERUNG DER NUTZER IN IHREM ALLTAG UND IHRE ANWENDUNG DURCH DIE BAUPILOTEN

N1	**WOHNORTE NACHLEBEN**	FERIENHAUS, MUDGE ISLAND	KANADA	1990
		STUDENTENWOHNEN SIEGMUNDS HOF	BERLIN	2008
N2	**ALLTAGSORTE ERLEBEN**	EVANGELISCHE SCHULE BERLIN ZENTRUM	BERLIN	2008
		NIKOLAUS-AUGUST-OTTO-OBERSCHULE	BERLIN	2009
		GUSTAV-FALKE-GRUNDSCHULE	BERLIN	2011
N3	**RITUALE BEOBACHTEN**	KITA TRAUMBAUM	BERLIN	2005
		KITA TAKA-TUKA-LAND	BERLIN	2007
		ERIKA-MANN-GRUNDSCHULE II	BERLIN	2008
		CARL-BOLLE-GRUNDSCHULE	BERLIN	2008
		GALILEI-GRUNDSCHULE	BERLIN	2008
		NIKOLAUS-AUGUST-OTTO-OBERSCHULE	BERLIN	2009
		HERMANN-VON-HELMHOLTZ-GESAMTSCHULE	BERLIN	2010
		WALT-DISNEY-GRUNDSCHULE	BERLIN	2010
		KINDERGARTEN LICHTENBERGWEG	LEIPZIG	2012
		GYMNASIUM BORNBROOK	HAMBURG	2014
		HELLWINKELSCHULE	WOLFSBURG	2016
N4	**LIEBLINGSORTE ZEIGEN**	OBERSCHULE PAPENTEICH	PAPENTEICH	2008
		ERNST-REUTER-OBERSCHULE	BERLIN	2011
N5	**ENTDECKUNGSREISEN**	CARL-BOLLE-GRUNDSCHULE	BERLIN	2008

👥	👥👥	👶	📝	📷	🖼️	✂️	💡	💼	TU	👥👥👥	<20 M	T	L-PH	🕐
-	-	-	•	•	-	-	-	-	-	2	-	1	-	2 TAGE
-	-	-	•	•	-	-	-	-	15	-	1	-	1	2 TAGE
-	•	-	•	-	-	-	-	16	6	-	97	1	-	180 MIN
-	•	-	•	-	-	-	-	14	-	-	14	1	-	1 TAG
-	-	6 J	-	•	-	-	-	30	-	-	30	0	-	60 MIN
•	-	4 J	•	-	-	-	-	3	-	-	72	1	-	1 TAG
•	-	4 J	•	-	-	-	-	6	-	-	48	1	-	1 TAG
•	-	6 J	•	-	-	-	-	6	69	-	418	1	-	1 TAG
•	-	8 J	•	-	-	-	-	6	-	-	130	1	-	1 TAG
•	-	6 J	•	-	-	-	-	6	-	-	138	1	-	1 TAG
-	•	-	•	-	-	-	-	14	-	1	14	1	-	1 TAG
•	•	-	•	-	-	-	-	30	-	-	30	0	-	180 MIN
•	-	6 J	•	-	-	-	-	30	-	-	30	1	-	180 MIN
•	-	4 J	•	-	-	-	-	-	-	2	81	1	-	1 TAG
•	•	-	•	-	-	-	-	-	-	2	300	0	-	1 TAG
•	-	6 J	•	-	-	-	-	15	17	-	250	0	-	1 TAG
-	•	-	•	-	-	•	-	13	-	1	38	0	-	180 MIN
-	•	-	•	-	-	•	-	30	15	2	30	0	-	60 MIN
-	-	8 J	•	•	-	-	-	6	-	1	25	3	-	120 MIN

N

WOHNORTE NACHLEBEN

FÜR EINEN FESTGELEGTEN ZEITRAUM IN DIE ROLLE DES NUTZERS SCHLÜPFEN UND DESSEN WOHNALLTAG LEBEN

INTRO

WOHNORTE NACHLEBEN ist eine Erfahrung des Nutzeralltags für den Architekten, die tiefergehender ist als eine reine Beobachtung. Ziel ist es, persönliche Vorstellungen vom Alltag und den Aktivitäten der Nutzer zu entwickeln und Klischees zu relativieren, abzulegen oder gar nicht erst entstehen zu lassen.

ABLAUF

VORBEREITEN: Den zu untersuchenden Wohnort bzw. einen Ort mit der entsprechenden Typologie bereitstellen.

IN DIE ROLLE DES NUTZERS SCHLÜPFEN: Für einen Tag und eine Nacht in den zu untersuchenden Wohnort einziehen und nach den Alltagsvorstellungen des Nutzers wohnen, alle Flächen nutzen und erwünschte Aktivitäten wie kochen, gemütlich sitzen, arbeiten etc. testen. Wenn Mitbewohner das Wohnmodell teilen, sollten diese im Idealfall in Form von Stellvertretern anwesend sein.

ERFAHRUNG FESTHALTEN: Der gesamte Tagesablauf soll in Worten und Bildaufnahmen protokolliert werden: Wo hält man sich gemeinsam auf und wo sind die privaten Bereiche? Für welche Tätigkeiten wählt man welchen Ort? Wie bewegt man sich durch das Gebäude? Weitere raum- und gebäuderelevante Nutzungskriterien, Stärken und Schwächen festhalten.

WOHNTAGEBUCH ANLEGEN: Auf mehreren Karteikarten (DIN A5) die Erfahrungen zusammenstellen. Eine Möglichkeit der Gliederung ist zum Beispiel: 1. objektive Daten wie Größe, Räume, Anzahl Bewohner; 2. der Tagesablauf und bemerkenswerte Ereignisse; 3. Beschreibungen von Stärken und Schwächen, Skizzen und Fotografien.

ENTWURF

Der Architekt kann die Lebensform und spezifische Raumaneignung des Nutzers besser nachvollziehen als bei einer reinen Beobachtung oder bei hypothetischen Überlegungen über Funktionsabläufe. Es können noch nicht bekannte Nutzungsformen aufgedeckt und bei der Planung berücksichtigt und falsche Nutzungsannahmen rechtzeitig revidiert werden.

N1

												M	<20 T	L-PH			
-	•	-	•	-	-	-	-	-	-	-	-	1	-	1	1 TAG	GRUNDMODUL
-	-	-	•	•	-	-	-	-	-	-	15	1	-	1	2 TAGE	PROJEKT

Studentenwohnheim Siegmunds Hof — Wohntagebuch von Johanna Lehrer

2. November 2007

9.00 Uhr DER MORGEN
- aufgestanden, geduscht mit der Angst, dass jemand reinkommt

9.30 Uhr FRÜHSTÜCK
- im Aufenthaltsraum im Haus 1, 7.OG gefrühstückt und auf die Baupiloten gewartet, mit denen wir dort verabredet waren

10.00 Uhr TREFFEN MIT DEN BAUPILOTEN
- Interviews besprochen und Tätigkeiten und Aufgaben sortiert und ausgewertet

16.00 Uhr RAUS AUS DEM STUDENTENWOHNHEIM
- mit starkem Hunger zum Zoo gefahren, um dort etwas zu essen
- Ablenkung durch einen Schaufensterbummel vom tristen Gebäude

19.00 Uhr QUATSCH COMEDY CLUB
- mit meinem Freund in den Quatsch Comedy Club gegangen

22.30 Uhr DER BIERKELLER
- mit Nadine zusammen in den Bierkeller gegangen – Geburtstagsparty eines Wohnheimstudents – Studenten befragt und sich mit ihnen über das Leben im Wohnheim gesprochen – getrunken – getanzt

2.00 Uhr NACHTWANDERUNG
- mit einem Wohnheimstudent die ekligen Ecken aufgespürt

3.00 Uhr DIE LETZTE NACHT
- erschöpft ins Bett gefallen

8.30 Uhr DIE HEIMFAHRT

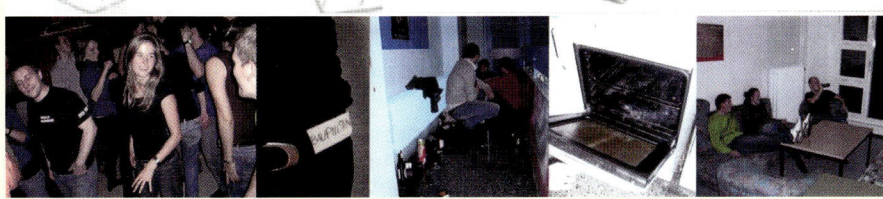

STUDENTENWOHNEN SIEGMUNDS HOF Im Rahmen des Entwurfsseminars „Zusammenziehen 2010" wohnten die Baupiloten-Studierenden ein Wochenende lang in den unterschiedlichen Berliner Studentenwohnheimen und hielten ihre Erfahrungen in Form von Karteikarten mit Fotos der eindrücklichen Momente fest. Das sogenannte Wohntagebuch führte den Charakter, Stärken und Schwächen des Wohnheims deutlich vor Augen und half, die Entwurfsentscheidungen zu präzisieren. (J. Lehrer)

UMBAU, SANIERUNG
BERLIN
11.2007
S. 140

ALLTAGSORTE ERLEBEN

IN EINEM FESTGELEGTEN ZEITRAUM DEN NUTZER AUF UND ZU SEINEN ALLTÄGLICHEN ROUTEN UND ORTEN BEGLEITEN

INTRO

ALLTAGSORTE ERLEBEN ist eine Kartierung des Nutzeralltags und ein effektives Werkzeug, die Stadt mit den Augen der Nutzer zu sehen und dabei Qualitäten und Defizite in Funktion und Aneignung zu erkennen. Wesentlich ist der Aspekt des gemeinsamen Entdeckens, der neben der Sensibilisierung für die Lebenswelt des Nutzers auch die Kommunikation zwischen ihm und dem Architekten fördert.

ABLAUF

VORBEREITEN: Der Nutzer überlegt sich eine repräsentative Route durch seine alltägliche Lebenswelt. Dabei ist es wertvoll, wenn der Nutzer auch Treffen mit Freunden, Bekannten oder sonstigen Personen berücksichtigt.

GEMEINSAM SPAZIEREN: Den Nutzer begleiten und beobachten. Auf die Begegnungen auf der Route einlassen und durch gezieltes Nachfragen Verständnis für die räumlichen und situativen Qualitäten der dabei wichtigen Orte entwickeln. Wie werden die städtischen Strukturen wahrgenommen und genutzt? Wie bewegt der Nutzer sich durch die Stadt? (Intuitiv und routiniert?)

180 MIN M

ALLTAGSORTE PROTOKOLLIEREN: Die Besonderheiten des Weges, der Orte, der Leute und ihrer Aktivitäten, Kommentare, ihre Bedürfnisse, Interessen, Kommunikationsformen, die Art der Begegnung und situative Momente mit Fotos, Skizzen, Zitaten festhalten.

ALLTAGSORTE KARTIEREN: Aus den Erfahrungen, Notizen, Skizzen und Fotos eine individuelle Karte des Quartiers erstellen.

180 MIN

TIPP: Insbesondere bei jugendlichen Nutzergruppen hilfreich, um Kontakt und gegenseitiges Vertrauen mit den sonst der Erwachsenenwelt gegenüber eher verschlossenen Jugendlichen aufzubauen.

ENTWURF

Die gemeinsame Raumerfahrung führt zu einem intensiven Austausch zwischen Architekt und Nutzer und stärkt damit das gegenseitige Vertrauen. Spezifische Raumwahrnehmungen werden für den Architekten lesbar und für den Entwurfsprozess nutzbar. Eine Herausforderung für die Entwerfer ist es, die gewonnenen Erkenntnisse über die Dokumentation des gemeinsam Erlebten so zu abstrahieren, dass eine breite Basis für den Entwurf hergestellt werden kann.

N2

•	•	8 J	•	•	-	-	-	-	-	-	1	1	1 TAG	GRUNDMODUL
-	•	•	•	-	-	-	-	14	-	-	14	1	1 TAG	PROJEKT

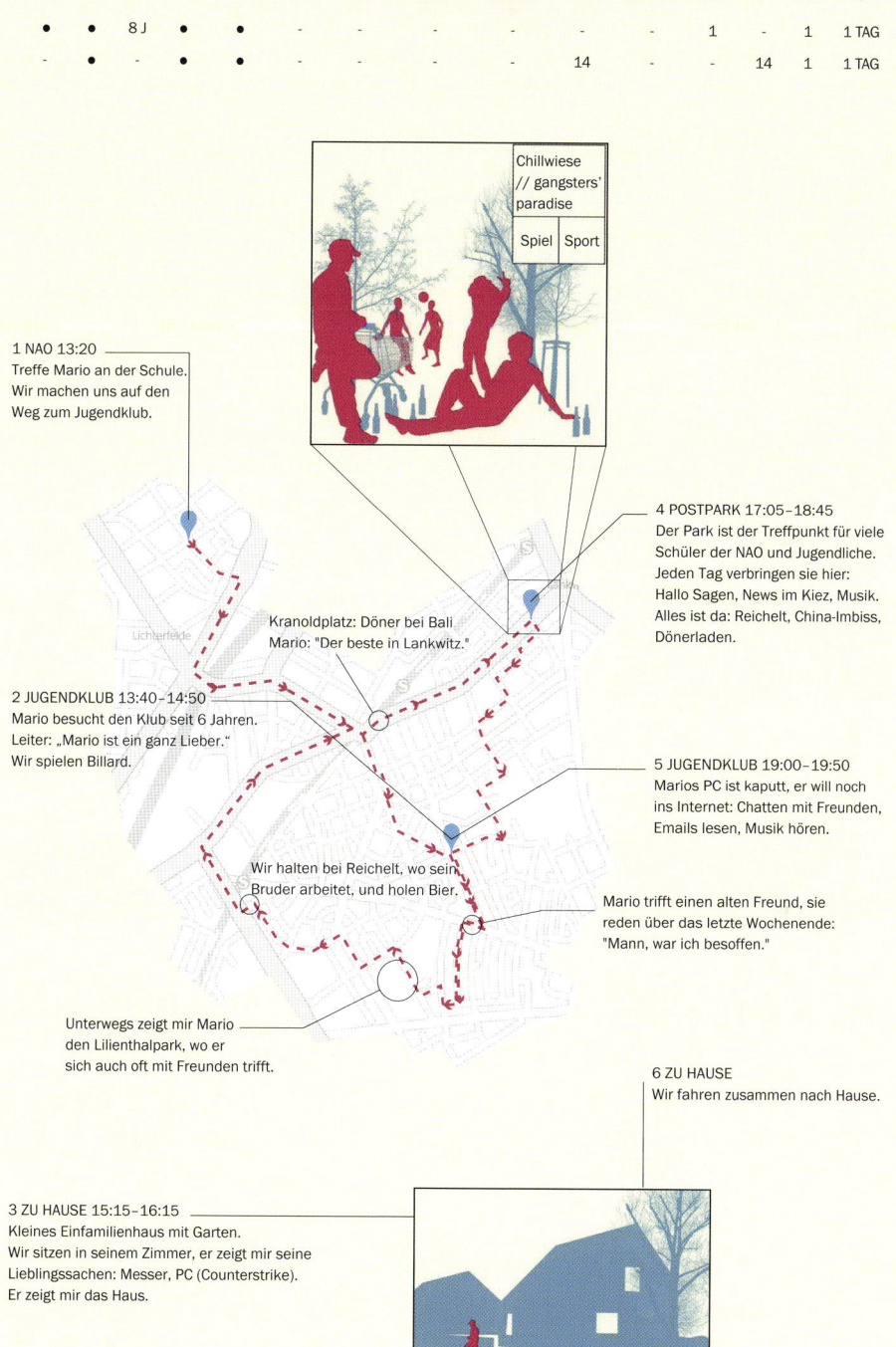

1 NAO 13:20
Treffe Mario an der Schule.
Wir machen uns auf den
Weg zum Jugendklub.

4 POSTPARK 17:05–18:45
Der Park ist der Treffpunkt für viele
Schüler der NAO und Jugendliche.
Jeden Tag verbringen sie hier:
Hallo Sagen, News im Kiez, Musik.
Alles ist da: Reichelt, China-Imbiss,
Dönerladen.

Kranoldplatz: Döner bei Bali
Mario: „Der beste in Lankwitz."

2 JUGENDKLUB 13:40–14:50
Mario besucht den Klub seit 6 Jahren.
Leiter: „Mario ist ein ganz Lieber."
Wir spielen Billard.

5 JUGENDKLUB 19:00–19:50
Marios PC ist kaputt, er will noch
ins Internet: Chatten mit Freunden,
Emails lesen, Musik hören.

Wir halten bei Reichelt, wo sein
Bruder arbeitet, und holen Bier.

Mario trifft einen alten Freund, sie
reden über das letzte Wochenende:
"Mann, war ich besoffen."

Unterwegs zeigt mir Mario
den Lilienthalpark, wo er
sich auch oft mit Freunden trifft.

6 ZU HAUSE
Wir fahren zusammen nach Hause.

3 ZU HAUSE 15:15–16:15
Kleines Einfamilienhaus mit Garten.
Wir sitzen in seinem Zimmer, er zeigt mir seine
Lieblingssachen: Messer, PC (Counterstrike).
Er zeigt mir das Haus.

NIKOLAUS-AUGUST-OTTO-OBERSCHULE Im Rahmen des Entwurfsseminars „Schule findet Stadt" verbrachte der Baupiloten-Studierende Benedikt Bogenberger einen Nachmittag mit dem fünfzehnjährigen Schüler Mario. Die Kartierung „Der Superchiller" zeigt ihren gemeinsamen Rundgang durch Marios Kiez und bietet damit einen genauen Einblick in dessen Welt, seine Wege und wichtigen Orte, seine Interessen und Aktivitäten. So entstand eine neue Karte des Kiezes.

NEUBAU
BERLIN
5.2009

RITUALE BEOBACHTEN

FÜR EINEN FESTGELEGTEN ZEITRAUM ALLTÄGLICHE ABLÄUFE, SITUATIONEN UND RITUALE DER NUTZERWELT BEOBACHTEN UND PROTOKOLLIEREN

INTRO

RITUALE BEOBACHTEN ermöglicht dem Architekten, spezifische Nutzungsabläufe und -rituale zu beobachten und zu protokollieren. Ziel ist es, hieraus Rückschlüsse zu ziehen im Hinblick auf Verbesserungsmöglichkeiten für die spezifische Nutzung durch Um- oder Neubaumaßnahmen. Anders als bei **N2** tritt der Nutzer hier nicht aktiv in den Dialog mit dem Architekten. Die Beobachtungen können die in einem Wunschforschungsworkshop festgestellten Bedürfnisse und Wünsche ergänzen, vertiefen oder präzisieren.

ABLAUF

VORBEREITEN: Entsprechende Nutzergruppen und Räumlichkeiten festlegen.

NUTZERWELT HOSPITIEREN: Die Rituale und Routine des Alltags verfolgen. Die Nutzer beobachten, das Verhalten der Nutzer studieren, ihre Eigenarten, die Art wie sie sitzen, sich bewegen, sich beschäftigen, untereinander kommunizieren oder sich zurückziehen.

NUTZERWELT FOTOGRAFIEREN: In Detailbildern die Alltagswelt der Nutzer fotografieren. Fotos ausdrucken bzw. abziehen.

NUTZERWELT SORTIEREN: Die Fotografien anschließend nach den Themen anordnen, die sich beim Sortieren ergeben. Das zur Erfassung von atmosphärischen Raumqualitäten entwickelte Instrument der erzählenden fotografischen Dokumentation **A2** eignet sich prinzipiell auch für Tagesabläufe, um damit programmatische Schwerpunkte für den architektonischen Entwurf herauszuarbeiten.

NUTZERWELT BETITELN: Einen den Alltag bezeichnenden, die Imagination anregenden Titel suchen.

ENTWURF

Der Architekt erhält Aufschluss über die spezifische Aneignung des Raumes durch den Nutzer, was ihm Rückschlüsse für den Planungsprozess ermöglicht. Rituale beobachten kann als Bestätigung oder als Korrektiv für die Erkenntnisse aus den Initialworkshops und den Rückkopplungsprozessen dienen.

N3

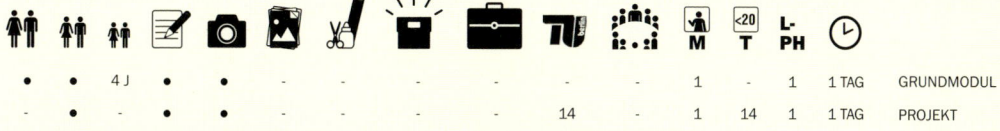

•	•	4 J	•	•	-	-	-	-	-	-	1	-	1	1 TAG	GRUNDMODUL
-	•	-	•	•	-	-	-	14	-	1	14	1	1 TAG	PROJEKT

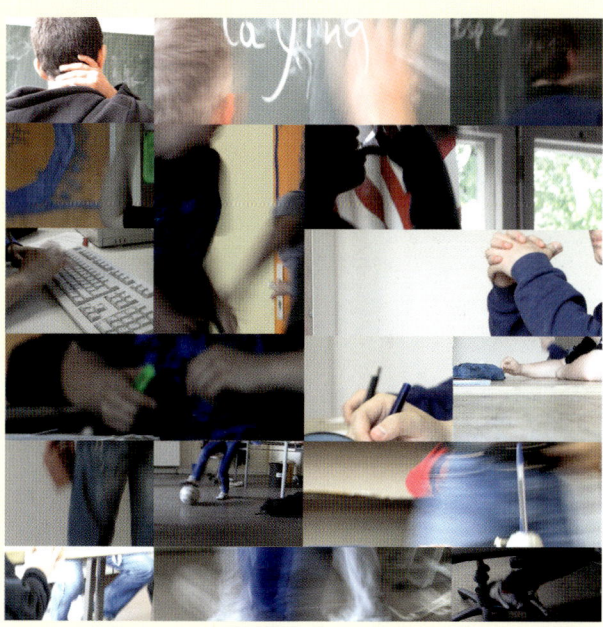

BEWEGUNGSDRANG

BEWEGLICH ☐
MOBIL ☐
TURBULENT ☐
LEBENDIG ☐
BESCHÄFTIGT ☐
RUHELOS ☐
WANDELBAR ☐
AKTIV ☐
VERÄNDERLICH ☐
GESCHÄFTIG ☐

AUFFÜHRUNG UND PROBERAUM

KONZENTRIERT ☐
OFFEN ☐
AUFGELADEN ☐
INTIM ☐
THEATRALISCH ☐
VERSPIELT ☐
ABGEKLÄRT ☐
SCHÜCHTERN ☐
NERVÖS ☐
AUFGEREGT ☐

NIKOLAUS-AUGUST-OTTO-OBERSCHULE Im Rahmen des Entwurfsseminars „Schule findet Stadt" haben die Baupiloten-Studierenden für einen Tag lang den Schulalltag verfolgt. Sie haben die Schulgemeinschaft im Unterricht, in der Pause, im Schulhof und in weiteren gemeinschaftlichen Räumen, wie dem selbst organisierten Café Solar, beobachtet, fotografiert und den besonderen Charakter der Schulabläufe herausgearbeitet. (J. Lehrer und G. Cheung)

NEUBAU
BERLIN
5.2009

LIEBLINGSORTE ZEIGEN

LIEBLINGSORTE IDENTIFIZIEREN UND DIE ALS WICHTIG WAHRGE- NOMMENEN QUALITÄTEN DOKUMENTIEREN

INTRO

LIEBLINGSORTE ZEIGEN gibt dem Nutzer die Möglichkeit, favorisierte Orte zu benennen und sich über ihre Raumqualitäten durch die fotografische Annäherung klar zu werden. Ziel ist die dadurch ausgelöste Sensibilisierung für atmosphärische Raumqualitäten.

ABLAUF

VORBEREITEN: Lieblingsort finden, fotografieren, ausdrucken bzw. abziehen lassen und mitbringen.

LIEBLINGSORT KATEGORISIEREN: Die Fotos nach Kategorien sortieren, zum Beispiel: A Sportplätze, B Natur / Bäume, C Urlaub, D Räume, E Spielplätze, F Öffentliche Plätze, G Tiere.

LIEBLINGSORT NUMMERIEREN: Die einzelnen Kategorien auf einem Karton zusammenstellen. Die Fotos nummerieren, um die Zuordnung zu erleichtern.

LIEBLINGSORT AUSWÄHLEN: Einen der mitgebrachten Lieblingsorte (nicht den eigenen) aussuchen, um ihn zu beschreiben und zu erklären.

LIEBLINGSORT DISKUTIEREN: Eine möglichst weitgefächerte Auswahl der Fotos hinsichtlich ihrer räumlichen und situativen Qualitäten besprechen. In der Diskussion das identifizieren, was die jeweiligen Orte ausmacht.

PROTOKOLLIEREN: Die atmosphärischen und programmatischen Schilderungen protokollieren. Gibt es sichtbare, unsichtbare und ephemere Parameter?

TIPP: Der Lieblingsort kann in der Aufgabenstellung je nach Baumaßnahme präzisiert werden, zum Beispiel „der Lieblingstreffpunkt", wenn es um die Planung von Aufenthaltsmöglichkeiten in einer Wohnsiedlung geht.

ENTWURF

Der Architekt gewinnt einen Einblick in die Nutzerwelt, vor allem in die positiv geprägten Alltagsorte, und der Nutzer wird angeregt, die Raumqualitäten und -atmosphären in seiner Umgebung zu reflektieren, die für ihn positiv besetzt sind.

N4

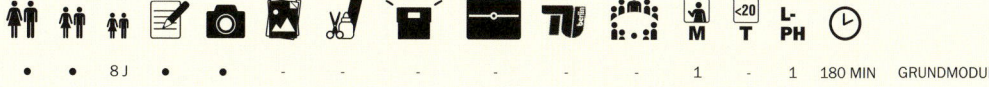

		8 J			-	-	-	-	-	-	-	1	-	1	180 MIN	GRUNDMODUL
-	•	-	•	•	-	-	-	•	-	13	-	1	38	0	180 MIN	PROJEKT

F ÖFFENTLICHE PLÄTZE

	M/W	ALTER	GRUND
F 16	W	15	TREFFE MICH GERN MIT FREUNDEN DA
F 17	W	14	TREFFE MICH GERN MIT FREUNDEN DA
F 18	W	14	SCHÖNER TREFFPUNKT
F 19	W	14	EIN NATÜRLICHER ORT
F 20	M	14	TREFFPUNKT VON MEINEN FREUNDEN UND MIR
F 21	W	12	WEIL MAN SICH DORT GUT TREFFEN KANN
F 22	W	16	RAUCHERECKE
F 23	M	12	PAUSENTREFF, WO ICH DIE JUNGS GERNE NACH MEINER PFEIFE TANZEN LASSE
F 24	W	13	BAUMPLATZ, WO ICH MICH GUT ZWISCHEN DEN STUNDEN ENTSPANNEN KANN
F 25	M	14	HIER TREFFE ICH MICH MIT MEINEN FREUNDEN
F 26	W	15	MAN KANN SPORT MACHEN UND SICH MIT SEINEN FREUNDEN TREFFEN
F 27	M	15	SICH MIT FREUNDEN TREFFEN
F 28	W	13	MIT SEINEN LEUTEN TREFFEN UND EIS ESSEN
F 29	W	15	SCHÖNER TREFFPUNKT, WEIL ER GESCHÜTZT IST
F 30	W	15	MAN HAT DORT EINE GUTE AUSSICHT

OBERSCHULE PAPENTEICH Die Orte, welche die Jugendlichen als ihren Lieblingstreffpunkt präsentierten, definieren sich meist über ihre Aktivitäten. Oft wurde ein Rückzugsort genannt, an dem man von Erwachsenen ungestört ist. Beliebt war zum Beispiel die Bushaltestelle, die für die Jugendlichen wie eine Art Bühne funktioniert, wo sie ihre Wirkung auf andere ausprobieren. Meist waren die Lieblingsorte im Außenraum oder in der Natur, denn „drinnen ist es meist zu langweilig".

BEDARFSANALYSE

PAPENTEICH
6.2008

ENTDECKUNGSREISEN

DEN NUTZER IN EINEM FÜR IHN UNGEWOHNTEN UMFELD BEOBACHTEN

INTRO

ENTDECKUNGSREISEN ist ein Beobachtungswerkzeug mit dem Ziel, die Nutzer eine für sie nicht alltägliche Umgebung erfahren zu lassen und daraus Rückschlüsse über noch nicht geäußerte Bedürfnisse zu ziehen. Das kann zum Beispiel die Art des Lernens und der Wissensaneignung der Nutzer betreffen, etwa bei einem gemeinsamen Museumsbesuch mit Grundschulkindern. Ebenso ist beim Wohnungsbau die Entdeckungsreise in ein neues Wohnumfeld denkbar.

ABLAUF

VORBEREITEN: Ort in Absprache mit dem Bauherrn (Träger, Schulleiter) auswählen. Die Art der Entdeckungsreise sollte auf das Nutzerprofil und den Typus des zu planenden Baus abgestimmt entwickelt werden (Wohnungsbau, Schulbau).

M

ENTDECKEND REISEN: Nutzer und seinen Umgang mit der zu entdeckenden neuen Erfahrungswelt beobachten.

120 MIN

PROTOKOLLIEREN: Nutzerverhalten fotografieren und notieren.

NACHBEREITEN: Thematisch strukturierte Beobachtungen auswerten im Hinblick auf den Aussagewert für die vorgesehene Nutzung.

TIPP: *Entdeckungsreisen* ist besonders geeignet für die Bauaufgabe Bildungsbau.

ENTWURF

Der Architekt erhält Erkenntnisse über die Raumaneignung und Raumwahrnehmung des Nutzers im Hinblick auf eine bestimmte Funktion (Lernen, Wohnen). Durch den Raumwechsel, die Entdeckung eines für den Nutzer neuen Raumes können dabei Einblicke erreicht werden, die bei der im gewohnten Alltagsraum typischen Verhaltensweise eventuell unentdeckt bleiben.

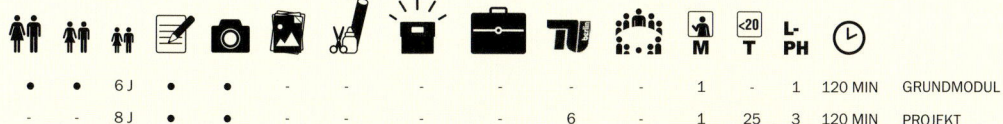

•	•	6 J	•	•	-	-	-	-	-	1	-	1	120 MIN	GRUNDMODUL
-	-	8 J	•	•	-	-	-	-	6	-	1	25	3	120 MIN	PROJEKT

CARL-BOLLE-GRUNDSCHULE Die Baupiloten-Studierenden besuchten mit Schülern das „Science Center Spectrum" mit seinen rund 250 Experimentierstationen, die den Kindern die Möglichkeit gaben, sich spielerisch und selbstbestimmt mit naturwissenschaftlichen Phänomenen auseinanderzusetzen. Die dabei notierten Beobachtungen der Kinder haben die architektonische Ausformulierung des zu planenden Freizeitbereichs der Schule bestimmt, wie erwünschte Perspektivwechsel, Lichtphänomene etc.

UMBAU
BERLIN
5.2007

GESCHICHTEN BASTELN

EIGENE, ERFUNDENE ODER BEKANNTE GESCHICHTEN UND GEDICHTE IN GEBASTELTEN WELTEN DARSTELLEN

INTRO

GESCHICHTEN BASTELN bietet sich vor allem in der Arbeit mit Kindern an, die ihre Wunschvorstellung noch nicht mit Worten ausdrücken können. *Geschichten basteln* stimmt sie auf eine zukünftige Baumaßnahme ein. Ziel ist es, eine für sie anregende Geschichte zu finden, diese dann spielerisch mit verschiedenen Medien zu „erforschen" (zu erörtern), um so von ihren Ideenwelten zu erfahren. Die Erzieher übernehmen hier eine aktive Rolle, ihre Mittlerposition bringt eine weitere Vielfalt an Vorstellungen zutage, indirekt werden damit auch deren eigene Wünsche übermittelt.

ABLAUF

VORBEREITEN: Im Rahmen der Baumaßnahme inspirierende Themen und Herangehensweisen in Vorgesprächen mit dem Träger der jeweiligen Einrichtung und den Erziehern diskutieren. Pädagogische Schwerpunkte oder konzeptionelle Namen der Einrichtungen und die damit verbundenen Geschichten können zum Beispiel sehr gut die Ansätze bieten. Verschiedenste Materialien sammeln, die sich im Umfeld finden lassen bzw. mitgebracht werden. M

GESCHICHTE VERTIEFEN: Ausgewählte Geschichte in den einzelnen Gruppen vorlesen bzw. als Hörspiel abspielen, besprechen, Szenen nacherzählen und spielen etc. 90 MIN

GESCHICHTE BASTELN: Ideen zu den Geschichten malen, basteln, bauen, zum Beispiel eine Höhle aus Matratzen oder ein der Geschichte nachempfundenes Haus. 60 MIN

GESCHICHTE NOTIEREN: Die Erzieher notieren auf den Arbeitsblättern der Kinder deren Erklärungen zu ihren Arbeiten.

GESCHICHTE WEITERERZÄHLEN: Dem Architekten die Bilder, Modelle und Aktionen vorstellen, entweder durch die Kinder selbst oder in ihrem Beisein durch die Erzieher. Gemeinsam diskutieren und weiterentwickeln. 30 MIN

TIPP 1: In einem Kindergarten können die Erzieher mit ihrer Gruppe jeweils mit unterschiedlichen Methoden und Materialien die Geschichten basteln.

TIPP 2: Wenn festgestellt wird, dass die kleinen Kinder mit der Aufgabe überfordert sind, können weitere, eventuell auch den Kindern bekannte Geschichten ergänzt werden und andere vertraute Medien verwendet werden. Klar sollte allen Beteiligten sein, dass den Wunschvorstellungen der Kinder bezüglich der atmosphärischen Raumqualitäten und im Hinblick auf eventuelle Bedürfnisse so gut wie möglich Gehör geschenkt werden sollte.

ENTWURF

Der Architekt gewinnt einen Einblick in die Ideenwelt der Kinder hinsichtlich des Konzeptes, auf das sich der Bau/Umbau beziehen soll. Aus diesen ersten Geschichten können Ideen für die spezifischen atmosphärischen Qualitäten des zukünftigen Raums entwickelt werden, aus denen wesentliche Erkenntnisse für den Entwurfsprozess abgeleitet werden können.

W1

| | | 4 J | • | • | • | • | • | - | • | 8 | 1 | - | 2 | 180 MIN | GRUNDMODUL |
| | | 4 J | • | • | • | • | • | - | - | - | 4 | 40 | 2 | 180 MIN | PROJEKT |

KITA TAKA-TUKA-LAND Die Erzieher sprachen mit den Kindern über Pippi Langstrumpf und die Insel „Taka-Tuka-Land". In darauf folgenden, von ihnen individuell konzipierten Workshops baute eine Gruppe gemeinsam das Haus von Pippi aus Pappe, bemalte und beklebte es mit vielen Muscheln sowie mit einem „gegen Räuber schützenden" Netz. Daraus wurde das Konzept für Fassade und Innenraum entwickelt, wie zum Beispiel eine bekletterbare Fassade mit teilweise bespielbaren Zwischenräumen.

UMBAU, SANIERUNG

BERLIN
4.2005

S. 234

KLEB' DEINE WELT

AUS FOTOGRAFISCHEM BILDMATERIAL GEWÜNSCHTE ATMOSPHÄRISCHE QUALITÄTEN ZU EINER COLLAGE ZUSAMMENFÜGEN

INTRO

KLEB' DEINE WELT ist ein für viele Personen und Altersgruppen geeigneter Workshop bzw. ein guter Ergänzungsworkshop in größeren Partizipationsverfahren, der leicht umsetzbar und vielfältig einsetzbar ist. Ziel ist es, spielerisch die Wunschvorstellungen und Bedürfnisse der Nutzer zu ermitteln.

ABLAUF

VORBEREITEN: Die Thematik des Workshops mit dem Bauherrn und auf die Bauaufgabe abstimmen. Das Bildmaterial thematisch passend bereitstellen oder von den Teilnehmern mitbringen lassen. Es sollte eine starke räumliche Wirkung haben und aus der nicht-architektonischen Welt stammen (auch aus digitalen Quellen). Das Bildmaterial gut sichtbar ausbreiten.

M

BILDER WÄHLEN: Jeder Teilnehmer wählt fünf Bilder aus, in denen er die atmosphärischen Qualitäten findet, mit denen er sich besonders wohlfühlt.

90 MIN

BILDER BEARBEITEN UND ANORDNEN: Besonders prägnante Bereiche aus den ausgewählten Bildern zusammenhängend oder einzeln ausschneiden. Das Bildmaterial kann auch dreidimensional behandelt werden (zum Beispiel gefaltet, gerissen, zerknüllt), um damit klarer die spezifische Qualität zum Ausdruck zu bringen. Auf Fotokarton die einzelnen ausgeschnittenen Teile miteinander zu gegensätzlichen und/oder einheitlichen Atmosphären mit der gewünschten Wirkung kombinieren.

WELT ÜBERPRÜFEN UND FESTHALTEN: Stehen die einzelnen Bildausschnitte und damit die atmosphärischen Qualitäten im gewünschten Verhältnis? Gegebenenfalls weiteres Material dazu holen oder austauschen. Daraufhin die Einzelteile zwei- oder dreidimensional auf den Karton kleben.

WELT BETITELN UND BESCHREIBEN: Einen anschaulichen, anregenden Titel für die imaginierte Wunschwelt finden und sie beschreiben (in beliebigem Umfang).

WELT PRÄSENTIEREN UND DISKUTIEREN: Die Collagen mit dem Titel und der kurzen Geschichte in der Gruppe präsentieren. Vergleichend diskutieren, was die Assoziationen für den zukünftigen Raum bedeuten könnten und wie die verschiedenen (Vorstellungs)welten kombinierbar sind.

30 MIN

TIPP 1: Kleb' Deine Welt ist auch erfolgreich mit geistig behinderten Kindern durchgeführt worden.

TIPP 2: Die Welten können zweidimensional auf einem Fotokarton oder dreidimensional in einem Schuhkarton angeordnet werden.

TIPP 3: Es können weitere Materialien wie Holzstäbchen, Alufolie, Watte und vieles mehr zum Einsatz kommen.

TIPP 4: Der Workshop kann auch digital am Computer durchgeführt werden.

ENTWURF

Aus den Collagen und daraus entwickelten Geschichten lassen sich atmosphärische und programmatische Wunschvorstellungen lesen. Aus ihnen lassen sich Leitmotive für den Entwurf ableiten, die nicht nur die aktuell geforderte Funktion berücksichtigen, sondern auch die Wünsche der Nutzer für zukünftige Nutzungsmöglichkeiten und Raumqualitäten.

W2

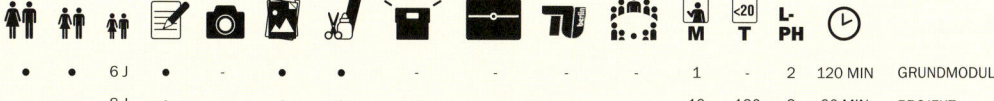

•	•	6 J	•	•	•	-	-	-	-	1	-	2	120 MIN	GRUNDMODUL
-	-	8 J	•	•	•	-	-	-	-	10	120	2	90 MIN	PROJEKT

SCHULE BAUT Das Projekt „Schule baut" war Teil einer Reihe von Veranstaltungen über Architektur für Kinder. Die beteiligte Architektin Christiane Kraatz, die an die Ergebnisse von Kleb' Deine Welt für eine Schulinstallation im Sinne der Kinder angeknüpft hat: „Das Projekt dient [...] dazu, den alltäglichen Raum bewusst wahrzunehmen. Ich bin zu dem Schluss gekommen, dass die Kinder eine erstaunlich hohe Kompetenz besitzen, ihrer Umgebung intuitiv die richtigen Eigenschaften zuzuweisen. Hier können wir von dem Projekt alle [...] lernen."

MODELLE

WOLFSBURG
2.2010

STECK' DEINE WELT

IN EINEM STECKSYSTEM MIT „SPIELATOMEN" GEWÜNSCHTE RAUMGEFÜGE UND ATMOSPHÄREN ZUSAMMENFÜGEN

INTRO

STECK' DEINE WELT ist ein Spiel aus zweidimensionalen Scheiben, den sogenannten „Spielatomen". Durch die Einschnitte in den einzelnen Spielatomen, aus verschiedenen Materialien oder atmosphärischen Bildkarten, können diese zu dreidimensionalen Figuren zusammengesteckt werden. Ziel ist es, spielerisch neben atmosphärischen Wünschen auch räumliche und haptische Vorstellungen zu erforschen.

ABLAUF

VORBEREITEN: 200 thematisch passende atmosphärische „Spielatome" aus sechseckigen Trägerplatten mit einer Kantenlänge von ca. 4,5 cm herstellen. Die Platten beidseitig mit jeweils gleichem atmosphärischem Bildmaterial bekleben. Dabei darauf achten, dass es sowohl eine Bandbreite von atmosphärischen Kategorien als auch von einer Kategorie jeweils mehrere Spielscheiben mit unterschiedlichen Motiven gibt. Alternativ kann über die haptische Qualität kommuniziert werden, wenn die Scheiben aus unterschiedlichen Materialitäten wie zum Beispiel Folien, Holz, Metall oder weichem Material wie Schaumstoff auf einer Trägerplatte hergestellt werden. In jede Spielscheibe senkrecht zu ihrer Seitenkante einen 2 cm tiefen Schlitz einschneiden. Die Breite des Schlitzes so anlegen, dass die Scheiben ineinander gesteckt werden können. Dazu eine neutrale Grundplatte mit einer Kantenlänge von 6 cm herstellen.

M

EINFÜHREN: Alle vorbereiteten Spielatome gut sichtbar auf einem Tisch ausbreiten.

SPIELATOME AUSWÄHLEN: Jeder Teilnehmer wählt eine Grundplatte und zehn Atome aus, auf denen er die atmosphärischen Qualitäten findet, mit denen er sich besonders wohlfühlt. Spielatome vor sich ausbreiten.

M
30 MIN

WELT ZUSAMMENSETZEN: Nach den eigenen Wunschvorstellungen die Spielatome zu einem räumlichen Modell zusammenstecken. Atmosphärische, farbliche und räumliche Qualitäten beschreiben die imaginierte gewünschte Welt.

WELT ÜBERPRÜFEN: Stehen die einzelnen Spielatome und damit atmosphärischen und räumlichen Qualitäten im gewünschten Verhältnis? Gegebenenfalls weitere Atome dazu holen oder austauschen.

WELT BETITELN UND BESCHREIBEN: Einen anschaulichen, anregenden Titel für die imaginierte Wunschwelt finden und sie beschreiben.

WELTEN PRÄSENTIEREN UND DISKUTIEREN: Die Welten in der Gruppe präsentieren. Vergleichend diskutieren, was die Assoziationen für den zukünftigen Raum bedeuten könnten und wie die verschiedenen atmosphärischen und räumlichen Vorstellungen kombinierbar sind.

30 MIN

TIPP 1: Zur Inspiration kann eine zur Bauaufgabe passende Geschichte (oder ein Gedicht) vorgelesen werden.

TIPP 2: Steck' Deine Welt lässt sich auch zweidimensional zu einem Mosaik zusammenfügen.

15 MIN

ENTWURF

Aus den „Spielatomen" lassen sich atmosphärische und räumliche Vorstellungen des Nutzers ablesen. Der Workshop ist ein Hilfsmittel zur Kommunikation individueller Eindrücke und Wünsche in Bezug auf Form, Materialität und Farben, woraus sich Rückschlüsse für den Entwurf ziehen lassen.

W3

•	•	8 J	•	-	-	-	-	•	-	-	1	-	2	60 MIN	GRUNDMODUL
-	•	8 J	•	-	-	-	-	•	-	14	-	-	20	2	60 MIN	PROJEKT

RISING EDUCATION Das Spiel wurde in der kamerunischen Tingaza Primary School zusammen mit Kindern im Alter von 9–12 Jahren gespielt. Mit einer kurzen Einleitung konnte das Interesse der Schüler und Schüler geweckt werden, am Entwurf ihres Schulgebäudes mitzuwirken. Die Arbeit im Workshop hat aber auch gezeigt, dass eine sorgfältige Erkundung der sozialen, kulturellen und pädagogischen Rahmenbedingungen durch die Organisatoren notwendig ist, um eine stabile Kommunikationsbasis mit den Teilnehmern sicherzustellen.

NEUBAU

BERTOUA
KAMERUN
1.2014

BAU' DEIN DING

AUS VORBEREITETEM ODER GEFUNDENEM MATERIAL DEN EIGENEN BEDÜRFNISSEN IDEAL ANGEPASSTE MÖBEL ODER BENUTZBARE MODULE BAUEN

INTRO

BAU' DEIN DING ist eine kreative und handwerkliche Aktion. Nicht die räumliche Atmosphäre steht im Vordergrund, sondern die ergonomische und haptische Ausgestaltung. Ziel ist es, mehr über die unmittelbaren physischen und sinnlichen Bedürfnisse des Nutzers zu erfahren. Das entstandene Möbel oder Modul kann zudem Grundmodul für den späteren Entwurf werden.

ABLAUF

VORBEREITEN: Einen Werkstattraum mit entsprechenden technischen und materiellen Möglichkeiten organisieren. Eine überschaubare Aufgabenstellung definieren, zum Beispiel ein Möbel für eine wünschenswerte Arbeitshaltung bzw. -situation zu schaffen. Materialien auswählen, die direkt, einfach und schnell verbaut werden können. Die Bereitstellung bzw. Beschaffung von gefundenen oder wiederverwertbaren Baumaterialien kann auch Teil der Aufgabe sein.

M

KÖRPERHALTUNG DARSTELLEN: In Skizzen darstellen, für welche Körperhaltung ein Möbel/Modul gebaut werden soll, oder sich in der entsprechenden Körperhaltung fotografieren lassen.

1 TAG

LEBENSGROSS BAUEN: Zu der gewünschten Körperhaltung ein lebensgroßes Möbel bauen und am eigenen Körper ausprobieren.

HALTUNG VERFEINERN: Das Möbel weiterentwickeln, gegebenenfalls uminterpretieren, sodass ein Objekt entsteht, das in der gewünschten Weise benutzbar ist.

MODULE BELEUCHTEN: Mit Licht experimentieren, um die Möbelstücke ins „rechte Licht" zu rücken. Wie soll das Möbel/Modul während der Nutzung erlebt werden, wie wird es von Außen wahrgenommen?

BEZIEHUNGEN AUFBAUEN: Überlegen, in welchen Beziehungen die Möbel untereinander stehen könnten – oder sich bewusst für eine individuelle Abgrenzung entscheiden.

MODULE PLATZIEREN: An welcher Art von Ort kommt das Möbel/Modul am besten zur Geltung bzw. funktioniert es am besten?

MODULE PRÄSENTIEREN: Eine abschließende Ausstellung ermöglicht es, die Objekte vorzustellen, zu testen und gegebenenfalls zu verbessern.

TIPP: Auch aus Fundstücken kann sehr schnell eine gewünschte räumliche Situation zusammengestellt werden. Damit kann Maßstäblichkeit, Lichteinfall etc. effektiv getestet werden (auch für Kinder ab 6 Jahren geeignet).

ENTWURF

Die physischen Objekte ermöglichen dem Architekten einen vertiefenden Einblick nicht nur in die Wunschvorstellungen des Nutzers, sondern auch einen guten Zugang zu dessen konkreten physischen Bedürfnissen. So wird eine nutzer- und körpergerechte Gestaltung nicht nur der Räumlichkeiten, sondern auch der Möblierung erleichtert. Die Prototypen haben zudem die Funktion, dass der Nutzer seine Bedürfnisse reflektiert und in ein Objekt umsetzt, was die Identifikation mit dem fertiggestellten Bau/Umbau erhöht.

W4

•	•	6 J	-	-	-	-	•	-	-	-	1	-	2	1 TAG	GRUNDMODUL
-	•	-	-	-	-	-	•	-	12	-	1	17	2	2 TAGE	PROJEKT

TIEFSCHAUKEL · BEWEGUNGSINSEL · KLETTERSTUHL · KLETTERGLETSCHER

FORSCH-KAPSEL · RAUMKAPSEL · SPANNUNGSBOGEN · BEWEGUNGSKONZENTRATOR

OASE · SCHREIMASCHINE · BEOBACHTUNGSLIEGE

CARLO-SCHMID-OBERSCHULE Gemeinsam näherten sich Siebt- bis Elftklässler mit Unterstützung der Baupiloten-Studierenden in mehreren Schritten der Gestaltung ihrer alltäglichen Umwelt. Um ihrem zu anonym anmutenden Schulgebäude eine persönlichere Atmosphäre zu geben, entwickelten sie vielfältige Situationen für Lerninseln, die sie als lebensgroße Modelle bauten: „Das ist ein schönes Gefühl, was von sich selber reinzubringen, was den Schulalltag noch verschönern kann." (Schülerinnen Louisa und Jenia, beide 17 Jahre)

UMBAU
BERLIN
11.2008

LICHTERZÄHLUNGEN

EINEN EIGENS HERGESTELLTEN ATMOSPHÄRISCHEN FILMCLIP MIT EINEM ORT ZU EINEM „1:1"-MODELL EINER GEWÜNSCHTEN LEBENSWELT VERSCHMELZEN

INTRO

Mit LICHTERZÄHLUNGEN kann eine atmosphärische Welt für Dritte erlebbar gemacht und so für ein Feedback zur Diskussion gestellt werden. Ziel ist es, durch die Projektion von Film und Raum die reale Umgebung mit der imaginären Welt zu verbinden und damit Rückschlüsse auf gewünschte Atmosphären zu erhalten.

ABLAUF

VIDEOCLIP ZUSAMMENSTELLEN: Favorisierte bestehende Atmosphären oder Lieblingsorte suchen und filmen. Das Rohmaterial hinsichtlich der gewünschten atmosphärischen Qualitäten auswerten und zu einem einminütigen Clip zusammenfassen. 1 TAG

ORT WÄHLEN UND PRÄZISIEREN: Welcher Ort in welchem Maßstab könnte mit dem gewählten filmischen Stimmungsbild verbunden werden? Welches sind die Qualitäten, die der Ort der Projektion gibt und umgekehrt? Zu welcher Tageszeit und bei welchem Wetter unterstützt der Ort am besten die atmosphärische Raumvorstellung?

PROJEKTION UND KLANG TESTEN: Mit lichtstarken Projektoren den Clip vor Ort ausprobieren: Wie groß und wie hell soll die Projektion sein? Wie soll sich die neue atmosphärische Welt anhören? Sollen dem gewählten Ort neue Geräusche hinzugefügt werden? Tonaufnahme bei Bedarf hinzufügen. 1 TAG

WELTEN ABGLEICHEN: Vorstellungen und Wünsche mit der realen räumlichen Situation abgleichen.

PRÄSENTIEREN: Bei Dunkelheit die Projektion mit Ton und gegebenenfalls Performance am Ort präsentieren und die gewonnenen Erkenntnisse der Gruppe vermitteln. 1 NACHT

TIPP 1: Es kann externes Filmmaterial zur Verfügung gestellt werden.

TIPP 2: Auch für Neubau sehr gut geeignet. Dazu einen Ort mit dem passenden Charakter suchen und mit der geeigneten Projektion zu der gewünschten Lebenswelt verschmelzen.

ENTWURF

Neue Möglichkeiten der Raumgestaltung und -abfolge können für einen bestehenden Ort entdeckt werden. Damit entsteht ein neues Verständnis für einen Ort und es wird gemeinsam über eine zukünftige Entwicklung spekuliert. Durch die räumliche Übersetzung und Erlebbarkeit der Nutzervorlieben werden auch am Entwurfsprozess nicht Beteiligte involviert und zum Kommentar eingeladen, ohne dass der architektonische Entwurf selbst zur Diskussion steht. Die erörterten atmosphärischen Qualitäten finden wiederum Eingang in den Entwurfsprozess.

W5

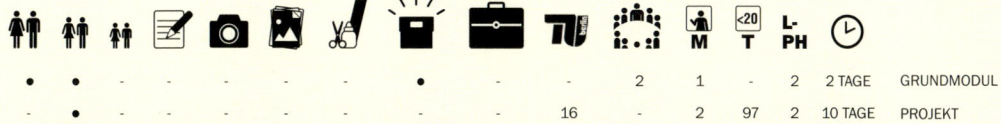

										M	<20 T	L-PH	⏲	
•	•	-	-	-	-	-	•	-	-	2	1	-	2	2 TAGE	GRUNDMODUL
-	•	-	-	-	-	-	-	-	16	-	2	97	2	10 TAGE	PROJEKT

EVANGELISCHE SCHULE BERLIN ZENTRUM Aus der filmischen und fotografischen Auseinandersetzung der Schüler mit ihren Lieblingsorten entstand eine Projektion atmosphärischer Stimmungsbilder von einer „Welt", in der sich die Schüler gerne aufhalten würden und die sie sich für ihre Schule wünschen: „Es soll irgendetwas sein, wo man sich gerne trifft, was nicht so erschreckend auf einen wirkt, aber gleichzeitig auch irgendetwas Schönes hat; soll vielleicht so eine familiäre Stimmung oder so was haben." (Schülerin Pauline, 14 Jahre)

ENTWURF
BERLIN
5.2008

STÄRKEN – SCHWÄCHEN

DIE WUNSCHWELTEN DER NUTZER ÜBER DIE BEURTEILUNG GEBAUTER REFERENZPROJEKTE AUFSCHLÜSSELN

INTRO

STÄRKEN – SCHWÄCHEN ist eine kurzweilige „Sortieraktion". Ziel ist es, Stärken und Schwächen von Referenzprojekten durch die Nutzer oder andere relevante Akteure benennen zu lassen, um darüber als Architekt ein Gespür für deren räumliche, gestalterische und programmatische Vorlieben zu erhalten. Dieser Workshop bietet einem weiten Akteurskreis (reale und potenzielle Nutzer, Besucher und Kunden einer zukünftigen Einrichtung sowie Bauherren) die Möglichkeit, sich mit geringem Zeitaufwand einzubringen und sich darüber gegenseitig besser kennenzulernen.

ABLAUF

M
60 MIN

VORBEREITEN: Entsprechende (digitale) Fotografien von Referenzprojekten auswählen.

EINFÜHREN: Zusammenhang des Projekts, die ausgewählten Themenbereiche der Referenzobjekte und sich selbst vorstellen. Der Moderator führt durch die gesamte Veranstaltung. In Erwartung einer lebendigen Diskussion eine Person bestimmen, die die Schwächen der Referenzen auf einer roten, und eine andere, die die Stärken auf einer grünen Karte notiert.

REFERENZEN ZEIGEN: Für jede räumliche Referenz sowohl die Stärken als auch Schwächen sammeln, indem sie auf ein Kärtchen notiert und an eine Wand gepinnt werden, wo sie für alle sichtbar verbleiben.

ERGEBNISSE ZUSAMMENFASSEN: Den ersten Eindruck der Stärken und Schwächen der jeweiligen Referenzen wiedergeben, dadurch herauskristallisierte Vorlieben vorstellen.

INTERPRETATIV-EXPLIKATIV AUSWERTEN: Nach den Workshops detailliert auswerten im Hinblick auf die Auswirkung im eigenen Entwurfsprozess. Für jedes Bild die Kommentare der Nutzer in wenige Kategorien (zum Beispiel Raumwirkung/Charakter, Materialität, Bezug zu Außenraum, Verhältnis abgeschlossene und offene Räume) sortieren, um einen Überblick der Vorlieben und Abneigungen zu erhalten.

TIPP: Die Sortieraktion kann mit einer großen oder in mehreren kleinen Gruppen stattfinden. Dabei sollte beachtet werden, dass in jeder Gruppe die relevanten Akteure jeweils repräsentiert sind („Unterhändler"). Hilfreich ist, wenn jede Gruppe einen Flipchart zur Verfügung hat, sodass die Ergebnisse abschließend allen Teilnehmern gegenseitig vorgestellt werden können.

ENTWURF

Die räumlichen, gestalterischen und programmatischen Vorlieben können im Entwurfsprozess berücksichtigt werden. Insbesondere bei einer großen Bandbreite von Akteuren ist dieses Sortieren von Stärken und Schwächen eine gute Vorbereitung der Verhandlung der unterschiedlichen Interessen und kann eventuell weitere Abstimmungsrunden und Einzelgespräche reduzieren.

W6

										<20	L-PH		
									M	T			
•	•	•	-	-	-	•	-	-	1	∞	2	60 MIN	GRUNDMODUL
•	•	•	-	-	-	•	-	-	5	1	29	5	120 MIN	PROJEKT

KULTURWERKSTATT AUF AEG Vierzig reale, aber auch potenzielle Nutzer, Besucher und Kunden der späteren Einrichtung und Multiplikatoren im späteren Betrieb haben unterteilt in Gruppen fünf Funktionsbereiche (Saal und Foyer, Büroräume, Gruppen- und Schulungsräume, Gastronomie, Probebühne und Werkstatt) am Beispiel von projizierten Referenzprojekten bewertet. Sich daraus ergebende Schlussfolgerungen, wie Dialog fördernde und kommunikative Raumsituationen, wurden für die weitere Büroplanung durch Anderhalten Architekten empfohlen.

BEDARFSANALYSE

NÜRNBERG
1.2013

NACHBARSCHAFT 3000

AUF EIN VORBEREITETES BILD ODER EINEN LAGEPLAN DER NACHBARSCHAFT PIKTOGRAMME VON WÜNSCHENSWERTEN OBJEKTEN UND AKTIVITÄTEN KLEBEN

INTRO

NACHBARSCHAFT 3000 ist ein niedrigschwelliges Interview-Werkzeug, um Menschen zu erreichen, die aufgrund von Angst oder Scham, Sprach- und Kulturbarrieren an der gemeinschaftlichen Planung eines Kiezes nicht teilnehmen. Auf spielerische und Spaß bringende Art können so Wunschvorstellungen und Visionen von Bewohnern anschaulich gemacht und kommuniziert werden.

ABLAUF

VORBEREITEN: Nachbarschaft 3000-Spielset herstellen (S. 112) oder bestellen, Werbematerial (Einladung, Karten oder Plakate, eventuell in mehreren Sprachen) herstellen und verteilen, Spieleabende organisieren.

EINFÜHREN: Zusammenhang des Projektes und sich selbst vorstellen. Die Spielregeln erläutern.

OBJEKTE WÄHLEN: Aus den Bögen des Spielsets die Objekte auswählen und ausschneiden, die als wichtig und bereichernd empfunden werden.

ORTE BESTIMMEN: Auf der Nachbarschaftskarte bestimmen, wo man gerne etwas verändern würde. Welche Objekte wünscht man sich wo?

PRIORITÄTEN FESTLEGEN: Insgesamt 3000 Punkte dürfen verteilt werden. Abwägen, welche Objekte mit welcher Wertigkeit und in welcher Anzahl auftauchen sollen. Daraufhin Piktogramme auf die Karte kleben.

AKTIVITÄTEN VERTEILEN: Die Aktivitäten sind nicht mit Punktvergaben verbunden. Wie können die Aktivitäten die Orte verändern? Wo kann Sport getrieben werden, Musik gemacht oder gelesen werden? Wie wird der Ort zu einem lebendigen Treffpunkt für alle? Aktivitäten-Bilder den Wunschorten zuweisen und auf die Karte kleben.

NACHBARSCHAFTSVISION BETITELN: Einen anschaulichen, anregenden Titel für das Gesamtbild finden.

NACHBARSCHAFTSVISION PRÄSENTIEREN: Die Nachbarschaftsvisionen werden für eine öffentliche Ausstellung eingesammelt. Alle Nachbarn werden eingeladen und die einzelnen Visionen präsentiert.

TIPP 1: Kann auch als Verhandlungsspiel zwischen Anwohnern organisiert werden mit 2–3 (oder mehr) Spielern. 1. Schritt: Jeder sucht sich die wünschenswerten Objekte und Aktivitäten aus, bei 2 Spielern für 2000 Punkte, bei drei und mehr Spielern für jeweils 1500 Punkte. 2. Schritt: gemeinsam wird diskutiert, wo was am meisten gebraucht wird. Auch hier dürfen insgesamt nur 3000 Punkte im Spiel verteilt werden.

TIPP 2: Das Spiel Nachbarschaft 3000 kann auch für eine Einzelbaumaßnahme konzipiert werden.

ENTWURF

Die Nachbarschaftsvisionen sind bildhaft auf einen Blick zu erfassen, auszuwerten und miteinander vergleichbar. Diese vereinfachte Darstellung ermöglicht es auch, statistisch auszuwerten, welche Wünsche und Bedürfnisse wie oft für welchen Ort auftauchen. Dies kann im Planungsprozess berücksichtigt werden.

W7

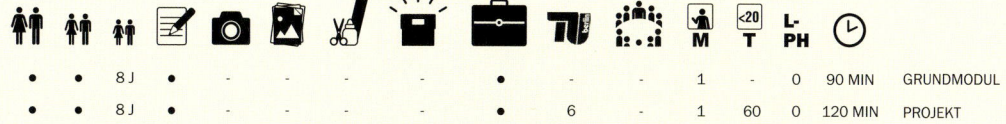

•	•	8 J	•	-	-	-	•	-	1	-	0	90 MIN	GRUNDMODUL
•	•	8 J	•	-	-	-	•	6	-	1	60	0	120 MIN	PROJEKT

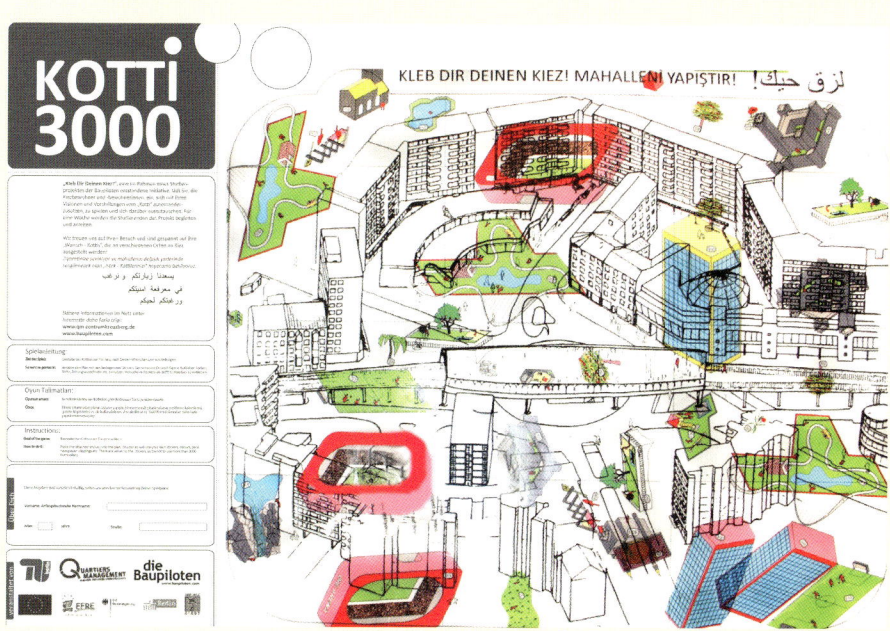

KOTTI 3000 Kiezbewohner wurden eingeladen, Visionen und Vorstellungen von „ihrem Kotti" zu entwickeln, damit zu spielen und sich darüber auszutauschen. Auf einer Luftansicht des Kottbusser Tors konnten Sticker mit verschiedener Wertigkeit verteilt werden, um dadurch Änderungen oder Verbesserungen vorzuschlagen. Insgesamt wurden 60 Spielpläne beklebt. Die „Wunschkottis" lassen sich grob in vier Szenarien unterteilen: Grüne Oase, Sportlandschaft, Kinderstadt, Hochhauskiez.

PROJEKT-
ENTWICKLUNG

BERLIN
6.2009

ORTE WEITERDENKEN

DURCH VERHANDLUNGEN UND DISKUSSIONEN ZUKUNFTSVISIONEN FÜR EIN QUARTIER ODER EINEN BAU SPIELERISCH ERARBEITEN

INTRO

ORTE WEITERDENKEN ist ein Legespiel aus Orts- und Programmkarten und wird als Verhandlungs- und Interview-Werkzeug eingesetzt. Das Ziel des Spiels besteht darin, dass die Nutzer durch Verhandlungen und Diskussionen Ideen für die partnerschaftliche Entwicklung des betroffenen Ortes austauschen und gemeinsam entwickeln.

ABLAUF

VORBEREITEN: Orte Weiterdenken-Spielset herstellen (S. 113) oder bestellen, Werbematerial (Einladung, Karten oder Plakate, eventuell in mehreren Sprachen) herstellen und verteilen, Spieleabende organisieren.

EINFÜHREN: Zusammenhang des Projekts und sich selbst vorstellen. Die Spielregeln erläutern.

WICHTIGE ORTE AUSWÄHLEN: Die Spieler wählen vier ihnen selbst wichtige Orte (Quartiere) oder Räume (einzelne Bauten) aus den vorgegebenen Ortskarten aus. Mindestens ein Ort wird zusätzlich auf eine sechseckige Leerkarte geschrieben. Die fünf Karten für alle deutlich sichtbar machen, aber noch nicht auf dem Spielplan ablegen.

ORTE/RÄUME PLATZIEREN: In der Gruppe diskutieren, welche Orte wichtig sind. Auf dem Spielfeld sind sechseckige Bereiche in unterschiedlichen Größen angeordnet. Die wichtigsten Orte mittig platzieren, weniger wichtige am Rand.

ORTSAUSWAHL NACHBESSERN: Diskutieren, ob alle Orte vertreten und angemessen angeordnet sind, die wichtig erscheinen. Eventuell nachbessern.

FOTOGRAFIEREN: Das Präferenzbild der Spieler aus der Vogelperspektive fotografieren.

PROGRAMMIERUNG BESTIMMEN: Gemeinsam vier Programmkarten auswählen, die zukunftsweisend für das Quartier oder Gebäude erscheinen. Die Entscheidung im Konsens fällen, keinen Kompromiss eingehen.

ZUKUNFTSSZENARIEN TESTEN: Orte und Programme kombinieren und Szenarien für die Zukunft durchspielen.

MÖGLICHKEITEN AUFZEIGEN: Falls die Spieler Schwierigkeiten haben, Zukunftswünsche auf konkrete Orte/Räume zu übertragen, Anregungen und Ideen einbringen.

FOTOGRAFIEREN: Die gelegte Zukunftsvision der Spieler für das Quartier aus der Vogelperspektive fotografieren.

TIPP: Der Architekt, die Stadt, eine Hausverwaltung und/oder ein Investor können weitere Akteure für die Partizipation an einer Planung gewinnen.

ENTWURF

Durch das Spiel können die diversen Bedürfnisse der Nutzer und Ideen herausgearbeitet und zudem auf konkrete Orte bzw. Räume bezogen werden, die in normalen Bedarfsanalysen wahrscheinlich nicht zum Tragen kommen würden. Gleichzeitig wird die Aushandlung der Einzelbedürfnisse und eine Vision für ein Quartier/Gebäude unter den Nutzern spielerisch gefördert und ihre Integration in den Entwurfsprozess sichergestellt.

W8

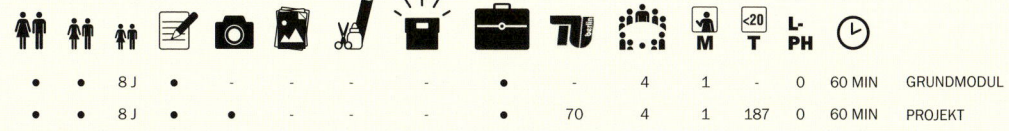

| | | 8 J | | | - | - | - | | - | 4 | 1 | - | 0 | 60 MIN | GRUNDMODUL |
| | | 8 J | | | - | - | - | | 70 | 4 | 1 | 187 | 0 | 60 MIN | PROJEKT |

QUARTIER DONAUKIEZ Für das Quartiersspiel „Agenten & Komplizen" wurden Schüler, Pädagogen, Nachbarn und Einzelhändler als Akteure gewonnen. Sie kreierten Ideen für neue Bildungseinrichtungen als Netzwerke und in innovativen Kombinationen (beispielsweise in Verbindung mit einem Supermarkt) sowie Möglichkeiten für nachbarschaftliches Lernen. (Das Projekt entstand am Fachgebiet Entwerfen und Baukonstruktion der TU Berlin, Prof. Dr. Susanne Hofmann mit Dr. Andrea Benze und Urs Walter.)

ENTWURF
BERLIN
12.2011

RAUMTRAUM VERHANDELN

IN EINEM LEGESPIEL BEDARFSGERECHTE ANFORDERUNGSPROFILE ENTWICKELN

INTRO

RAUMTRAUM VERHANDELN ist ein Legespiel mit Aktions- und Atmosphärenkarten. Ziel ist es, die Wunschvorstellungen und Bedürfnisse sowie funktionale Anforderungen einer Nutzergruppe für den Entwurfsansatz eines Projektes zu ermitteln.

ABLAUF

VORBEREITEN: Raumtraum verhandeln-Spielset herstellen (S. 115) oder bestellen, Werbematerial (Einladung, Karten oder Plakate) herstellen und verteilen, Spieleabende organisieren.

EINFÜHREN: Zusammenhang des Projekts und sich selbst vorstellen. Die Spielregeln erläutern.

AKTIVITÄTEN UND ATMOSPHÄREN BESTIMMEN: Maximal 15 Aktivitätenkarten auswählen, auf das Spielfeld legen. Je mehr die Aktivitäten miteinander zu tun haben, umso dichter zueinander legen oder zu Aktivitäten-Inseln zusammenfügen. Für die Aktivitäten-Inseln wünschenswerte Atmosphärenkarten wählen und auf dem Spielfeld anordnen. Bei Bedarf eine Leer-Karte mit gewünschter zusätzlicher Aktivität und/oder Atmosphäre beschriften und ergänzen.

RAUMBEZIEHUNGEN SETZEN: Verschiedene Kombinationen und Anordnungen der Aktivitäten-Inseln testen und diskutieren. Aktivitäten-Inseln, die direkt aneinander gelegt werden, haben eine direkte räumliche Beziehung. Brücken drücken eine indirekte räumliche Beziehung aus.

NUTZERSPEZIFISCH PROGRAMMIEREN: Bestimmte gewünschte Nutzungskonzepte der Aktivitäten-Insel gegebenenfalls hinzufügen, zum Beispiel „Barrierefreiheit" oder für eine Schule „Frontalunterricht" oder „individualisiertes Lernen". Mit den Prioritätenpunkten räumliche Hierarchien bestimmen. Bei Bedarf können auch charakteristische Szenarien für bestimmte Tages- und Jahreszeiten spezifiziert werden.

RAUMTRAUMKARTEN ÜBERPRÜFEN: Stehen die Räumlichkeiten, ihre Programmierung und atmosphärischen Qualitäten im wünschenswerten Verhältnis? War die Verhandlung erfolgreich und identifizieren die Spieler sich mit dem Ergebnis? Keine Kompromissentscheidung fällen.

RAUMTRAUMKARTEN BETITELN: Einen anschaulichen, anregenden Titel für den verhandelten Raum finden.

VERHANDLUNGSFELD FOTOGRAFIEREN: Die gelegte Vision aus der Vogelperspektive fotografieren.

DISKUTIEREN: Die Ergebnisse der verschiedenen Spielrunden vergleichend diskutieren, Stärken und Schwächen erörtern.

TIPP: Je nach Typologie kann es sinnvoll sein, in der ersten Runde die Nutzer jeweils alleine spielen zu lassen, zum Beispiel bei Wohngebäuden, um ein differenzierteres Wunsch- und Bedürfnisspektrum zu erhalten.

ENTWURF

Die entstandenen Raumtraumkarten stellen räumliche Beziehungen von Aktivitäten (zu bestimmten Tages- und Jahreszeiten) überlagert mit atmosphärischen Raumqualitäten dar. Sie bieten damit eine vertiefte Raumbedarfsanalyse, die zudem atmosphärische Wünsche der Nutzer mit Funktionen kombiniert und für den Entwurfsprozess nutzbar macht.

W9

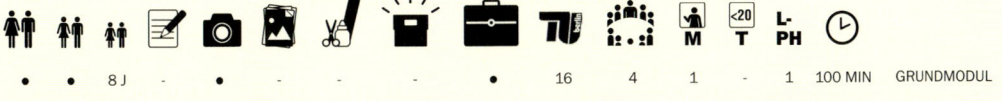

•	• 8 J	-	•	-	-	-	•	16	4	1	-	1	100 MIN	GRUNDMODUL
•	•	•	•	•	-	-	•	-	3	2	13	2	105 MIN	PROJEKT

LEBEN UND WOHNEN IM ALTER AUF DEM LAND In dem Legespiel verhandelten jeweils drei Akteure über ein zukünftiges Leben auf dem Land. Zunächst entwickelte jeder Spieler eine Vision für den Privatbereich, dann diskutierten sie gemeinsam die gemeinschaftlichen Einrichtungen. Es gab bei allen sowohl ein großes Bedürfnis nach Zurückgezogenheit als auch die Bereitschaft zu nachbarschaftlichem Engagement, wie etwa die Verbindung zweier Wohneinheiten über einen gemeinsamen Bereich zum Kochen und Essen für die Nachbarschaft.

PROJEKT-
ENTWICKLUNG,
NEUBAU

DÖTLINGEN
6.2014

S. 134

RÜCKKOPPLUNG

METHODENBAUSTEINE ZUR SICHERSTELLUNG DER NUTZERVORSTELLUNGEN UND -INTERESSEN UND IHRE ANWENDUNG DURCH DIE BAUPILOTEN

R1	WELTEN AKTIVIEREN	EVANGELISCHE SCHULE BERLIN ZENTRUM	BERLIN	2008
		NIKOLAUS-AUGUST-OTTO-OBERSCHULE	BERLIN	2009
		CARLO-SCHMID-OBERSCHULE	BERLIN	2009
		NEW LYNN SCHOOL	AUCKLAND, NEUSEELAND	2012
		HELLWINKELSCHULE	WOLFSBURG	2016
R2	WELTEN WEITERSPINNEN	KITA TRAUMBAUM	BERLIN	2005
		KITA TAKA-TUKA-LAND	BERLIN	2007
		ERIKA-MANN-GRUNDSCHULE II	BERLIN	2008
		CARL-BOLLE-GRUNDSCHULE	BERLIN	2008
		GALILEI-GRUNDSCHULE	BERLIN	2008
		CARLO-SCHMID-OBERSCHULE	BERLIN	2009
		GUSTAV-FALKE-GRUNDSCHULE	BERLIN	2011
		NEW LYNN SCHOOL	AUCKLAND, NEUSEELAND	2012
		KOBBET EL HEWA SCHOOL IN SHUBRA	KAIRO, ÄGYPTEN	2012
		EL KODS SCHOOL IN ARD EL LEWA	KAIRO, ÄGYPTEN	2012
R3	SZENARIEN TESTEN	ERIKA-MANN-GRUNDSCHULE II	BERLIN	2008
		CARL-BOLLE-GRUNDSCHULE	BERLIN	2008
		NIKOLAUS-AUGUST-OTTO-OBERSCHULE	BERLIN	2009
		CARLO-SCHMID-OBERSCHULE	BERLIN	2009
		HEINRICH-NORDHOFF-GESAMTSCHULE	WOLFSBURG	2014
		LE BUFFET KINDERRESTAURANT	KÖLN	2014
R4	ATMOGENERATOREN	CARL-BOLLE-GRUNDSCHULE	BERLIN	2008
		HERMANN-VON-HELMHOLTZ-GESAMTSCHULE	BERLIN	2010
		KITA LICHTENBERGWEG	LEIPZIG	2012
R5	ENTWÜRFE PRÄSENTIEREN	EVANGELISCHE SCHULE BERLIN ZENTRUM	BERLIN	2008
		ERIKA-MANN-GRUNDSCHULE II	BERLIN	2008
R6	ENTWÜRFE BEWERTEN	EVANGELISCHE SCHULE BERLIN ZENTRUM	BERLIN	2008
		NIKOLAUS-AUGUST-OTTO-OBERSCHULE	BERLIN	2009
		HELLWINKELSCHULE	WOLFSBURG	2016
R7	ARCHITEKTUR BELEBEN	KINDERFORSCHERWERKSTATT	HAMBURG	2010
		KINDERGARTEN LICHTENBERGWEG	LEIPZIG	2012
		HEINRICH-NORDHOFF-GESAMTSCHULE	WOLFSBURG	2014
R8	IDENTIFIKATOREN BAUEN	ERIKA-MANN-GRUNDSCHULE II	BERLIN	2008
		GALILEI-GRUNDSCHULE	BERLIN	2008

R

👫	👬	👤	📝	📷	🖼️	✂️	💥	💼	📺	👥	<20 M T	L-PH	⏰
-	●	-	●	-	-	●	-	16	3	1	45	2	120 MIN
-	●	-	●	-	-	●	-	14	-	1	20	2	120 MIN
-	●	-	●	-	-	●	-	12	-	1	17	2	90 MIN
-	-	8 J	●	-	-	●	-	(16)	-	2	19	2	120 MIN
-	-	6 J	-	-	-	●	-	15	2	1	40	0	60 MIN
-	-	4 J	●	-	-	●	-	3	-	1	11	2	45 MIN
-	-	4 J	●	-	-	●	-	6	-	1	12	2	45 MIN
-	-	8 J	●	-	-	●	-	6	-	1	20	2	90 MIN
-	-	8 J	●	-	-	●	-	6	-	1	15	2	90 MIN
-	-	8 J	●	-	-	●	-	6	-	1	20	2	90 MIN
-	●	-	●	-	-	●	-	12	-	1	17	2	90 MIN
-	-	8 J	●	-	-	●	-	30	-	2	30	2	90 MIN
-	-	8 J	●	-	-	●	-	(16)	-	2	19	2	90 MIN
-	-	8 J	●	-	-	●	-	(18)	-	2	30	2	90 MIN
-	-	8 J	●	-	-	●	-	(18)	-	2	30	2	90 MIN
-	-	8 J	●	-	-	●	-	6	2	1	18	2	60 MIN
-	-	8 J	●	-	-	●	-	6	-	2	40	2	60 MIN
-	-	-	-	-	-	●	-	12	3	1	19	2	90 MIN
-	●	-	●	-	-	-	-	4	8	1	8	2	45 MIN
●	●	-	●	-	-	-	-	-	12	2	24	2	90 MIN
-	-	6 J	●	-	-	-	-	-	2	3	6	2	60 MIN
-	-	8 J	-	-	-	●	-	6	-	1	15	2	1 TAG
-	●	-	●	-	-	●	-	60	-	1	15	2	1 TAG
-	-	4 J	-	-	-	●	-	-	-	2	24	3	60 MIN
-	●	-	-	-	-	●	-	15	-	1	30	2	60 MIN
-	-	8 J	-	-	-	●	-	6	-	-	15	3	60 MIN
●	●	-	-	-	-	●	-	15	-	1	30	2	180 MIN
-	●	-	-	-	-	●	-	12	-	2	90	2	60 MIN
●	-	-	-	-	-	●	-	17	-	1	20	0	120 MIN
●	-	-	-	-	-	-	●	16	3	2	12	2	120 MIN
●	-	-	-	-	-	-	●	-	5	3	5	2	210 MIN
●	-	-	-	-	-	-	●	-	6	4	24	2	180 MIN
-	-	8 J	-	-	-	●	-	1	-	2	25	8	180 MIN
-	-	8 J	-	-	-	●	-	-	-	1	5	8	120 MIN

WELTEN AKTIVIEREN

SICH SELBST IN FOTOGRAFIEN VON RÄUMEN MIT EINER SPEZIFISCHEN ATMOSPHÄRE HINEIN COLLAGIEREN

INTRO

WELTEN AKTIVIEREN ist ein Rückkopplungsworkshop mit dem Ziel, dem Nutzer zu ermöglichen, sich in seine – vom Architekten weiterentwickelte – Vorstellungswelt hinein zu imaginieren. So können Aktivitäten und Verhaltensweisen des Nutzers mit ersten Entwurfsideen verbunden und überprüft werden.

ABLAUF

WELTEN PRÄSENTIEREN: Die räumlichen Modellfotografien und Entwurfscollagen vorstellen.

WELT AUSWÄHLEN: Die Fotografie aussuchen, die der Vorstellungswelt am nächsten kommt.

45 MIN

POSIEREN: Passende Aktivitäten und Körperhaltungen ausdenken, erproben und sich dann gegenseitig fotografieren.

POSEN COLLAGIEREN: Zu welcher Aktivität und Pose animiert die Stimmung des Raums? Fotos der passenden Körperhaltung aussuchen, ausschneiden und mehrere Varianten und Maßstäbe erproben. Will man in der neuen Welt zum Beispiel liegend lesen, schaukelnd reflektieren oder sich sitzend konzentrieren? Sieht man sich dort alleine oder im Kreis von vielen?

ÜBERPRÜFEN: Welche Collagenvariante scheint die am besten Passende zu sein? Überzeugt eine Kombination von Raumfotografie und Pose am meisten? Gegebenenfalls nochmals weitere Posen fotografieren.

30 MIN

BETITELN: Einen anschaulichen und anregenden Titel finden.

SZENARIEN ERDENKEN: Gemeinsam die Ergebnisse vergleichend diskutieren, unter anderem was die ausgelösten Assoziationen für den Raum bedeuten könnten und wie die verschiedenen (Vorstellungs)welten kombinierbar sind, daraus Hinweise zur Überarbeitung von Ansprüchen an die Architektur im Entwurfsprozess ableiten.

30 MIN

TIPP 1: Variante „Schattentheater" für Kinder ab 6 Jahren ist ein Rollenspiel, in dem die Bilder auf eine Leinwand und die Kinder davor als Schatten projiziert werden. So wird eine räumliche und unmittelbar körperliche Erfahrung ermöglicht, die neue Erkenntnisse hervorbringen kann.

60 MIN

TIPP 2: Kann auch als Wunschforschungsworkshop funktionieren, indem atmosphärische Bilder mit starker räumlicher Wirkung (wie in **W2**) verwendet werden.

ENTWURF

Das Austesten der Bewegung und des Posierens im Raum mittels der Collage hilft, räumliche Bedürfnisse des Nutzers zu präzisieren, die verbunden werden mit schon bestehenden ersten Entwurfsideen. Daraus abgeleitete Ansprüche an die Architektur bezüglich der Nutzung und atmosphärischer Qualitäten können so besser in den Entwurfsprozess einfließen und die Planung daraufhin weiterentwickelt werden.

R1

👥	👥👥	👥👥👥	✏️	📷	🖼️	✂️	💡	💼	TU	👥	👤 M	<20 T	L-PH	🕐		
•	•	8 J	•	•	-	-	•	-	-	-	1	-	2	105 MIN	GRUNDMODUL
-	-	8 J	-	•	-	-	•	-	(16)	-	2	19	2	120 MIN	PROJEKT

NEW LYNN SCHOOL Im Rahmen des Seminars „Smart School Smart Community" an der Universität Auckland entwarfen Timothy Hogarth und Olivia Huitema für die Schule und Nachbarschaft das Veranstaltungshaus „Dancing in the Trees". Die Schüler wollten die kontemplative Atmosphäre spielerischer gestalten und collagierten in Zusammenarbeit mit den Studierenden sich selbst und vor allem mehr Bäume in die Modellfotos. Sie regten an, sogar über ein Baummuseum der verschiedensten Baumarten aus aller Welt nachzudenken.

ENTWURF

AUCKLAND
NEUSEELAND
3.2012

WELTEN WEITERSPINNEN

SICH MITTELS ATMOSPHÄRISCHER DARSTELLUNGEN IN EINE ENT-WURFSIDEE HINEINVERSETZEN UND DIESE WEITERENTWICKELN

INTRO

WELTEN WEITERSPINNEN ist eine anregende, Ideen generierende, aber auch kritische Denkrunde, die auf Spontanität und Intuition setzt. Ziel ist es, den Nutzern die Möglichkeit zu geben, den Entwurf zu bewerten und weiterzudenken. Mittels atmosphärischer Darstellungen (Modelle, Zeichnungen, Entwurfscollagen) können sie sich besser in die architektonischen Projektideen hineinversetzen und ihre Bedürfnisse und Wunschvorstellungen konkretisieren.

ABLAUF

VORBEREITEN: Entsprechend dem Stand der Vorentwurfsplanung sinnlich nachvollziehbare Konzeptmodelle, -collagen, -diagramme und dem Entwurf angemessene Figuren in verschiedenen Größen und gegebenenfalls mit verschiedenen Schwerpunkten bereitstellen.

90 MIN

WELTEN VORSTELLEN: Konzeptmodelle, -diagramme und -collagen vorstellen.

WELTEN AUSSUCHEN: Die am besten geeigneten Varianten auswählen.

WELTEN DISKUTIEREN: Konstruktiv kritisieren und mögliche Nutzungen diskutieren. Sind die atmosphärischen Wunschvorstellungen und Bedürfnisse in den Modellen verwirklicht? Was gefällt an den neu entworfenen Welten? Was nicht? Können die verschiedenen Modelle kombiniert werden? Welche Assoziationen werfen sie auf? In welchem Maßstab kann man sich in die Modellwelten hinein imaginieren? Verschiedene Maßstäbe testen.

WELTEN AKTIVIEREN: Ideen sammeln. Zu welchen Aktivitäten oder Verhaltensweisen animieren die Welten? Wie und zu wieviel möchte und würde man sich in diesen Welten aufhalten?

WELTEN OPTIMIEREN: Wie kann für die vorgeschlagenen Aktivitäten die neue Umwelt optimiert werden? Wie würde man sich darin wohler fühlen? Wie kann sie verändert werden?

WELTEN BESCHREIBEN: Die optimierte wünschenswerte Umwelt in Worte fassen, weiterführende Geschichten erfinden und notieren (vergleiche **W1**).

WELT BETITELN: Einen anschaulichen, anregenden Titel für die gemeinsam optimierte Entwurfswelt finden.

TIPP: Modellfiguren in verschiedenen Maßstäben, am einfachsten Fotos von Personen in unterschiedlichen Positionen (liegend, stehend etc.) ausschneiden und zur Verstärkung beidseitig auf Pappe kleben. Auch kleinere Kinder können sich gut in die Entwurfswelten hinein imaginieren, wenn sie ein Foto von sich selbst als Modellfigur verwenden können.

ENTWURF

Die Darstellungen lösen Assoziationsketten aus. Die vom Architekten angefertigten Collagen und Modelle werden in wiederholter Rückkopplung mit den Nutzern präzisiert, sodass die Leitidee besser zu einem Konzept ausgebaut werden kann. Die Entwerfenden haben die Möglichkeit, sich ihrem Entwurf schrittweise zu nähern. Fehlinterpretationen und Irrwege des Architekten können genauso schnell erkannt werden wie noch nicht identifizierte Wünsche an räumliche Konstellationen.

R2

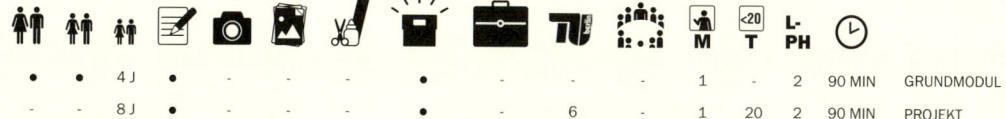

| | | 4 J | • | - | - | - | • | - | - | - | 1 | - | 2 | 90 MIN | GRUNDMODUL |
| | | 8 J | - | - | - | - | • | - | 6 | - | 1 | 20 | 2 | 90 MIN | PROJEKT |

ERIKA-MANN-GRUNDSCHULE I Kleine Gruppen von jeweils sechs Kindern wählten aus den atmosphärischen Entwurfsmodellen in verschiedenen Maßstäben und Alternativen im Kontext der alles verbindenden Fiktion „Schnauben des Silberdrachens" die am besten geeigneten Varianten aus, um sie konstruktiv zu kritisieren und mögliche Nutzungen zu diskutieren. Vor allem der Wunsch nach einem geschützten Rückzugsort wurde deutlich: „Wir könnten da nach der Stunde lesen üben, mein Freund und ich." (Enes, 10 Jahre)

UMBAU
BERLIN
10.2006

S. 210

SZENARIEN TESTEN

ANHAND EINES ARCHITEKTONISCHEN ENTWURFSMODELLS, VON SPIELMODULEN UND MODELLFIGUREN SZENARIEN DER ZUKÜNFTIGEN NUTZUNG ENTWICKELN UND ÜBERPRÜFEN

INTRO

SZENARIEN TESTEN ist ein Erkundungs(bau)spiel mit räumlichen Modellbausteinen in einem konkreten architektonischen Maßstab. Ziel ist es, den Nutzern die Chance zu geben, ihre Bedürfnisse und Wunschvorstellungen mit ihrer zukünftigen Lebenswelt abzugleichen anhand der Modellbausteine, die bereits den architektonischen Maßstab vorgeben und so eine Übertragbarkeit in den Entwurfsprozess gut ermöglichen.

ABLAUF

VORBEREITEN: Entwurfsmodell 1:20*, Spielmodule 1:20*, Modellfiguren 1:20* (optimaler Weise die Teilnehmer selbst, *bei großmaßstäblichen Projekten kann auch im kleineren Maßstab gearbeitet werden.)

MODELL VORSTELLEN: Das Entwurfsmodell und einzelne Spielmodule hinsichtlich funktionaler und atmosphärischer Qualitäten vorstellen. Maßstabsfiguren und weiteres Modellbaumaterial (zum Beispiel Spiegelmaterialien, farbige Folien, farbige Schwämme) ausbreiten.

MODULE STUDIEREN: Spielmodule drehen, auf den Kopf stellen, austauschen, ergänzen oder neuartig kombinieren, mit verschiedenen Lichtquellen ausleuchten, mit Licht und Schatten experimentieren etc. Aus dem architektonischen Modell können Module herausgelöst und anders angeordnet werden, zusätzliche Spielmodule können ergänzt werden.

SZENARIEN DURCHSPIELEN: Schnelle Varianten testen und dokumentieren für eine spätere Auswertung: Wo liegt der jeweilige atmosphärische Schwerpunkt der Szenarien? (Zum Beispiel eine einladende, familiäre, geborgene Stimmung oder ein kühler, offener Charakter?)

SZENARIEN BELEBEN: Maßstäbliche Modellfiguren im zusammengefügten Modell platzieren. Wie viele passen hinein? Und in welcher Aktion? Dabei Nutzungsabläufe durchspielen.

SZENARIEN ÜBERPRÜFEN: Passen die funktionalen, atmosphärischen Qualitäten und Aktivitäten zusammen? Stimmen die räumliche Ausformulierung, die Größenverhältnisse, die Proportionen der Raumzonierung? Ist die Wirkung eine wünschenswerte? Was fehlt?

SZENARIEN BESCHREIBEN UND BETITELN: Die alternativen Szenarien in Worte fassen und ihre Unterschiedlichkeit, Gemeinsamkeiten, Schwerpunkte herausarbeiten und überlegen, inwieweit die verschiedenen Modellszenarien kombinierbar sind. Gibt es eine Hierarchie unter den Favoriten? Sollten manche ausgeschlossen werden? Anschließend einen anschaulichen, anregenden Titel finden.

GESCHICHTEN VERKNÜPFEN: Eine die verschiedenen Szenarien verbindende Geschichte ausdenken.

ENTWURF

Die Wünsche der Nutzer und das konkrete Entwurfsmodell werden miteinander abgeglichen, um so die Bedürfnisse besser in den Entwurfsprozess einfließen zu lassen. Die betont haptischen Qualitäten der produzierten Modelle ermöglichen den Nutzern zudem einen intuitiven und körperbetonten Zugang. Für den Entwurfsprozess können hier gut Leitmotive und -stimmungen entwickelt werden.

R3

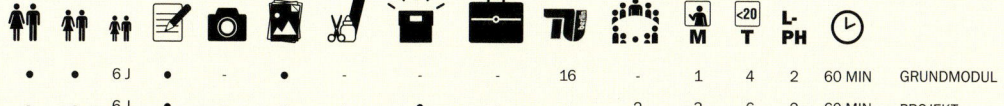

•	•	6 J	•	-	•	-	-	-	16	-	1	4	2	60 MIN	GRUNDMODUL
-	-	6 J	•	-	-	-	•	-	-	2	3	6	2	60 MIN	PROJEKT

LE BUFFET KINDERRESTAURANT Aus den von den Kinderwunschwelten **W2** abgeleiteten Raummodulen mit Spiegelelementen, Farbfolien und Materialproben bauten die Kinder eine Aufenthaltswelt für das Kinderrestaurant zusammen. Sie untersuchten die Potenziale der Module und ihre Blickbeziehungen untereinander, um sie nach ihren eigenen Vorstellungen zusammenzufügen und mit Licht und Material zu bespielen: „Von hoch oben möchte ich ausgucken." (Josefine, 7 Jahre, und Laura, 8 Jahre)

UMBAU
KÖLN
3.2014

ATMOGENERATOREN BAUEN

ATMOGENERATOREN BAUEN, UM RÄUME UND IHRE ATMOSPHÄRISCHE WIRKUNG UNMITTELBAR SINNLICH ERFAHRBAR ZU MACHEN UND ZU TESTEN

INTRO

ATMOGENERATOREN BAUEN weckt bei dem Nutzer die Experimentierlust und gleichzeitig Verständnis für räumliche Atmosphären. Ziel ist es, ihm mit den sogenannten Atmogeneratoren spielerische Werkzeuge zur Verfügung zu stellen, mit denen er die atmosphärische Wirkung von architektonischen Räumen unmittelbar am eigenen Leib erfahren und damit besser beurteilen kann.

ABLAUF

VORBEREITEN: Materialien zusammenstellen, die einfach miteinander verbunden und kombiniert werden können, zum Beispiel Holz, Rettungsfolie, Spiegel, Netze oder gefundene und wiederverwertbare Materialien. Ausreichend zusätzliches Material bereitstellen, um die Wirkungen des Atmogenerators verbessern zu können.

PROJEKT ERLÄUTERN: Die zentrale Entwurfsidee und ihre möglichen atmosphärischen Wirkungsweisen erklären, in das zu gestaltende Bauteil zum Beispiel Fassadenelemente einführen.

UMSETZEN: Notwendiges Material ausbreiten und die Generatoren herstellen. Die Generatoren können entweder bestimmte Atmosphären erzeugen oder vorhandene Raumatmosphären beeinflussen (durch Materialität, Licht, Geräusche etc.).

EXPERIMENTIEREN: Die Wirkung der Generatoren erproben.

VERFEINERN: Die Generatoren in Wirkung und Funktionsweise verfeinern und anpassen, zum Beispiel durch Hinzufügen oder Austauschen von Material.

VERORTEN: Wirkung der Generatoren an einem geeigneten Ort testen, darüber kommunizieren und Ergebnisse festhalten.

TIPP 1: In einer Schule kann die Herstellung in den Unterricht eingebettet werden. Die Schüler können anhand der Generatoren nicht nur über spezifische Raumwirkungen forschen, sondern es bietet sich auch die Gelegenheit, bestimmte Klima-, Licht- und akustische Phänomene unmittelbar sinnlich zu erfahren.

TIPP 2: Der Architekt kann die Atmogeneratoren auch selbst nutzergerecht entwickeln und diesen zur Verfügung stellen bzw. sie auffordern, sie weiterzuentwickeln oder lediglich zu testen.

ENTWURF

Aus der Begeisterung und Faszination bzw. Ablehnung und dem Desinteresse an bestimmten Generatoren und ihrer Wirkung lassen sich Rückschlüsse auf die haptischen und sinnlichen Qualitäten des Entwurfs ableiten, zum Beispiel die Wirkung von Licht oder Akustik in Räumen, die Effekte von transparenten oder nicht transparenten Fassadenteilen.

R4

											M	<20 T	L-PH		
•	8 J	•	-	-	-	•	-	-	-	-	1	-	2	1 TAG	GRUNDMODUL
-	•	-	-	-	-	•	-	60	-	-	1	15	2	1 TAG	PROJEKT

HERMANN-VON-HELMHOLTZ-GESAMTSCHULE Im Rahmen des Entwurfsseminars „Open Source School" wurden Klimatransformatoren im Maßstab 1:1 von den Schülern getestet, umgebaut oder ergänzt. So wurden in der abgebildeten „Regenpyramide" die Laufgeschwindigkeiten und Klangbilder von Regen auf verschiedenen Fassadenmaterialien körperlich erfahrbar. Die Erkenntnisse wurden bei der weiteren Entwicklung der Fassade berücksichtigt. (F. Röger, A. Kokotkiewicz, A. Barkhausen, A. Plewinska, K. M. Kazmierzak)

ENTWURF
BERLIN
6.2010

ENTWÜRFE PRÄSENTIEREN

PRÄSENTATION UND INTERPRETATION DER ENTWÜRFE DURCH NUTZER ODER ANDERE BETEILIGTE AKTEURE

INTRO

ENTWÜRFE PRÄSENTIEREN ist ein leicht umsetzbares Kommunikationswerkzeug zwischen Nutzer und Architekt. Ziel ist es, dem Nutzer die Möglichkeit zu geben, sich mit dem Entwurf zu identifizieren, vertieft in den Entwurfsprozess einzusteigen und seine eigenen Interpretationen ins Spiel zu bringen, die wiederum in den Entwurfsprozess zurückfließen können.

ABLAUF

VORBEREITEN: Eine große Bandbreite an Entwurfsdarstellungen (Modelle, Entwurfsmontagen, Zeichnungen, Pläne) zur Verfügung stellen.

ENTWURF STUDIEREN: Die Reihenfolge der Entwurfsdarstellungen für eine prägnante eindrückliche Präsentation sortieren.

ENTWURF PRÄSENTIEREN: Mehrere Nutzer (oder andere Akteure) beschreiben den Entwurf, vertiefen je nach Auswahl der Darstellungen verschiedene Aspekte und schildern Möglichkeiten der Nutzung und Weiterentwicklung.

ENTWURF DISKUTIEREN: Kam die Botschaft an? Was sehen andere Teilnehmer in den Darstellungen? Gab es Widersprüchliches? Was kann ergänzt werden? Sieht der Architekt seinen Entwurf „richtig" erläutert? Wenn nicht, woran liegt das? An der Darstellung, der Wortwahl oder am unterschiedlichen Raumverständnis?

ENTWURF VERFEINERN: Welche Aspekte des Entwurfs können in der Auswertung der Präsentationen verfeinert werden bei gleichzeitiger Wahrung der Entwurfsidee?

TIPP: Der Entwurf kann auch während einer Ausstellungspräsentation von den Nutzern einem erweiterten Interessentenkreis vorgestellt werden. So können die verschiedenen individuellen Einschätzungen eine breitere Diskussionsgrundlage bieten.

ENTWURF

Der Architekt erkennt, welche Schwerpunkte der Nutzer setzt, er erfährt mehr über die für ihn wichtigen Aspekte. Gleichzeitig erkennt er, inwieweit seine Entwurfsdarstellungen die Projektidee gut vermitteln. Einerseits kann er mit dieser Erkenntnis die Projektidee stärken, zum anderen die Kommunikation mit dem Nutzer oder anderen Akteuren (zum Beispiel Bauherr) optimieren. Der Teilnehmer wiederum wird in die Lage versetzt, sich nicht nur stärker mit dem Projekt/Entwurf zu identifizieren, sondern auch als Multiplikator diesen einem größeren Kreis an Interessierten bekannt zu machen. Das Vertrauen und die Partnerschaft zwischen Nutzer, Entscheider und Architekt werden gestärkt.

R5

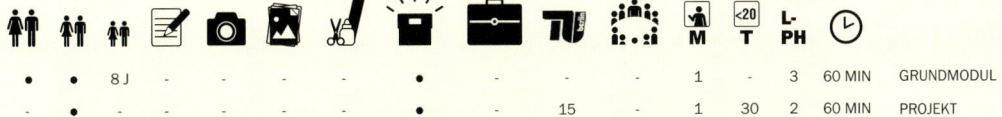

•	•	8 J	-	-	-	-	•	-	-	-	1	-	3	60 MIN	GRUNDMODUL
-	•	-	-	-	-	-	•	-	15	-	1	30	2	60 MIN	PROJEKT

EVANGELISCHE SCHULE BERLIN ZENTRUM Die Schüler konnten anhand von Entwurfsmodellen und Fotocollagen ihre Bedürfnisse und Wunschvorstellungen für ihre neue Aula/Mensa konkretisieren. Sie selbst präsentierten den Architektenentwurf ihren Mitschülern, woraus deutlich wurde, dass sie auch einen komplexen räumlichen Entwurf verstehen, vermitteln und hinterfragen konnten. Die erwünschte Vorstellung, zwischen Bäumen zu lernen oder einfach zu sein, nahm so immer mehr Gestalt an. (D. Kirschner, S. Winkler)

ENTWURF
BERLIN
6.2008

ENTWÜRFE BEWERTEN
MITHILFE VON VORBEREITETEN FRAGEBÖGEN ENTWURFSVARIANTEN ODER ENTWURFSASPEKTE BEWERTEN

INTRO

ENTWÜRFE BEWERTEN ist ein effektives Entscheidungswerkzeug auch für sehr große Gruppen. Ziel ist es, durch projektspezifische, gezielte Fragen Varianten eines Entwurfs vergleichend zu bewerten. Gleichzeitig können die Stärken von Projektvarianten einander gegenübergestellt und herausgearbeitet werden, sodass die Auswertung der Fragebögen eine solide Entscheidungsgrundlage für den weiteren Entwurfsprozess bilden kann. Mit einem festgelegten einheitlichen Fragenkatalog besteht die Möglichkeit, Wünsche und Erkenntnisse der Nutzer für den Architekten objektivierbar und umsetzbar zu machen.

ABLAUF

VORBEREITEN: Bewertungsbögen herstellen (S. 111).

ENTWÜRFE VORSTELLEN: Sämtliche Entwurfsvarianten oder andere zu bewertende Aspekte anschaulich vorstellen, Rückfragen sind erlaubt. Jeder Teilnehmer erhält einen Bewertungsbogen.

ENTWÜRFE BEWERTEN: Nach jeder Vorstellung die jeweiligen Stärken und Schwächen notieren, zum Beispiel „positiv: Gras, viel Holz, – warme Wirkung, ‚Farmgefühl'". Sich genügend Zeit nehmen, um zu überlegen, welche Entwurfsvariante für welchen Aspekt wünschenswert ist.

BEWERTUNGEN ÜBERPRÜFEN: Nachdem alle Varianten bewertet sind, nochmals die Antworten überprüfen. Sind die Bewertungen im Vergleich gerechtfertigt? Eventuell nachbessern und ergänzen.

BEWERTUNGEN DISKUTIEREN: Den ersten Eindruck von den Stärken und Schwächen der jeweiligen Projektvarianten wiedergeben, auf diese Weise Vorlieben herausarbeiten.

AUSWERTEN: Nach Ende des Workshops Ergebnisse detailliert auswerten im Hinblick auf die Auswirkungen auf den eigenen Entwurfsprozess.

TIPP 1: Bewertungsbögen mit „Ja/Nein"-Antworten können öffentlich, zum Beispiel neben den zu bewertenden Entwurfsvarianten gut sichtbar aufgehängt werden. Die Bewertung kann durch farbige Klebepunkte erfolgen: Jeder entscheidungsbefugte Juror erhält für jede Frage die entsprechenden farbigen Klebepunkte, deren Menge der Hälfte der Anzahl der Projektvarianten entspricht. Es ist möglich, alle Punkte einer Farbe einer Variante zuzuordnen (S. 111).

TIPP 2: Im Rahmen eines Schulprojekts können die Bewertungsbögen von den Schülern gemeinsam entwickelt, ausgewertet und dem Architekten als „objektiviertes Nutzerwissen" zur Verfügung gestellt werden.

ENTWURF

Das Nutzerwissen und die Einschätzung der Nutzer/Entscheidungsträger kann festgehalten und in den Entwurf integriert werden. Wenn im Entwurfsprozess mehrere Varianten zur Auswahl stehen, bietet dies eine wichtige Entscheidungshilfe.

R6

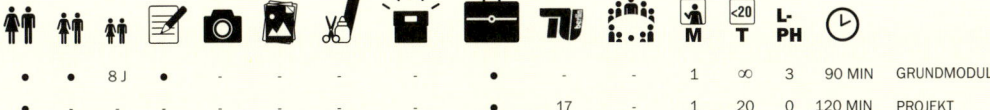

										1	∞	3	90 MIN	GRUNDMODUL
	8 J													
							17		1	20	0	120 MIN	PROJEKT

zukunftsweisende
Schulbautypologien 4

Das Modell verzichtet komplett auf Klassenräume. Auf einer Bildungsebene befindet sich eine Klasse pro Jahrgang. Die Bildungsebene wird durch die Themenräume Medien, Sachkunde, Mathe und Kunst/Musik strukturiert, die über Kommunikationszonen miteinander verbunden sind. Themen- und Funktionsinseln schaffen fließende Übergänge und eine offene Atmosphäre.

Name / Berufsbezeichnung D. Röhl

Projekttitel **Living School** *Name* **Ludovica Tomarchio**

Kommentare
Bezug zum Außenraum?
pos.: durch viele Glasfassaden
Bäume im Innenraum

Lage und Art Themenraum / Fachraum? (Bibliothek, Musikraum u.s.w.)
pos.: jeder Bereich hat eine
kleine Mensa

Verhältnis abgeschlossene / offene Räume?
pos.: drehbare Wand-
elemente (Flexibel)

Räumliche Atmosphäre / Charakter?
"Gewächshaus", Sonnenenergie
toll... Umweltaspekt

HELLWINKELSCHULE Den Pädagogen der Schule wurden alternative Entwürfe präsentiert und zur Diskussion gestellt. Schriftlich bewerteten sie jedes Projekt auf einem knappen Fragebogen hinsichtlich der vorher mit der Schulleitung abgestimmten Aspekte, wie zum Beispiel der Bezug zum Außenraum oder die Lage und Art der Fachräume. Die Idee, unterschiedlichste Umweltaspekte in die Schule zu integrieren, fand dabei großen Anklang.

UMBAU
WOLFSBURG
7.2012
S. 120

ARCHITEKTUR BELEBEN

IN EINEM PLANSPIEL NUTZERWÜNSCHE UND BAULICHE SOWIE FUNKTIONALE ANFORDERUNGEN VERHANDELN

INTRO

ARCHITEKTUR BELEBEN ist ein Werkzeug mit dem Ziel, das komplexe Aufeinandertreffen von Anforderungen, Bedürfnissen und planerischen Überlegungen spielerisch zu verhandeln. Die Widersprüche, die sich durch das Zusammentreffen von Wunschvorstellungen und Anforderungen ergeben können, sollen aufgelöst und in ein synergetisches Potenzial verwandelt werden.

ABLAUF

VORBEREITEN: Architektur Beleben-Spielset herstellen oder bestellen (S. 115), Werbematerial (Einladung, Karten oder Plakate) herstellen und verteilen, Spieleabende organisieren.

AUF ALLTAG EINSTIMMEN: Die Spielregeln und einzelne Karten erläutern. Aus dem Angebot der Alltagskarten Situationen heraussuchen, die für die Bauaufgabe charakteristisch sein sollen.

210 MIN

ANFORDERUNGSPROFILE ERKLÄREN: Identifizieren und Erläutern von relevanten Nutzungskonzepten mithilfe entsprechender Expertenkarten. Der Architekt erläutert die Entwurfsidee und das Grundriss- und Schnittschema.

AKTIVITÄTEN PLATZIEREN: Aktivitäten den Räumen des Grundrissschemas zuordnen und gegebenenfalls weitere ergänzen lassen, dabei auf die achten, die als raumübergreifend zu beschreiben sind.

ATMOSPHÄREN BESTIMMEN: Vorstellungen über räumliche Atmosphären des Gebäudes diskutieren. Die für die gewünschte atmosphärische Wirkung ausgewählten Wortkarten im schematischen Grundriss verorten, dabei gegebenenfalls solche Karten nicht verorten, die übergeordnete Relevanz haben.

BAULICHE RAHMENBEDINGUNGEN DISKUTIEREN: Im letzten Durchgang die baulichen Rahmenbedingungen in ihrer Bedeutung für das Projekt diskutieren und festhalten. Die entsprechenden Expertenkarten nicht im Grundriss verorten, da sie allgemeine Relevanz haben, aber ihre jeweilige Auswirkung und Wichtigkeit festhalten.

VERHANDLUNGSFELD DOKUMENTIEREN: Das Ergebnisbild als Plan fotografieren.

TIPP 1: Mit einer Auswahl an maßstäblichen Figuren in Planaufsicht (potenzielle Nutzer in entsprechender Aktion) kann in einer abschließenden Runde dargestellt werden, wie und von wie vielen die Räume in Zukunft genutzt werden. Dem Nutzer gibt diese Ergänzung einen guten Eindruck von der Größe der zukünftigen Räume.

TIPP 2: Bei einer Umbaumaßnahme auch als Wunschforschung/Einstieg möglich.

ENTWURF

Im Rahmen der moderierten Diskussion des Planspiels können für eine Vielzahl von Ansprüchen und Funktionen räumliche Präferenzen festgelegt sowie einige räumliche Anforderungen überhaupt erst erkannt werden. Sie werden in Beziehung zu den baulichen Rahmenbedingungen gesetzt. So können verschiedene Optionen mit dem Nutzer verhandelt und in den Entwurfsprozess eingebracht werden.

R7

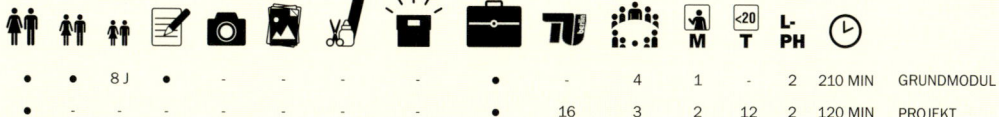

•	•	8 J	•	-	-	-	-	•	-	4	1	-	2	210 MIN	GRUNDMODUL
•	-	-	-	-	-	-	•	16	3	2	12	2	120 MIN	PROJEKT

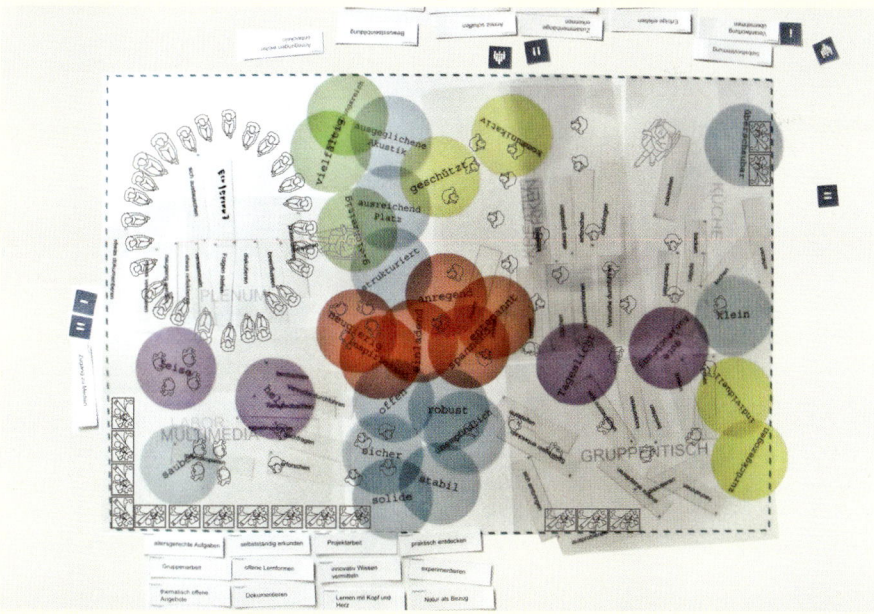

KINDERFORSCHERWERKSTATT Das Spiel wurde entwickelt auf Basis der Vorgespräche mit den Auftraggebern, des pädagogischen Konzepts der Kinderforscherwerkstatt, der „Hamburger Bildungsempfehlungen" sowie von Kinderbüchern zu den Themen Forschen und Experimentieren. Die Anordnung von maßstäblichen Figuren auf dem Grundriss erleichterte das Verständnis der räumlichen Verhältnisse und der möglichen Bespielung des zur Verfügung stehenden Raums.

UMBAU
HAMBURG
4.2010

IDENTIFIKATOREN BAUEN

EINZELNE GESTALTUNGSELEMENTE IN EINEM VORGEGE-BENEN RAHMEN UND REGELWERK HERSTELLEN

INTRO

IDENTIFIKATOREN BAUEN ist ein kreativer Realisierungsworkshop, in dem konkrete, vom Architekten ausgesuchte Einzelelemente für ein Bauvorhaben vom Nutzer gestaltet und hergestellt werden. Ziel ist es, die Nutzer einzuladen, selbst Spuren zu hinterlassen, die zur höheren Identifizierung und dem Gefühl der Selbstwirksamkeit beitragen. Dazu muss ein klarer Rahmen und ein Regelwerk geschaffen werden, entsprechend dem die Einzelteile harmonisch eingefügt werden können und der Nutzer nicht als Gestalter missbraucht und überfordert wird.

ABLAUF

VORBEREITEN: Einen klaren Gestaltungsrahmen und projektspezifische Materialien vorgeben, zum Beispiel Geschenkbänder, Perlen oder Holzstäbchen. Das Material bereitstellen oder von den Teilnehmern mitbringen lassen. Werkstattraum mit entsprechenden technischen Möglichkeiten organisieren.

M

180 MIN M

PROJEKT ERLÄUTERN UND REGELN KLÄREN: Die zentrale Entwurfsidee und das daraus abgeleitete Regelwerk vermitteln, in das zu gestaltende Element einführen. Notwendiges Material ausbreiten und Möglichkeiten aufzeigen. Bei der Realisierung die Nutzer gegebenenfalls unterstützen.

ORT BESICHTIGEN: Wo soll der Identifikator zum Einsatz kommen, welche Wirkung kann er am Ort auslösen?

IDEE ENTWICKELN: Mit dem Material vertraut machen, wie kann es bearbeitet oder gefügt werden? Ideen skizzieren, schnelle Kombinationen in Varianten testen.

MATERIAL ZUSAMMENFÜGEN: Experimentieren, wie das Material reagiert, zum Beispiel auf Licht oder Wind. Entsprechend bearbeiten und/oder zu einem Identifikator zusammenfügen.

IDENTIFIKATOR ÜBERPRÜFEN: Funktioniert der Identifikator? Ist seine Wirkung die gewünschte? Kann sie optimiert werden?

IDENTIFIKATOREN PRÄSENTIEREN: Gegenseitig die Identifikatoren präsentieren und eventuell nachbessern.

IM GEBÄUDE PLATZIEREN: Identifikatoren gemeinsam feierlich einweihen.

TIPP: Der Identifikator kann auch gemeinschaftlich gebaut werden, dabei sollen im Sinne des „Open-source-Gedankens" Ideen und Elemente verhandelt, getauscht und weiterentwickelt werden.

ENTWURF

Im Rahmen des Entwurfsprozesses können einzelne Elemente herausgearbeitet werden, die in der Realisierung vom Nutzer individuell gestaltet werden können. Die Elemente sollten von der gesamten Nutzergemeinschaft akzeptiert sowie nicht als Einzelleistung abgetan werden und nicht im offensichtlichen Konflikt mit der ausgeführten Architektur stehen. Je nachdem, in welcher Phase des Entwurfsprozesses dieser Baustein eingesetzt wird, kann die Art der Umsetzung durch den Nutzer auch Rückschlüsse für den Entwurf bieten. Im Vordergrund steht aber die erhöhte Identifikation des Nutzers mit dem umgesetzten Entwurf durch seine aktive Beteiligung.

R8

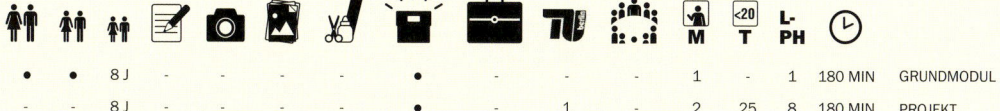

•	•	8 J	-	-	-	-	•	-	-	-	1	-	1	180 MIN	GRUNDMODUL
-	-	8 J	-	-	-	-	•	-	1	-	2	25	8	180 MIN	PROJEKT

ERIKA-MANN-GRUNDSCHULE II Die Schüler der 5. und 6. Klasse brachten eine Fülle von Geschenkbändern mit, um die „Blütenblätter" ihres neuen „Chill-Rooms" zu bespannen. In kleinen Gruppen bestückten die Schüler die vorbereiteten Holzrahmen. Dazu wählten sie jeweils eine der vorher sortierten Farb- und Materialgruppen aus und entwarfen sowohl wilde als auch ruhige Muster. Die Rahmen können immer wieder neu bestückt werden und ändern so die Atmosphäre des Chill-Rooms.

UMBAU
BERLIN
7.2008

S. 214

HERSTELLUNG SPIELSETS

  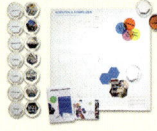 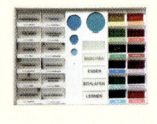

 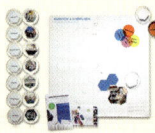 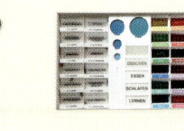 

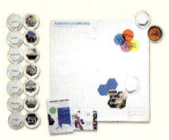   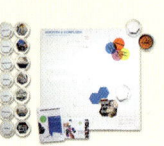

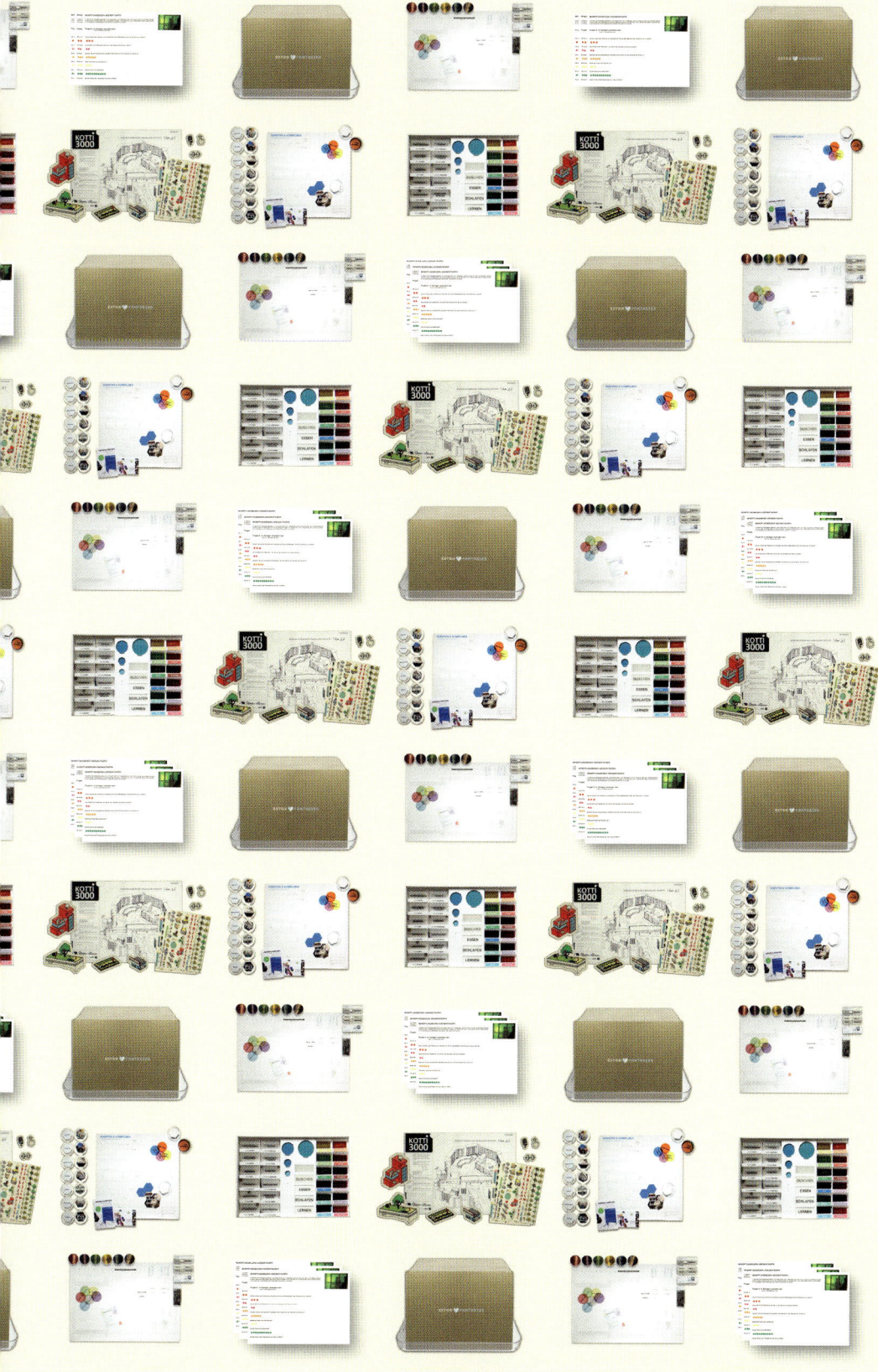

SPIELSET
A5 ATMO ERFRAGEN

INTERVIEWLEITFADEN ODER POSTKARTE

HERSTELLUNG

- FAKTEN ABFRAGEN: Daten abfragen, wie zum Beispiel Gender, Altersgruppe, Lebens- bzw. Arbeitssituation.
- ABLAUF STRUKTURIEREN: Für eine breite Zielgruppe und „schnelle Befragung" einen niedrigschwelligen Einstieg in das Interview mit einfachen und prägnanten Fragen finden, um daran komplexere Fragen nach atmosphärischen Raumqualitäten und den erwünschten Welten anzuschließen.
- FRAGEN ENTWICKELN: Mit komplexeren Fragen motivieren, die subjektive Erfahrungswelt anschaulich zu schildern. Die Stoßrichtung der Fragen auf das Nutzerprofil, den Typus des zu planenden Baus und den Ort abstimmen. Sowohl die bestehende Situation als auch die gewünschte Veränderung ansprechen. Auf Warum-Fragen verzichten; bei den Antworten Spontanität und Intuition wecken.
- ATMOSPHÄREN-SPICKZETTEL: Atmosphärische Raumqualitäten in Kategorien zusammenstellen, um gegebenenfalls den Befragten Beispiele für eine sprachliche Veranschaulichung geben zu können. Die Kategorien können zum Beispiel die Lage thematisieren (städtisch, versteckt, geschützt, offen), Wetterbedingungen (wohlig, warm, kalt, windig), die Größe, die Lichtsituation (natürlich oder künstlich beleuchtet, dunkel, sonnig), Materialien oder Ausstattung (Holz, Stein, Putz, blühende Rosenhecken), aber auch unsichtbare Qualitäten wie Geschichten und Assoziationen („wie daheim"), Gerüche (modrig, nach altem Fett riechend, Parfüm), Klang (Hupen, Vogelgezwitscher) oder haptische Qualitäten (weich, hart, kratzig).
- FRAGEN TESTEN: Die Fragen vorher testen, um sie lokal und spezifisch anpassen zu können.

VARIANTE 1 | WÜNSCHEPOSTKARTEN: Vorderseite: Ein überraschendes Foto oder eine Grafik auswählen, die atmosphärische Wunschvorstellungen jenseits der Alltagswelt evoziert. Rückseite: Prägnante Fragen wie im Interviewleitfaden beschrieben formulieren (zum Beispiel „Wo können Sie besonders gut nachdenken?"), ausreichend Platz für die Antworten lassen, auffordern, die Fragen mit ca. fünf anschaulichen Worten, zum Beispiel „unter weiten riesigen Wolken" zu beschreiben.

VARIANTE 2 | AGENTENKARTE: Vorderseite: Die Aussage „Was ich gerne lernen möchte" mit vier Feldern (1. Mit wem? 2. Wo? 3. Wie? 4. Was?) vorstrukturieren. Rückseite: „Was ich jemandem beibringen könnte:" (mit entsprechenden vier Feldern).

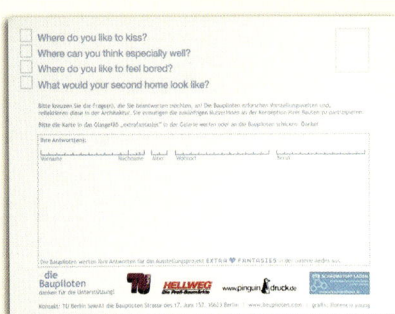

SPIELSET
ENTWÜRFE BEWERTEN R6

BEWERTUNGSBOGEN

HERSTELLUNG

1. GESCHLOSSENE FRAGEN („Ja/Nein"-Antworten)
- SAMMELN: In Absprache mit dem Bauherrn, Entscheidungsträger und/oder der Baufamilie wenige für die Entwurfsentscheidung wesentliche Fragen formulieren, wie zum Beispiel „Hat der Entwurf eine Strahlkraft?" oder „Hat der Entwurf das Potenzial sich zum Kiez zu öffnen?" – oder Fragen, die auf einen wesentlichen Entwurfsaspekt ausgerichtet sind.
- BEWERTUNGSBOGEN ANLEGEN: Für jede Projektvariante ein Blatt mit repräsentativem Modellfoto oder Entwurfsmontage anfertigen. Einen prägnanten Titel der Projektvariante mit gegebenenfalls sehr knapper Beschreibung und Fragen mit einem Bewertungsfeld hinzufügen, in das farbige Punkte geklebt werden können.
- QUANTITATIV AUSWERTEN: Die Auswertung der Bewertungsbögen ist sehr einfach, die Aspekte von Varianten, die die meisten Punkte erhalten haben, sind in den Augen der Entscheidungsträger wünschenswert und sollten entsprechend im weiteren Entwurfsprozess berücksichtigt werden.

2. OFFENE FRAGEN
- SAMMELN: In Absprache mit dem Bauherrn, Entscheidungsträger und/oder der Baufamilie die Schwerpunkte der offenen Fragen bestimmen. Was sind die wichtigen Parameter der Baumaßnahme? Diese können vor allem dazu dienen, Stärken herauszuarbeiten. Die Ergebnisse sind weniger objektivierbar, aber in ihrer Summe zur Bewertung von Einzelaspekten wertvoll. Da die Auswertung ungleich aufwendiger ist, sollte man sich auf ca. vier wichtige Aspekte einigen (zum Beispiel für einen Wohnungsbau: Verhältnis gemeinschaftliche und private Räume? Räumliche Atmosphäre/Charakter?)
- BEWERTUNGSBOGEN ANLEGEN: Wie bei 1., aber statt eines Bewertungsfeldes für Klebepunkte ausreichend Platz für die Antworten (ca. zwei Sätze) lassen.
- INTERPRETATIV-EXPLIKATIV AUSWERTEN: Die Antworten auf die Fragen werden nach Stärken und Schwächen der verschiedenen Entwurfsaspekte sortiert und zusammengestellt (vergleiche **W6**).

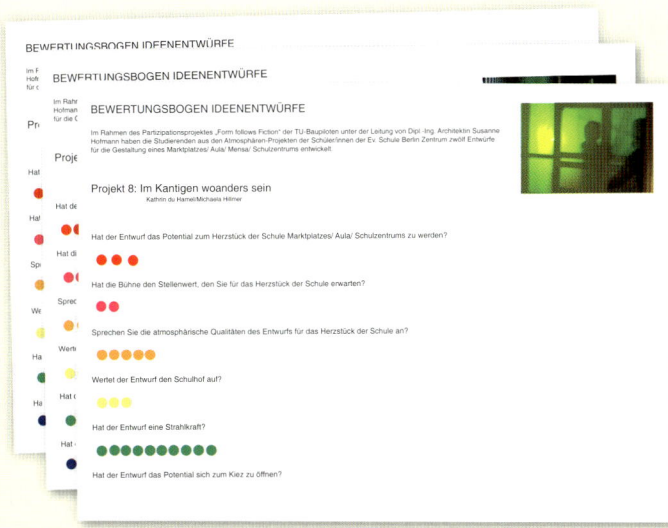

SPIELSET
W7   NACHBARSCHAFT 3000

1. NACHBARSCHAFTSKARTE (zum Beispiel DIN-A2-Papierausdruck)
2. BILDERBÖGEN MIT PIKTOGRAMMEN VON OBJEKTEN MIT WERTPUNKTEN (zum Beispiel Klebebögen, ausgestanzt)
3. BILDERBÖGEN MIT PIKTOGRAMMEN VON AKTIVITÄTEN (zum Beispiel Klebebögen, ausgestanzt)

HERSTELLUNG

- NACHBARSCHAFTSKARTE ERSTELLEN: Eine übersichtliche Karte (Luftansicht) des Ortes als einfarbige Linienzeichnung per Hand oder Computer axonometrisch darstellen, sodass sowohl die Grundfläche (Plätze, Straßen), Dächer als auch Hausfassaden zu sehen sind und später mit Piktogrammen ergänzt werden können. Diese Zeichnung gibt den Maßstab für die zu entwickelnden Piktogramme vor.
- SAMMELN: Einen weit gefächerten Pool an wünschenswerten Einrichtungen, Objekten und Aktivitäten einer Nachbarschaft sammeln. Dazu im Vorfeld Interviews mit Nachbarschaftseinrichtungen und Menschen vor Ort, auch Passanten führen und auswerten (vergleiche **A5**).
- SORTIEREN UND KATEGORISIEREN: Aus den Interviewergebnissen die wünschenswerten Aktivitäten (treffen, musizieren, sporteln), Einrichtungen und Objekte (Gebäude, Balkone, Märkte, Vergnügungsorte, Landschaft, Sportflächen) herausarbeiten, sortieren und kategorisieren.
- PIKTOGRAMME DER OBJEKTE ERSTELLEN: Einfach lesbare Piktogramme herstellen. Einrichtungen und einzelne Objekte (Straßenlaterne, Balkon, Zaun oder Baum) abstrahiert – ähnlich einem Comic – axonometrisch farbig darstellen. Überprüfen, ob die Piktogramme verständlich sind, wenn sie auf die Lufansicht geklebt werden.
- WERTPUNKTE VERGEBEN: Jedes Objekt wird mit Wertpunkten dotiert. Dabei werden Hierarchien festgelegt, die Punkte spiegeln den Aufwand für die Realisierung und Kosten wider (zum Beispiel ist ein Baum mit 50, ein Sportstadium mit 500 Punkten dotiert). Insgesamt können 3000 Punkte im Spiel verteilt werden.
- PIKTOGRAMME VON AKTIVITÄTEN ZEICHNEN: Einfache schwarz-weiße Piktogramme oder Skizzen der Aktivitäten herstellen. Sie sollten klein genug sein, um auf oder neben den Bildern Hinweise zu gewünschten Aktivitäten zu geben.
- BILDERBÖGEN ERSTELLEN: Auf mehreren DIN-A3-Bögen werden die Piktogramme angeordnet, Objekte mit hoher Punktzahl (zum Beispiel bei städtebaulichen Planungen eine religiöse Einrichtung mit 300 Punkten) tauchen nur einmal auf, andere einfachere Objekte mehrmals. Die Aktivitäten können auf weiteren Bögen angeordnet werden.

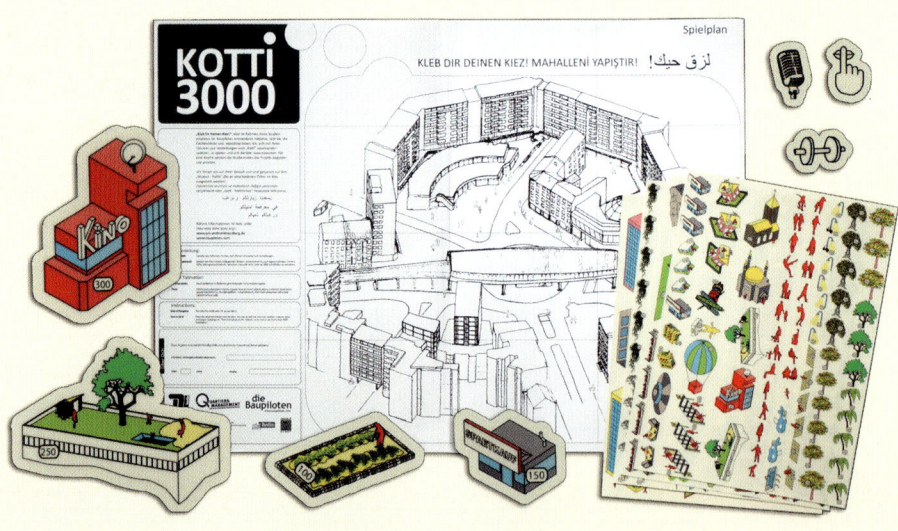

SPIELSET
*ORTE WEITERDENKEN W8

1. AUFROLLBARES SPIELFELD (zum Beispiel LKW-Folie, 50 cm x 50 cm)
2. 50–70 HEXAGONALE ORTSKARTEN UND ZUSÄTZLICHE LEERKARTEN (zum Beispiel Kantenlänge = 25 mm)
3. 50–70 RUNDE, FARBIGE, DURCHSCHEINENDE PROGRAMMKARTEN (zum Beispiel Folie, Durchmesser 5 cm)

HERSTELLUNG

- SAMMELN: Einen weit gefächerten Pool von für eine Nachbarschaft bedeutenden Orten/Räumen und Gruppierungen erfassen, die zwar unter Umständen an keinem festen Ort angesiedelt sind, aber durchaus die Nachbarschaft beeinflussen. Außerdem vielfältige Ideen für wünschenswerte Entwicklungen in der Nachbarschaft (oder durch eine Baumaßnahme) sammeln (vergleiche **W7**).

- SORTIEREN UND KATEGORISIEREN: Die bedeutenden Orte und programmatischen/funktionalen Vorstellungen herausarbeiten, sortieren und kategorisieren, die die Nachbarschaft stärken könnten. Mit der Auswahl der Karten möglichst viele Bedürfnisse und Interessen abdecken. Fünf bis acht verschiedene Kategorien für Orte (Freiräume, Einzelhandel, Bildung/soziale Einrichtungen) und für programmatische/funktionale Vorstellungen (Bewegung/Sport, Gesundheit/Ernährung) bestimmen.

- ORTSKARTEN ERSTELLEN: Auf den Hexagonkarten Fotos der Orte oder Gruppierungen abbilden, die Karten zusätzlich betiteln. Ausreichend Leerkarten für die Beschriftung von zusätzlichen Orten während des Spiels herstellen.

- PROGRAMMKARTEN DRUCKEN: Für jede programmatische Kategorie eine Folienfarbe bestimmen und mehrfach als runde Karten drucken.

- SPIELFELD HERSTELLEN: Aus abwaschbarer heller LKW-Folie herstellen, Spielplan aufdrucken. Der Spielplan besteht aus drei konzentrisch angelegten, hexagonalen Bereichen.

- SPIELANLEITUNG SCHREIBEN

* Das Projekt entstand am Fachgebiet Entwerfen und Baukonstruktion der TU Berlin (Prof. Dr. Susanne Hofmann mit Dr. Andrea Benze und Urs Walter).

SPIELSET
W9 RAUMTRAUM VERHANDELN

1. SPIELFELD MIT SEPARATER TRANSPARENTER PRIVATZONE (zum Beispiel DIN-A2-weißes Papier, runde Folie, Durchmesser 18 cm)
2. 150–200 AKTIVITÄTSKARTEN (zum Beispiel weißes Papier, 10 cm x 4 cm)
3. 150–200 ATMOSPHÄRENKARTEN (zum Beispiel farbige Folie, 7 cm x 3 cm)
4. LEERKARTEN für die Beschriftung von zusätzlichen Aktivitäten, Atmosphären und gegebenenfalls Expertenthemen
5. PRIORITÄTSPUNKTE in vier verschiedene Größen (zum Beispiel Plexiglas, Durchmesser 2–7 cm)
6. VERBINDUNGSBRÜCKEN (zum Beispiel weiße, schmale Pappstreifen)

HERSTELLUNG

- SAMMELN: Der Bauaufgabe entsprechend einen weit gefächerten Pool von je ca. 150–200 Aktivitäts- und Atmosphärenbegrifflichkeiten sammeln. Dazu im Vorfeld Interviews (vergleiche **A5**) führen und auswerten, alternativ bieten sich auch andere Quellen zum Beispiel aus Belletristik und/oder Fachliteratur an.

- SORTIEREN UND KATEGORISIEREN: Aktivitäten und atmosphärische Begriffe bzw. Beschreibungen nach Themen sortieren. Kombinieren und übergeordnete Kategorien entwickeln. Es empfehlen sich jeweils zehn Oberbegriffe für die Aktivitäten und Atmosphären. Die Aktivitäten in Gruppen von je ca. 8–25 Aktivitäten den zehn Kategorien (zum Beispiel häuslich, musisch, sportlich) zuordnen. Die atmosphärischen Beschreibungen ebenfalls in Gruppen von je 8–25 Beschreibungen in zehn Kategorien (zum Beispiel Entspannung, Licht, Wetter) einteilen.

- SPIELKARTEN ERSTELLEN: Die Aktivitäten auf weiße Papierkarten, die atmosphärischen Beschreibungen auf farbige, durchscheinende Folie drucken. Wichtig ist die Unterscheidbarkeit der Karten. Den Farben der Atmosphärenkarten assoziative Bedeutungen geben (zum Beispiel Rot für Gemütlichkeit, Grün für Natürlichkeit).

- SPIELKASTEN BAUEN: In dem dafür angefertigten Spielkasten Fächer für die Kategorien einrichten, betiteln und die jeweiligen Karten so gruppieren, dass sich die Spieler leicht orientieren können.

- SPIELANLEITUNG SCHREIBEN

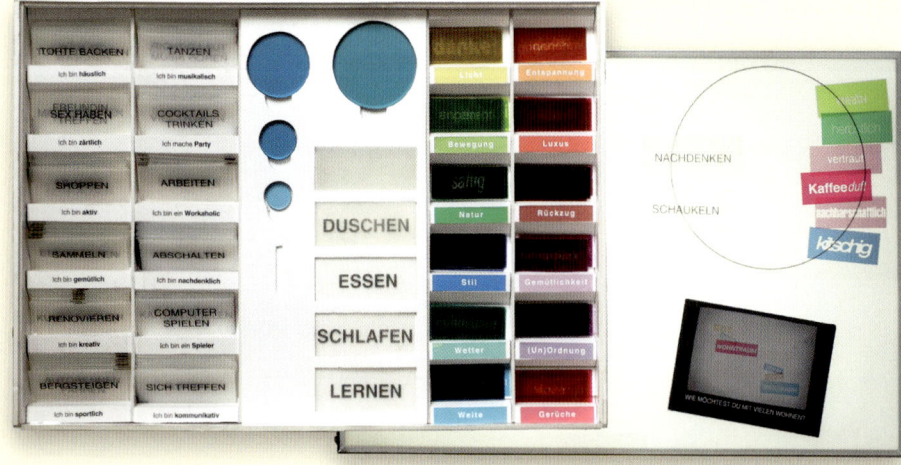

SPIELSET
ARCHITEKTUR BELEBEN R7

1. SPIELFELD (zum Beispiel maßstabsgerechtes Grundrissschema, je nach Projektgröße im Maßstab 1:20 bis 1:50, ca. DIN-A0)
2. 15–30 ALLTAGSKARTEN (zum Beispiel Bildkarten, ca. 10 x 10 cm)
3. 15–30 EXPERTENKARTEN und zusätzliche Leerkarten (zum Beispiel weißes Papier, 7 x 3 cm)
4. 50–100 AKTIVITÄTSKARTEN und zusätzliche Leerkarten (zum Beispiel farblose transparente Folie, 7 x 3 cm)
5. 50–100 ATMOSPHÄRENKARTEN und zusätzliche Leerkarten (zum Beispiel farbige transparente Folie, 7 x 3 cm)
6. 50–100 MASSSTABSFIGUREN (zum Beispiel dickes Transparentpapier)

HERSTELLUNG

- SAMMELN: Der Bauaufgabe entsprechend einen weit gefächerten Pool von je ca. 50–100 Aktivitäts- und Atmosphärenbegrifflichkeiten sammeln. Dazu mithilfe von Experten definierte übergeordnete Themen (zum Beispiel beim Wohnungsbau: generationenübergreifendes Wohnen) und bauliche Rahmenbedingungen (Richtlinien, Auflagen des Bauamtes, zu beachtende/erhaltende/integrierende Bestände etc.) zusammenstellen. Im Vorfeld Interviews (vergleiche **A5**) führen und auswerten und/oder aus Musterraumprogrammen, Bauherrenanforderungen und Fachliteratur etc. herausarbeiten. Während des Spielverlaufs Begrifflichkeiten ergänzen.

- SORTIEREN UND KATEGORISIEREN: Alle Begrifflichkeiten nach Themen sortieren, kombinieren und übergeordnete Kategorien entwickeln. Die Aktivitäten in Kernaktivitäten (zum Beispiel schlafen, kochen) und weitere Aktivitäten (gärtnern, handwerken) unterscheiden, letztere in Kategorien überschaubar einteilen (zum Beispiel kreative Aktivitäten). Genauso mit den Expertenthemen und Atmosphären verfahren (vergleiche **W9**).

- SPIELKARTEN ERSTELLEN: Die Expertenthemen auf weiße Papierkarten, die Aktivitäten auf Plexiglas, die atmosphärischen Beschreibungen auf farbige Folie drucken. Dabei den Farben jeweils assoziative Bedeutungen geben (vergleiche **W9**).

- ALLTAGSKARTEN HERSTELLEN: Auf dünner Pappe charakteristische Aufnahmen des Alltags der zu bauenden Typologie (vergleiche **N3**, **W6**) abbilden. Zusätzlich zu dem Bild werden die Karten betitelt.

- SPIELKASTEN BAUEN: In dem angefertigten Spielkasten Fächer für die Kategorien einrichten, sodass sich die Spieler gut orientieren können.

- SPIELANLEITUNG SCHREIBEN

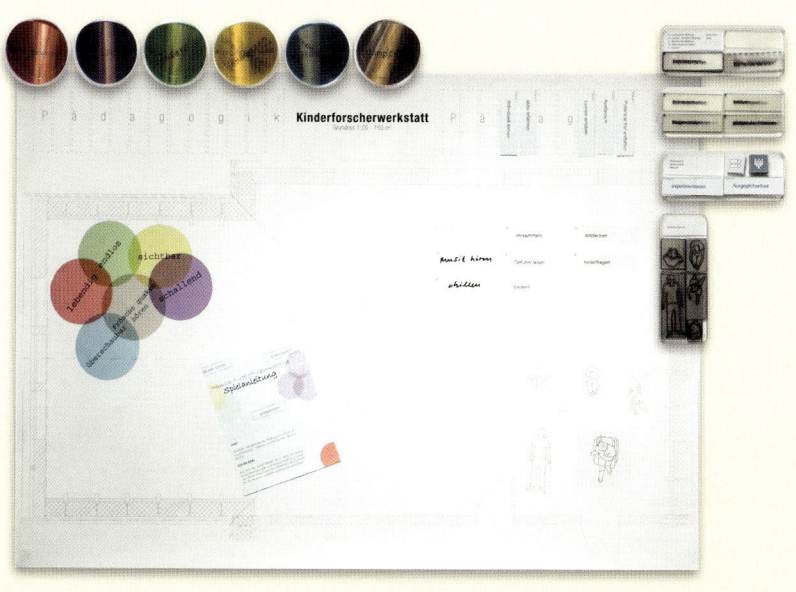

PROJEKTE

BL: BILDUNGSLANDSCHAFT / GE: GESAMTSCHULE / GS: GRUNDSCHULE / KG: KINDERGARTEN / OS: OBERSCHULE /
S#: STUDENTENWOHNEN / FG: FACHGEBIET ENTWERFEN UND BAUKONSTRUKTION (PROF. DR. SUSANNE HOFMANN) /
##: SEITENZAHL / KO: KOOPERATION

 174 KG LICHTENBERGWEG	 55 GET INVOLVED, BIENNALE				
 156 HAUS GARTENFREUNDE S13	 230 ALBERT-SCHWEITZER-SCHULE		 97 LE BUFFET KINDERRESTAURANT		
 FG SOCIAL CLUB KIEZGALERIE	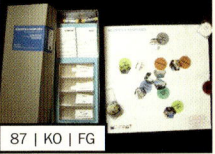 87 | KO | FG QUARTIER DONAUKIEZ	 130 AGING-IN-NEIGHBORHOOD	 126 GYMNASIUM BORNBROOK	 168 HOCHHAUS TEAMPLAYER S12	
 99 | FG HERMANN-VON-HELMHOLTZ GE	 93 NEW LYNN SCHOOL	 ADOLF-REICHWEIN-GS	 77 RISING EDUCATION	 134 LEBEN UND WOHNEN IM ALTER	
 105 KINDERFORSCHERWERKSTATT	 STADTHALLE KARLSRUHE	 FG MIT MOABIT WOHNEN	 166 HAUS RUHIGES WOHNEN S10	 170 PAV. GARTENWOHNEN S4/7	
 75 SCHULE BAUT	 63 | 65 NIKOLAUS-AUGUST-OTTO-OS	 83 KULTURWERKSTATT AUF AEG	 170 PAV. GARTENWOHNEN S5/6	 164 HAUS MUSIK UND FITNESS S11	
 190 KITA NIDO PICCOLO	 226 | KO | FG LEARN-MOVE-PLAY-GROUND	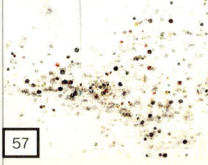 57 I KISS UMEÅ	 198 HEINRICH-NORDHOFF-GE	 120 HELLWINKELSCHULE	
2010-12	2012	2013	2014	ab 2015	

W2   KLEB' DEINE WELT

 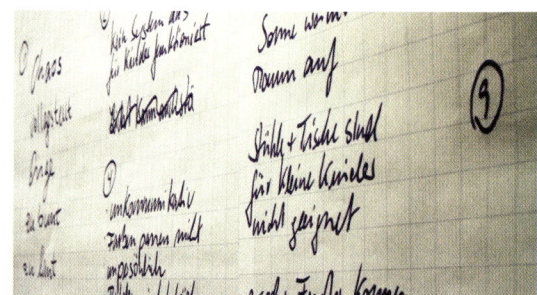

W6   STÄRKEN–SCHWÄCHEN

W9   RAUMTRAUM VERHANDELN

 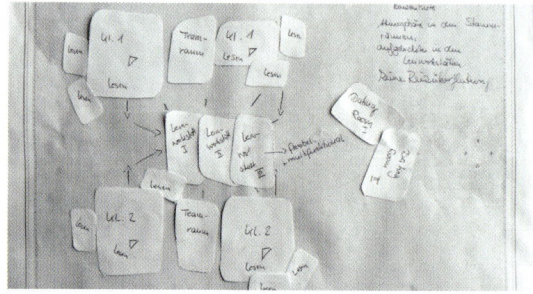

W9   RAUMTRAUM VERHANDELN OPTIMIERUNG

Mit der für den Partizipationsprozess gegründeten ca. 15-köpfigen Baufamilie aus Vertretern der Stadt Wolfsburg, benachbarten Einrichtungen der Schule und dem pädagogischen Personal wurden in den Workshops **W2**, **W6** Bedürfnisse und Wunschvorstellungen an eine zukunftsweisende Schulbautypologie erarbeitet: Die Schule soll ein ganzheitlicher Lern- und Lebensort mit Raum für Begegnungen sein sowie zum Entdecken einladen. Sie soll ebenso Rückzugsmöglichkeiten wie offene gemeinschaftliche Räume bieten. Mit dem Verhandlungsspiel **W9** konnten die gewünschten Verbindungen zwischen den Klassen-, Gemeinschafts-, Fach- und Personalräumen sowie dem Außenbereich bestimmt und in einer Rückkopplung **R6** optimiert werden. Aus diesen Erkenntnissen heraus konnten die Schultypen I, II, III und IV entwickelt werden.

 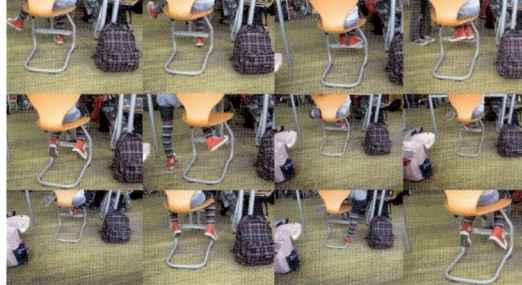

N3   RITUALE BEOBACHTEN

W2   KLEB' DEINE WELT

R1   WELTEN AKTIVIEREN

 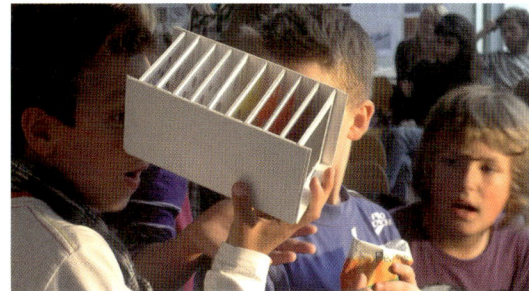

R2   WELTEN WEITERSPINNEN

Für die Schüler der Hellwinkelschule wurden im Rahmen des Entwurfsseminars „Zukunftsweisende Schulbautypologien" weitere Workshops konzipiert. Inspirierend für den Studienentwurf war neben der Hospitation **N3** die Vorstellung einiger Schüler, dass man von geschützten Bereichen aus den gemeinschaftlichen beobachten kann. Auch die Schüler zeigten also das Bedürfnis sowohl nach Gemeinschaft als auch nach Rückzugsorten.**W2** Über das Mittel des Theaters und des Rollenspiels konnten die Schüler sich in ihre Wunschwelten einfühlen und diese im großen Maßstab räumlich weiter inszenieren.**R1** Aus den so gewonnenen Erkenntnissen entwickelten die Studierenden Ideen für die vier Schulbautypen, die sie in Modellen, Nutzerszenarien und Fotomontagen darstellten.**R2**

Mithilfe eines Fragebogens **R6** konnten Schulangehörige während einer Präsentation die einzelnen Studienentwürfe in ihren Stärken und Schwächen nach vier der Schule wichtigen Kriterien bewerten, wie zum Beispiel dem Verhältnis von abgeschlossenen und offenen Räumen oder der Atmosphäre.

Die Lehrerschaft faszinierte die räumliche Interpretation der vier Schulbautypen, vor allem die Idee des Raumkontinuums „2020" (Caspar van der Zanden, Typ I, Modell links) mit verschiedenen Ebenen und eingestellten Werkstätten, die bewegte jahrgangsübergreifende Lern- und Dachlandschaft „Hoch und Runter" (Dimitra Chrysoula, Typ III) und die „Lebendige Schule" (Ludovica Tomarchio, Typ IV, Modell rechts) mit einem interaktiven Umfeld, das dynamisch auf Sonne, Wind und Bewegung reagiert und auf einzelne Klassenräume verzichtet. Diese Ideen werden in den Vorentwurf einfließen.

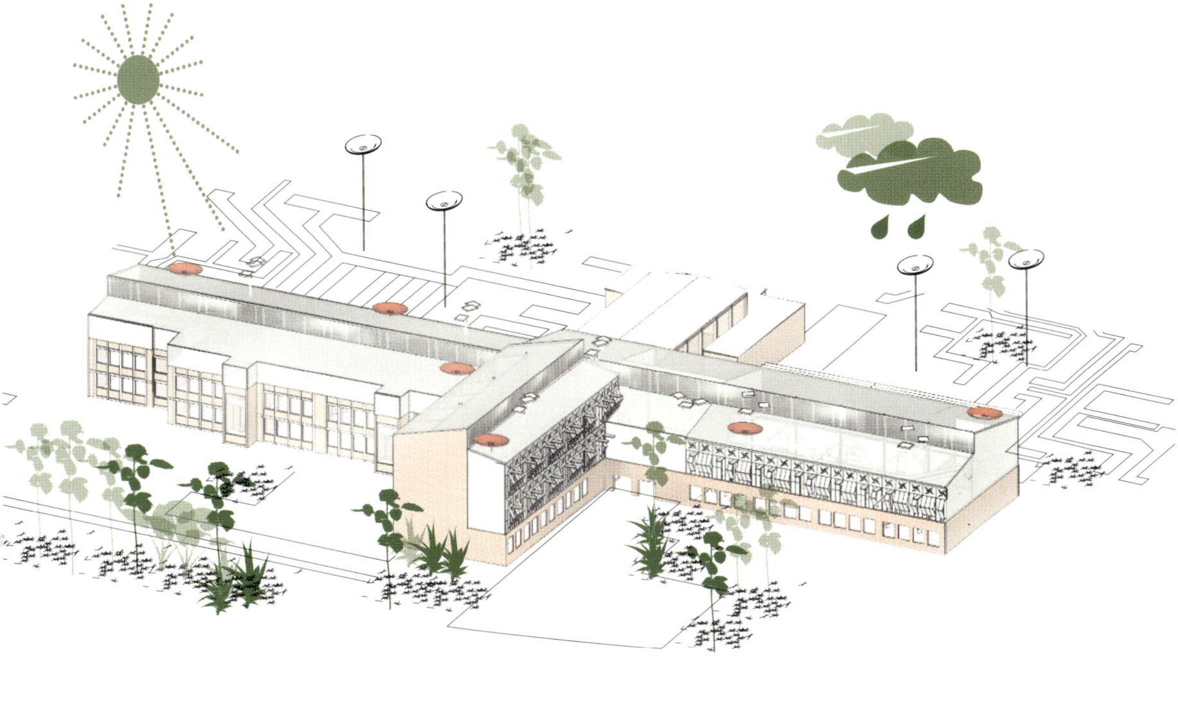

PROJEKTE ENTWICKELN | HELLWINKELSCHULE

UMBAU DER HELLWINKELSCHULE ZUR „LEBENDIGEN SCHULE"

125

GYMNASIUM BORNBROOK
HAMBURG

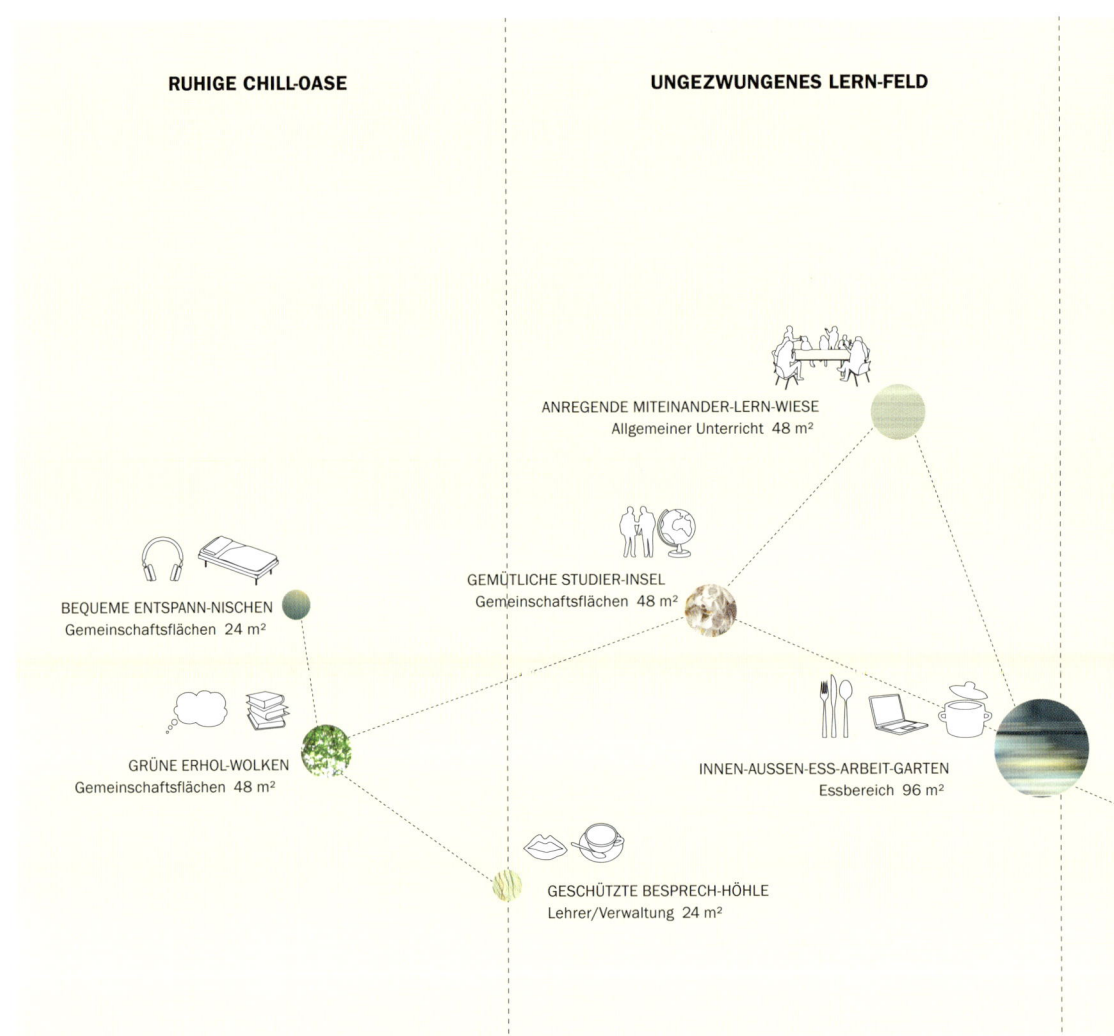

Vor der anstehenden Sanierung des Gymnasiums Bornbrook wurden Workshops durchgeführt, in denen allen Schulangehörigen die Gelegenheit gegeben wurde, an der Definition der Aufgabenstellung für die Gestaltung ihrer zukünftigen Lern-, Arbeits- und Lebenswelt mitzuwirken. Aus den einzelnen Erkenntnissen sind Raumzonierungen herausgearbeitet worden, indem die vorwiegend gewünschten Aktivitäten mit räumlichen assoziativen Vorstellungen und atmosphärischen Qualitäten kombiniert wurden, zum Beispiel „anregende Miteinander-Lern-Wiese". Diese noch abstrakten Raumbegriffe erlauben eine Offenheit für die konkrete architektonische Interpretation, gleichzeitig sind sie jedoch spezifisch bezüglich der zu erzielenden Wirkung.

Stellvertretender Schulleiter Ingo Langhans, Gymnasium Bornbrook: „**Die Partizipation bedeutet für das Gymnasium Bornbrook, die gesamte Schulöffentlichkeit auf kreative und bedürfnisorientierte Weise in das Sanierungsvorhaben einzubinden.**"

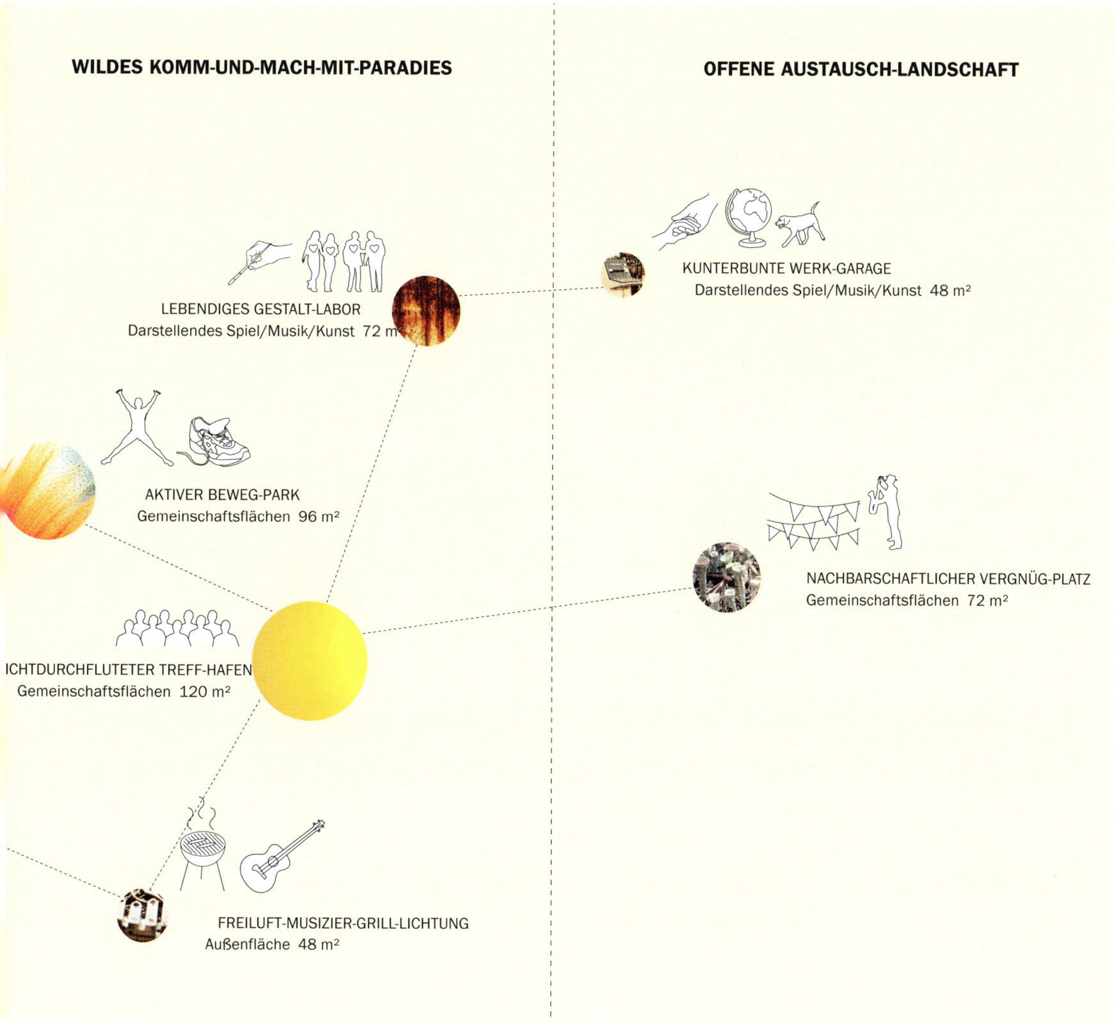

WILDES KOMM-UND-MACH-MIT-PARADIES

LEBENDIGES GESTALT-LABOR
Darstellendes Spiel/Musik/Kunst 72 m²

AKTIVER BEWEG-PARK
Gemeinschaftsflächen 96 m²

LICHTDURCHFLUTETER TREFF-HAFEN
Gemeinschaftsflächen 120 m²

FREILUFT-MUSIZIER-GRILL-LICHTUNG
Außenfläche 48 m²

OFFENE AUSTAUSCH-LANDSCHAFT

KUNTERBUNTE WERK-GARAGE
Darstellendes Spiel/Musik/Kunst 48 m²

NACHBARSCHAFTLICHER VERGNÜG-PLATZ
Gemeinschaftsflächen 72 m²

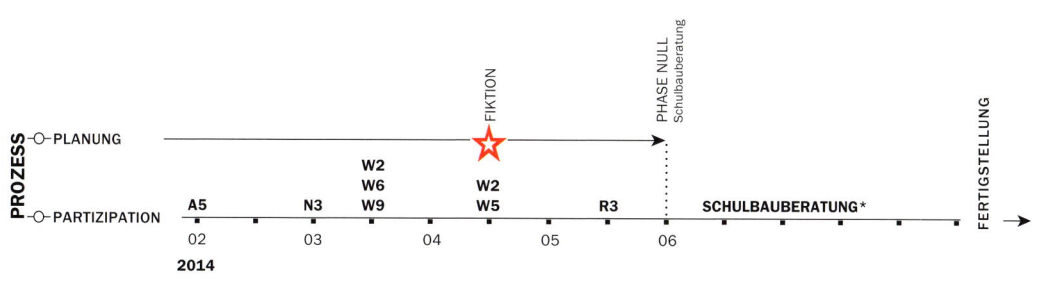

* bis Inbetriebnahme

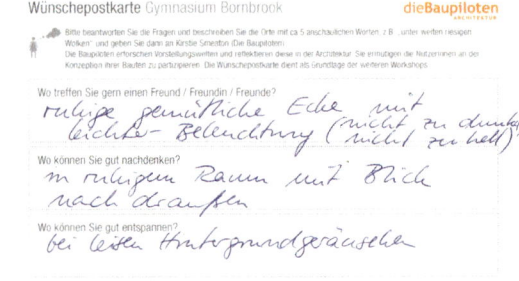

A5   ATMO ERFRAGEN

W2   KLEB' DEINE WELT MIT LEHRER-, ELTERN- UND SCHÜLERVERTRETERN

W2   KLEB' DEINE WELT MIT SCHÜLERN

W9   RAUMTRAUM VERHANDELN MIT LEHRER-, ELTERN- UND SCHÜLERVERTRETERN

Die Erkenntnisse aus einer Kette von Workshops **A5**, **N3**, **W2**, **W6** und **W9** wurden in einem abschließenden Workshop **W9** mit der von der Schule bestimmten 15-köpfigen Baufamilie (Schul-, Elternvertreter) optimiert. Dabei wurden die erarbeiteten räumlichen Cluster und Zuordnung der Nutzungen überprüft. Ziel war, deren Strukturierung und räumliche Beziehung zueinander für das gesamte Schulgebäude herauszuarbeiten. Das fließende und offene Lernfeld ist dabei der Kern und besteht aus drei Clustern (strukturiertes, ungezwungenes und aktives Lernfeld), die alle als „anregende Miteinander-Lern-Wiese" verstanden werden, wie das Diagramm rechts zeigt. Die Klassenzimmer sind entlang der Ränder angeordnet.

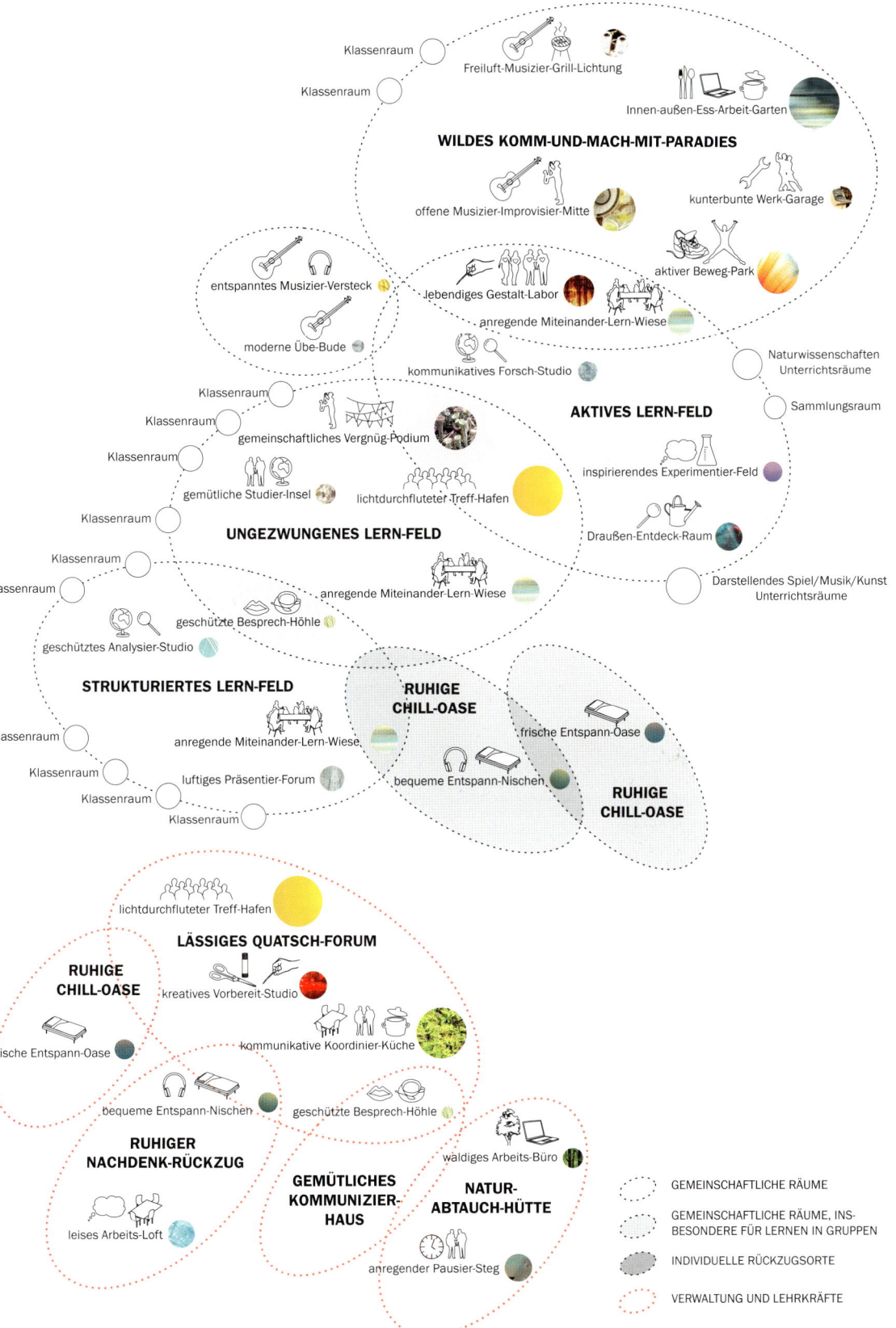

AGING-IN-NEIGHBORHOOD
BERLIN

Das Wohnprojekt Aging-in-Neighborhood wurde im Rahmen eines Ideenworkshopverfahrens zur Verdichtung eines ruhigen innerstädtischen Wohnviertels mit hohem Seniorenanteil konzipiert. Dafür wurde ein partizipativer Prozess mit konzeptionellen Workshopalternativen entwickelt, der die Nachbarschaft und potenzielle neue Anwohner ansprechen soll. Angestrebt wird der Aufbau einer gemischten Sozialstruktur, die ein generationenübergreifendes, gemeinschaftliches Zusammenleben ermöglicht. „Co-Housing" und „Co-Working" soll auf gemeinschaftlichen Flächen in der Nachbarschaft (Gewächshaus, Atelier) und in Hausgemeinschaften (Gästewohnung, Spielzimmer, Fitnessraum) eingerichtet werden. Als Prototyp wird ein drei- bis viergeschossiges „durchlässiges Gastgeberhaus" vorgestellt.

PROJEKTE ENTWICKELN | AGING-IN-NEIGHBORHOOD

Bewertungsgremium Ideenworkshopverfahren Urban Living: „... **Der soziale Ansatzpunkt führt zu einem Mehr an Akzeptanz für den Prozess der Verdichtung. ...** "

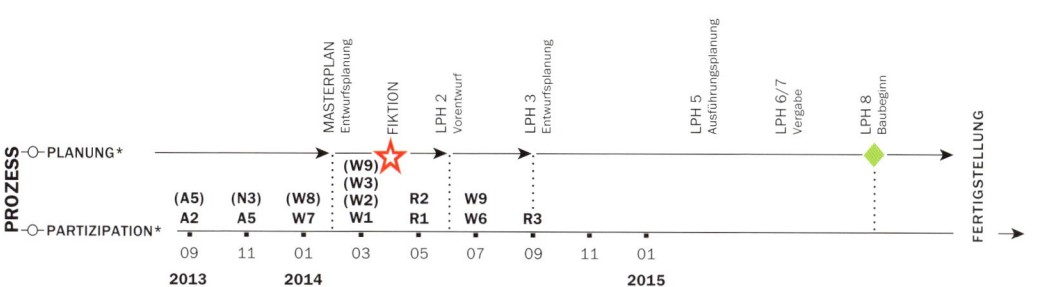

* Der partizipative Planungsprozess wurde im Rahmen des Ideenworkshopverfahrens Urban Living konzipiert. ( ) Optional

A5 | A2   SICH KENNENLERNEN

A3 | N3   RESSOURCEN AUSTAUSCHEN

A5   DIE NACHBARSCHAFT VERBINDEN

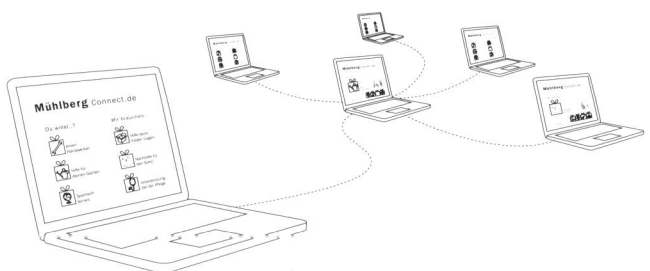

In einem niedrigschwelligen Netzwerkspiel **A5** sollen sich Anwohner und potenzielle neue Nachbarn kennenlernen und gemeinsam über eine wünschenswerte Entwicklung austauschen. Da die Gruppe groß und in der Konzeptionsphase noch unbekannt ist, wurden mehrere Workshopalternativen entwickelt. In effektiven und unterhaltsamen Planspielen **W7**, **W8**, **W9** können überraschende Wohnträume entdeckt und in Diskussionen mit der Nachbarschaft weiterentwickelt werden, um schließlich zu einer gemeinsamen Vision zu kommen. Das gemeinschaftsorientierte Wohnprojekt „Aging-in-Neighborhood" soll soziales Denken und nachbarschaftlichen Austausch fördern und letztendlich die Identifikation mit dem Wohn- oder Arbeitsumfeld stärken, wovon wiederum die gesamte Nachbarschaft profitieren würde.

PROJEKTE ENTWICKELN | AGING-IN-NEIGHBORHOOD

W7 | W8 | W9   PRIORITÄTEN SETZEN

R1 | R3   MITMACHEN UND FEEDBACK GEBEN

W1 | W2 | W3 | W4 | W5 | W6   AN KREATIVEN WORKSHOPS TEILNEHMEN

GEMEINSAM DIE NEUEN ERGEBNISSE FEIERN!

LEBEN UND WOHNEN IM ALTER AUF DEM LAND
DÖTLINGEN

Die Bebauung eines zehn Hektar großen, bewaldeten Grundstücks in der Nähe der Schule, des Kindergartens und der Sporteinrichtungen der Gemeinde Dötlingen soll den demographischen Wandel berücksichtigen: Für ein nachbarschaftliches Zusammenleben im Alter werden Häusergruppen mit verschiedenen generationenübergreifenden Wohntypologien entwickelt. Dabei werden durch die einzelnen Wohntypen unterschiedliche Wohnbedürfnisse abgedeckt, zum Beispiel „Familie Kombi", „Mini-Familie", „Senioren-WG", „Allein kompakt" und „Paar kompakt". Zusätzlich wird es voraussichtlich ein Nachbarschaftshaus mit Pflegeeinrichtung, Dorfküche und kulturellem Angebot für die gesamte Gemeinde geben sowie Gemeinschaftsräume, die einzelnen Häusergruppen zugeordnet sind (kleine Werkstatt/Atelier, Gästezimmer und anderes).

Geschäftsführer Jascha Rohr, Institut für partizipatives Gestalten: „Es war ein wichtiger Schritt, mit Hilfe der Baupiloten-Workshops nach unserer Entwicklung eines innovativen Konzeptes für das Wohnen im Alter Vorstellungen über die Atmosphäre und das konkrete Leben in den zukünftigen Gebäuden zu entwickeln und zu diskutieren. Das hat die Gruppe sehr beflügelt und den Planungsprozess positiv vorangebracht."

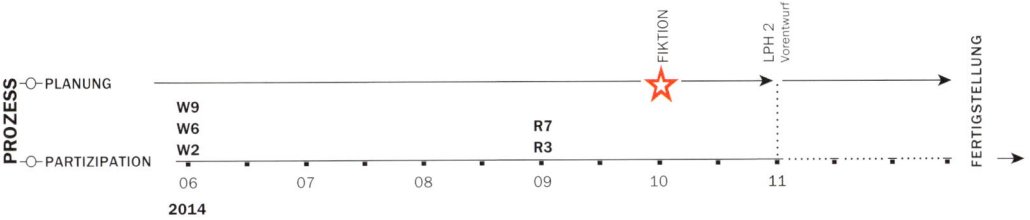

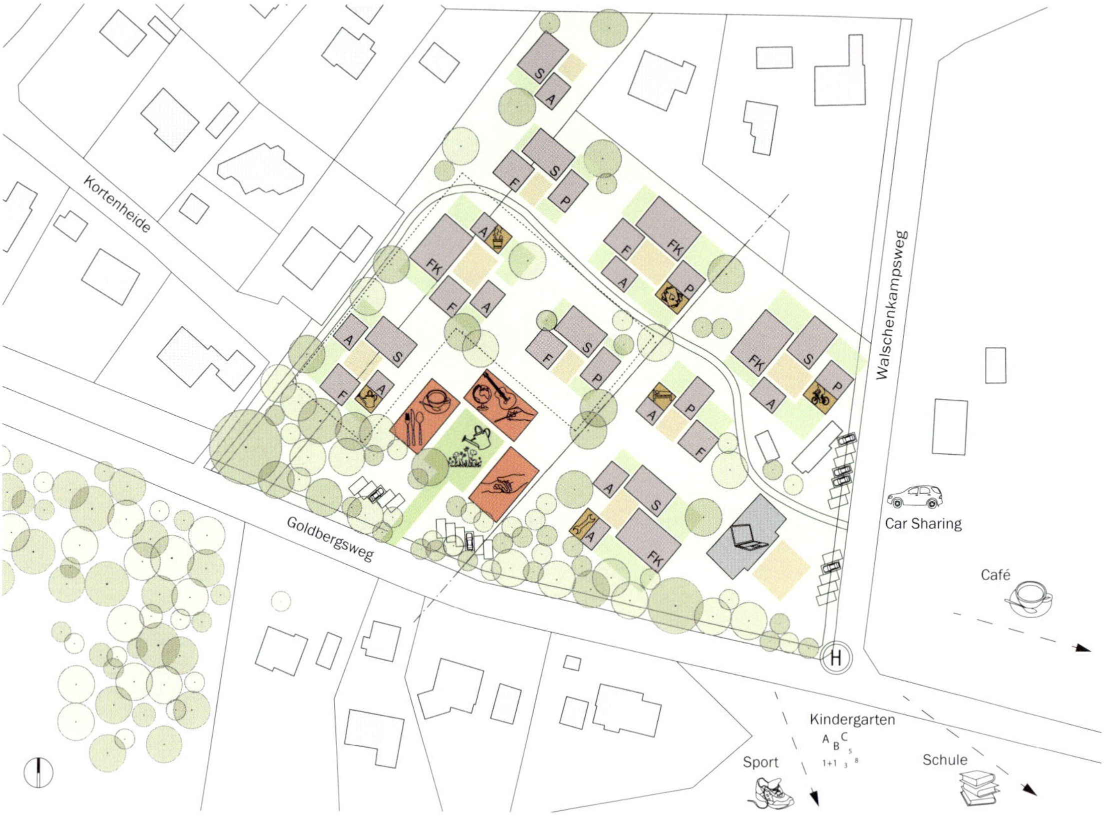
Kortenheide
Goldbergsweg
Walschenkampsweg
Car Sharing
Café
Kindergarten
Sport
Schule
H

Das Co-Housing, das gemeinschaftliche Zusammenleben, kann durch gemeinsam genutzte Flächen und Ressourcen, durch Eigenleistungen und Dienste beträchtliche Einsparungen ermöglichen. In einem zweistufigen Partizipationsverfahren soll eine Zukunftsvision entwickelt werden für ein generationenübergreifendes nachbarschaftliches Zusammenleben auf dem Lande. In den ersten Workshops **W2**, **W6**, **W9** werden die Potenziale des Tauschens und Teilens unter den zukünftigen Nutzern sowie deren Wunschvorstellungen und Bedürfnisse für das Wohnen im Alter ermittelt. In einem zweiten Schritt werden in weiteren Planspielen **W9**, **W7** die einzelnen Module von Wohneinheiten und gemeinschaftlichen Flächen zueinander in Beziehung gesetzt, gruppiert und unter Berücksichtigung der Kosten und der Eingliederung der Neubebauung in ländlicher Bauweise verhandelt.

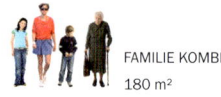

FAMILIE KOMBI
180 m²
SENIOREN-WG
90 m²
FAMILIE KOMPAKT
90 m²
PAAR KOMPAKT
60 m²
ALLEIN KOMPAKT
40 m²

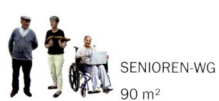

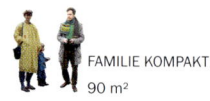

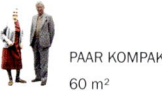

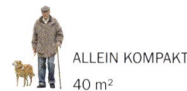

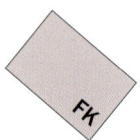

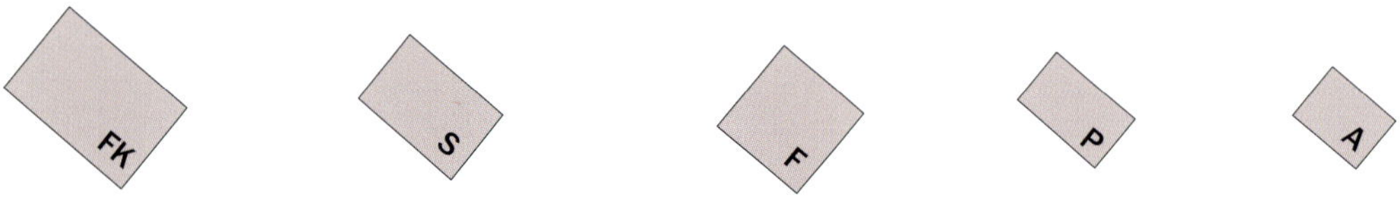
FK
S
F
P
A

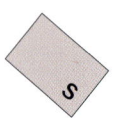

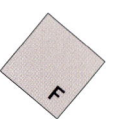

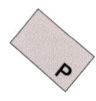

PROJEKTE ENTWICKELN | LEBEN UND WOHNEN IM ALTER AUF DEM LAND

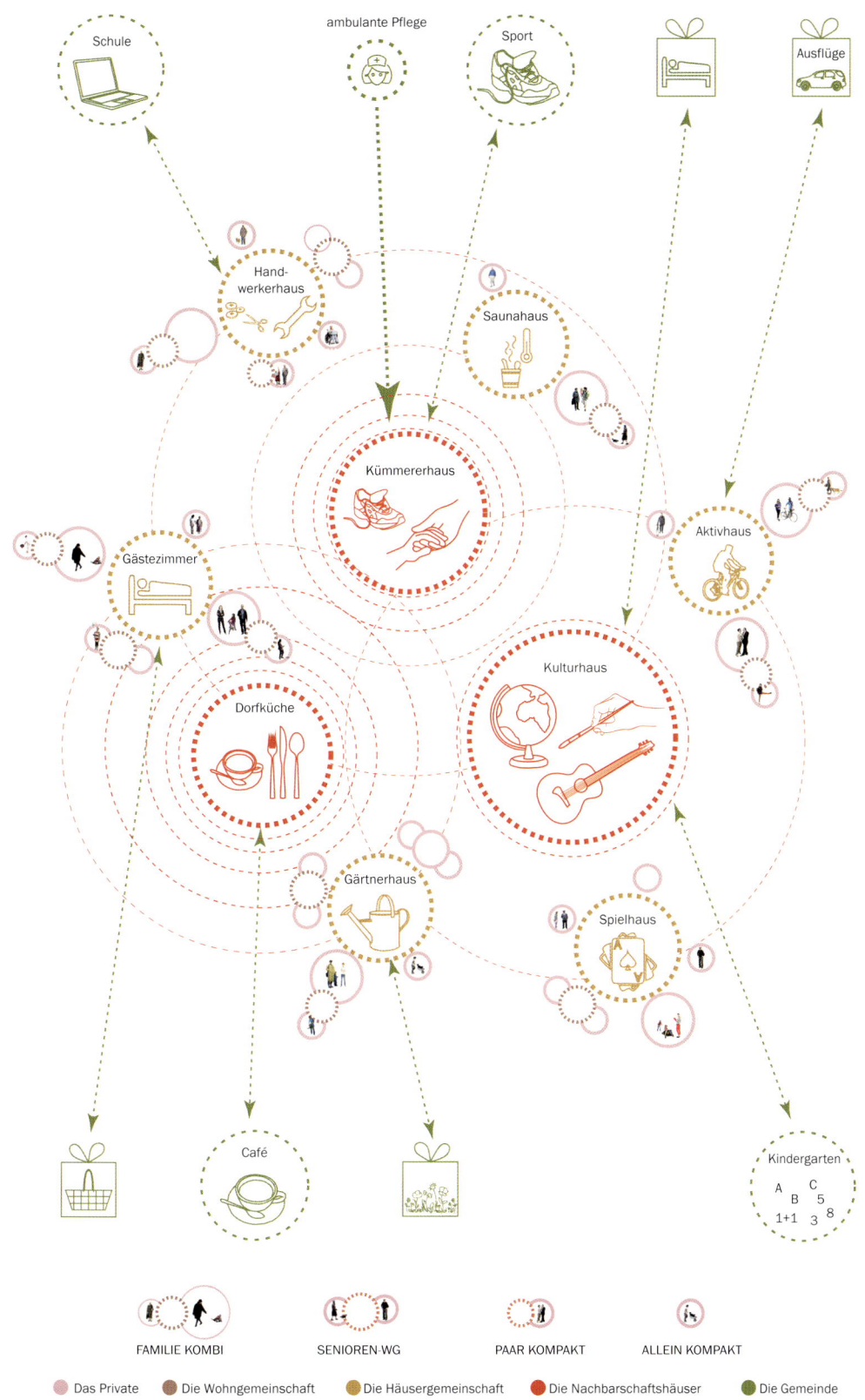

DIAGRAMM - „NACHBARSCHAFTLICHES ZUSAMMENLEBEN"

SANIEREN
NEUBAUEN
UMBAUEN

STUDENTENWOHNEN SIEGMUNDS HOF
BERLIN

Die Studentenwohnanlage Siegmunds Hof liegt in unmittelbarer Nähe zur Technischen Universität Berlin und zur Universität der Künste, eingebettet zwischen Spree und Tiergarten. 1961 erbaut (Architekten: Prof. Peter Poelzig/Prof. Klaus Ernst), gehört sie historisch gesehen zum Hansaviertel und steht als Ensemble unter Denkmalschutz. Die Modernisierung der Anlage und der einzelnen Wohnhäuser folgt den studentischen Vorstellungen eines gesunden, umweltbewussten Zusammenlebens und -wohnens und zeigt, dass eine ökologisch nachhaltige und energiebewusste Architektur weder langweilig noch enthaltsam sein darf, um in den Bewohnern ein verantwortungsvolles, ökologisches Bewusstsein zu wecken.

UMBAU/SANIERUNG | STUDENTENWOHNEN SIGMUNDS HOF

Geschäftsführerin Petra Mai-Hartung, Studentenwerk Berlin: „Eine Sanierung, bei der vor allem Architekten und Ingenieure die Gestaltungshoheit haben, führt unter Umständen zu erheblichen Nachbesserungskosten, die wir durch einen höheren Abstimmungsaufwand bei den Planungen mit Beteiligungsverfahren gut auffangen konnten."

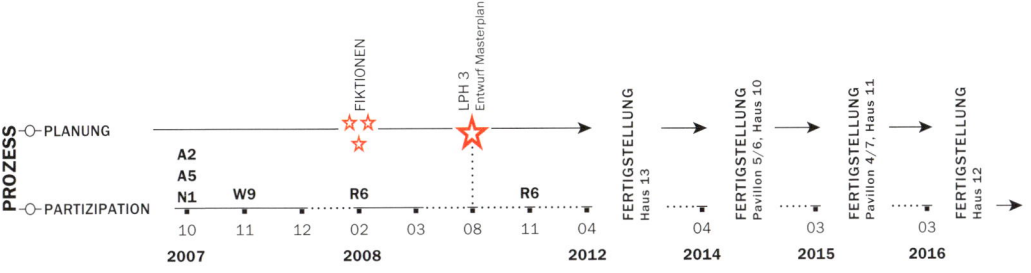

PARTIZIPATIONSPROZESS

Studierende sind Experten auf dem Gebiet des studentischen Wohnens, manche von ihnen wohnen sogar im Studentenwohnheim. Das Wohnen und das Umfeld von Siegmunds Hof wurde untersucht, indem der Zustand der Wohnanlage in Atmopaneelen **A2** festgehalten und Wohnsituationen über ein Wochenende nachgelebt und kartiert wurden.**N1** Anschließend wurden in einem zweistufigen Prozess die Wohnbedürfnisse der großen, anonymen Nutzergruppe erforscht. Aus 274 geführten Interviews **A5** über die Wohnwünsche wurden gewünschte Tätigkeiten und atmosphärische Beschreibungen herausgefiltert und Kategorien zugeordnet, zum Beispiel die Tätigkeiten den Kategorien „ich bin ein kommunikativer Typ" oder „ich bin ein Workoholic", die atmosphärischen Beschreibungen zum Beispiel den Kategorien „Gemütlichkeit" oder „Wetter". Daraus wurde ein Legespiel mit Aktions- und Atmosphärenkarten **W9** entwickelt, in dem die Studierenden ihre Aktivitäten mit wünschenswerten atmosphärischen Qualitäten kombinieren konnten. Dabei konnte auch angegeben werden, welche Tätigkeit einen eher privaten und welche einen eher öffentlichen Charakter haben und in welchen räumlichen Rahmen sie stattfinden sollen. Auffällig war dabei die Häufung der erwünschten Stimmungsqualitäten, die mit Naturerlebnissen und -erfahrungen assoziiert sind. Neben den Privaträumen entstanden so in und außerhalb der Häuser Raumprogramme für das gemeinsame Leben und Arbeiten. Um sicherzustellen, dass den Wünschen der Studierenden mit den Planungen auch tatsächlich entsprochen werden konnte, wurden die Entwurfsansätze in Ausstellungen präsentiert und Spielsalons veranstaltet. Dafür wurden „Rückkopplungskarten" erarbeitet, auf denen die Studierenden ihre Vorlieben für das Wohnen mitteilen konnten. Die Baupiloten spezifizierten daraufhin die Angebote in differenzierten Wohnformen beziehungsweise für Freizeiteinrichtungen in den Häusern, die dann auch deren Charaktere definierten.

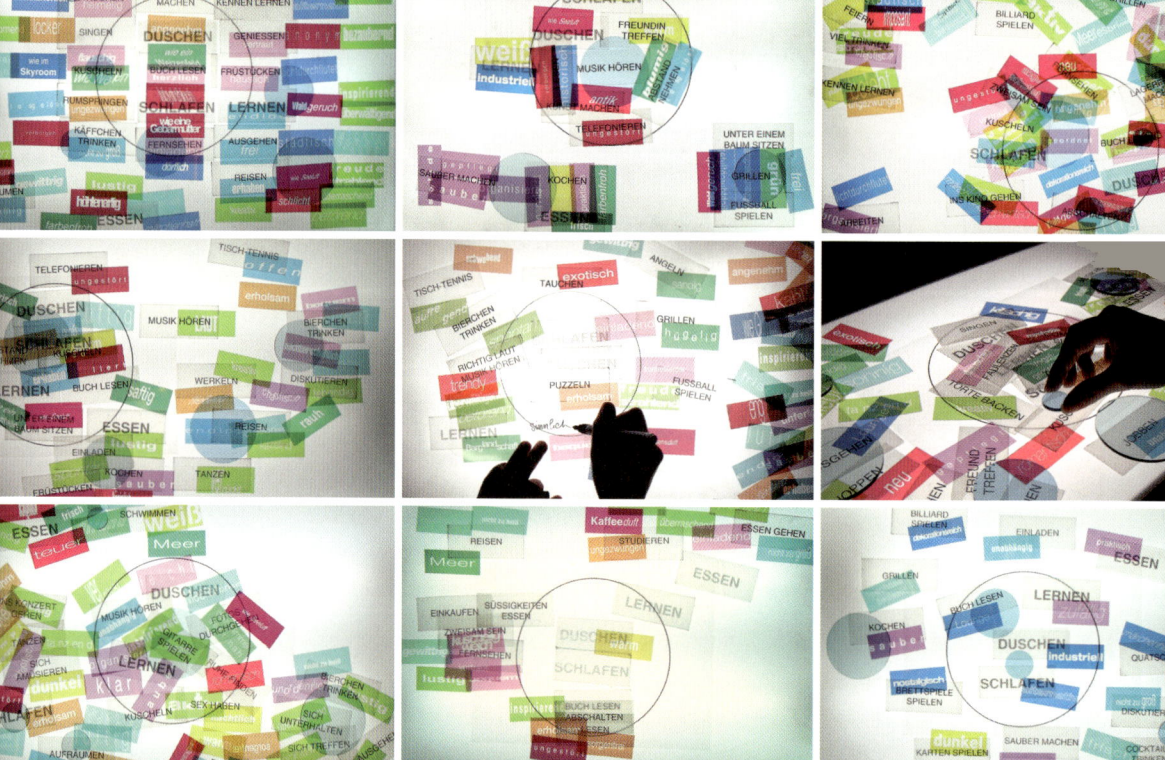

UMBAU/SANIERUNG | STUDENTENWOHNEN SIGMUNDS HOF

N3 RITUALE BEOBACHTEN: UNORDENTLICH CHAOTISCH STIMMUNGSVOLL MYSTERIÖS ZWANGLOS HUMORVOLL LOCKER UNGEWISS HEIMISCH ANGEREGT

VERLASSEN NATÜRLICH MARODE KARG VERFALLEN ORDNUNGSGEMÄSS BERECHENBAR VERSCHLOSSEN DUNKEL MELANCHOLISCH TRAURIG STARK LANGSAM
ALT ROSTIG VERGESSEN UNÜBERSICHTLICH EINSAM GESPANNT RHYTHMISCH LOSGELÖST SCHÜCHTERN KALT ANORGANISCH SCHMUTZIG AUGENBLICKLICH

UMBAU/SANIERUNG | STUDENTENWOHNEN SIEGMUNDS HOF

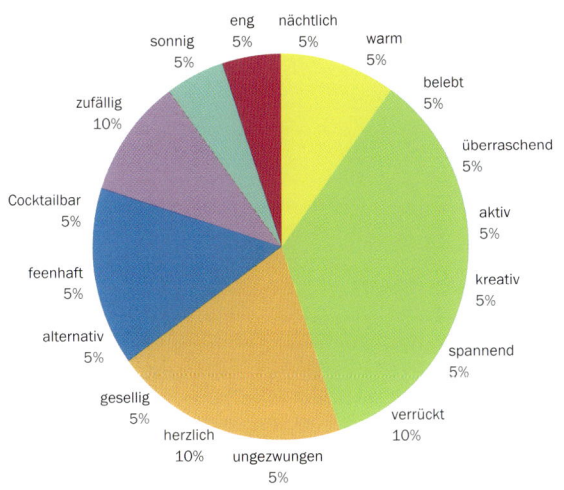

KATEGORIE AKTIVITÄTEN: ICH BIN KOMMUNIKATIV | KENNENLERNEN

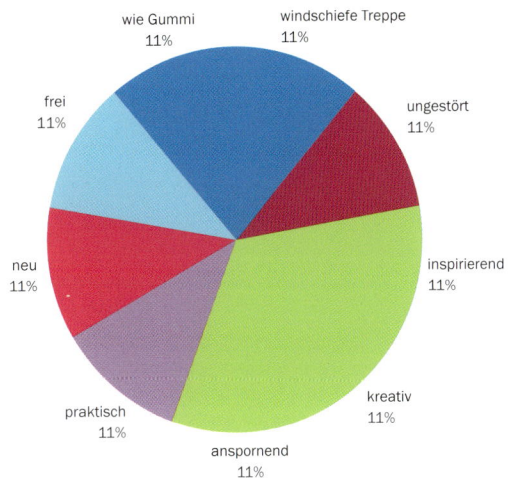

KATEGORIE AKTIVITÄTEN: ICH BIN KREATIV | ZEICHNEN

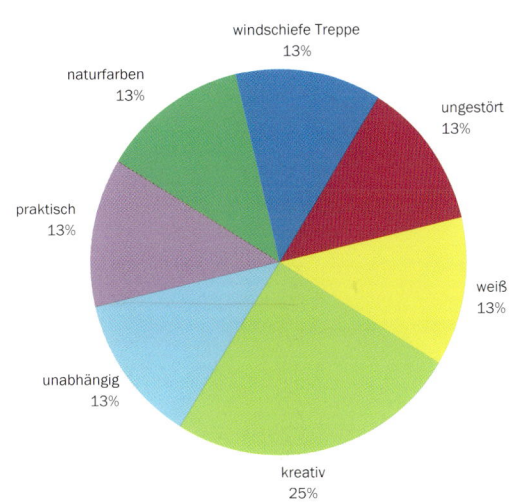

KATEGORIE AKTIVITÄTEN: ICH BIN KREATIV | MALEN

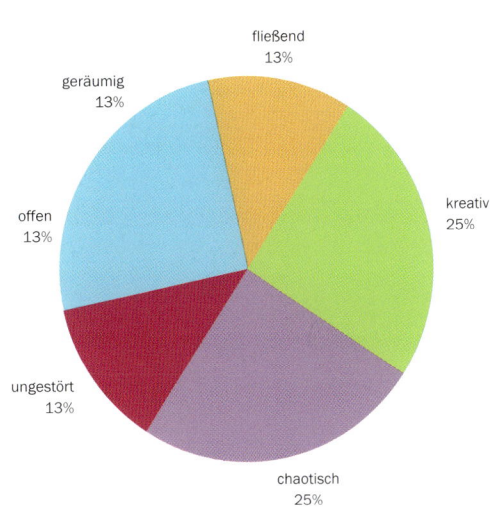

KATEGORIE AKTIVITÄTEN: ICH BIN KREATIV | WERKEN

KATEGORIEN DER ATMOSPHÄRISCHEN QUALITÄTEN

DIAGRAMM DER QUANTITATIVEN AUSWERTUNG DER RAUMTRAUMKARTEN AUS DEM VERHANDLUNGSSPIEL W9 FÜR SIEGMUNDS HOF
DIE GRAFIK ZEIGT JEWEILS DIE ZUORDNUNG VON ATMOSPHÄRISCHEN QUALITÄTEN ZU EINER GEWÜNSCHTEN AKTIVITÄT

145

ÖKOPOP MASTERPLAN | ENTWURF

Durch den Partizipationsprozess traten zwei scheinbar gegensätzliche Lebensideale der Studierenden zutage: Auf der einen Seite stand der Wunsch, am vibrierenden Leben der Großstadt mit ihren kulturellen und sozialen Angeboten teilzuhaben, auf der anderen das Bedürfnis nach einem gesunden, umweltbewussten und ruhigen Leben in der Natur. Auf Grundlage dieser Erkenntnis wurde eine ökologische Landschaft mit Wohnhäusern für individuelle Lebensstile angeboten: ein „Haus für urbane Gartenfreunde", eines „für Musik- und Fitnessfreunde", ein „ruhiges Wohnen am Wäldchen" in den drei- bis viergeschossigen Wohnhäusern. Dazu kam ein Gemeinschaftshaus für „Partytiger & Kaffeetrinker" in dem südlichen Hochhaus, das „Gartenwohnen" in den Pavillons und als Dreh- und Angelpunkt der Anlage das Hochhaus der Teamplayer. Die Grünfläche, ehemaliges Abstandsgrün, wurde in Sport- und Gartenflächen, ein „Freiluftwohnzimmer", einen Stadtplatz mit „Mitternachtslicht", ein Wäldchen, eine Wiese und das Spreeufer unterteilt. Die Modernisierung der gesamten Anlage beinhaltet zudem die denkmalgerechte energetische Sanierung der Fassaden sowie die Erneuerung der Haustechnik. Das bestehende Gebäude wird durch die Modernisierung reaktiviert. Gedanken von Prof. Ernst zu den differenzierten Wohnsphären werden konzeptionell wieder aufgenommen und gemäß den Ergebnissen aus dem Planspiel neu geordnet. Die originalen Oberflächen und Farbtöne in den öffentlichen Bereichen und an der Fassade werden sensibel nach Restauratorengutachten wiederhergestellt. Alle neuen Elemente heben sich deutlich davon ab und stehen dem Bestand selbständig gegenüber.

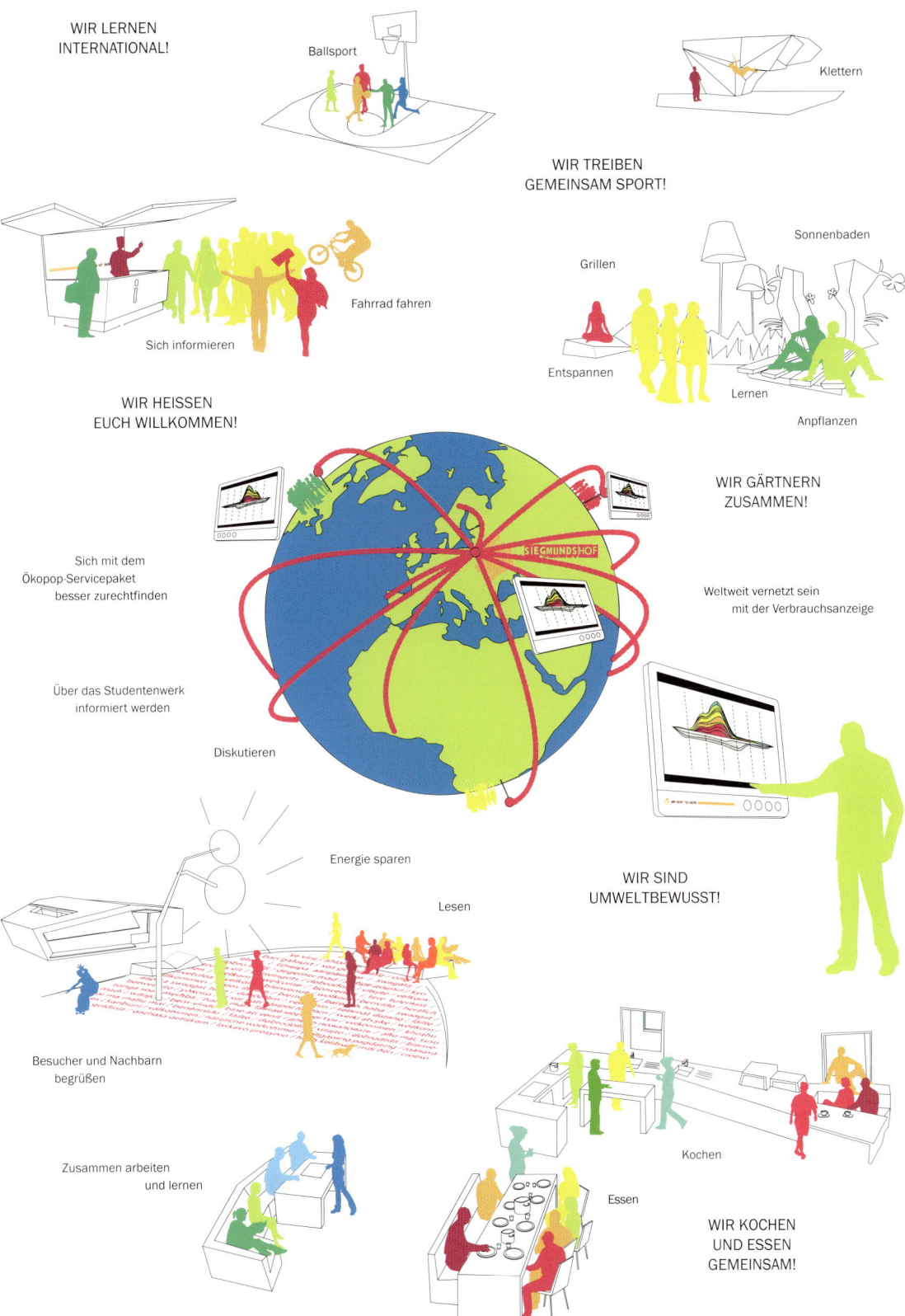

DIAGRAMM – INTERNATIONAL UND GEMEINSCHAFTLICH ZUSAMMEN LEBEN

Die neugestalteten Außenanlagen bieten vielfältige Sportmöglichkeiten. Ein frei stehender, dreiseitiger, kompakter Boulder mit unterschiedlichen Überhangsituationen und Griffen ist auch für externe Kletterer öffentlich zugänglich. Die 45 m² große, bis zu drei Meter hohe Boulderwand mit Übersteigschutz ist als Spielgerät nach Spielplatzrichtlinien hergestellt. Mit seinem C-förmigen Grundriss schließt der Boulder an eine bewachsene Pergola an und dient gleichzeitig als Mülltonneneinhausung.

BOULDER DETAIL 1:75
1. ÜBERSTEIGSCHUTZ ENTLANG DER OBERKANTE DER KLETTERFLÄCHE
2. FLACHE, BESANDETE PLATTE
3. FALLSCHUTZKIES

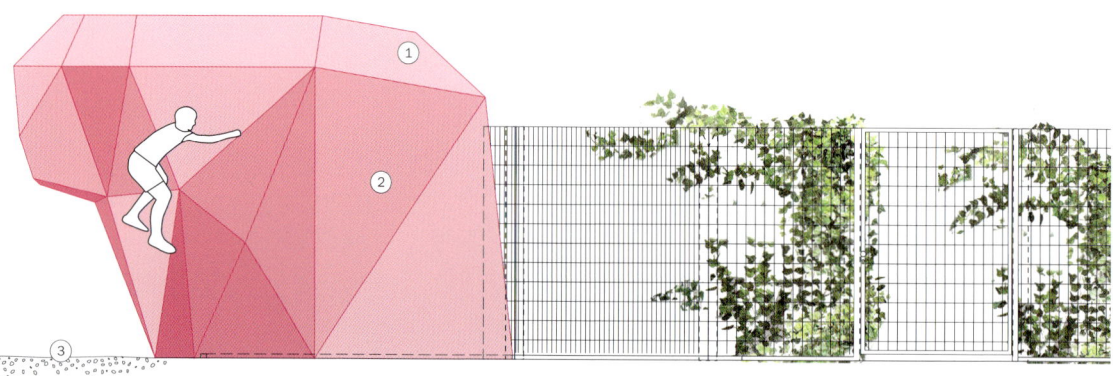

UMBAU/SANIERUNG | STUDENTENWOHNEN SIEGMUNDS HOF

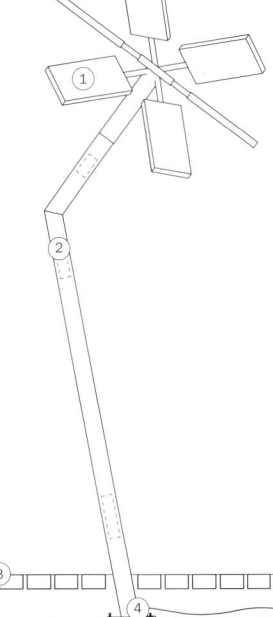

Das Mitternachtslicht auf dem Stadtplatz besteht aus 12 Blättern mit reflektierendem Edelstahlblech an der Unter- und einem Solarmodul an der Oberseite. Tagsüber liefert die Sonne die Energie, die nachts den Stadtplatz aufhellen kann.

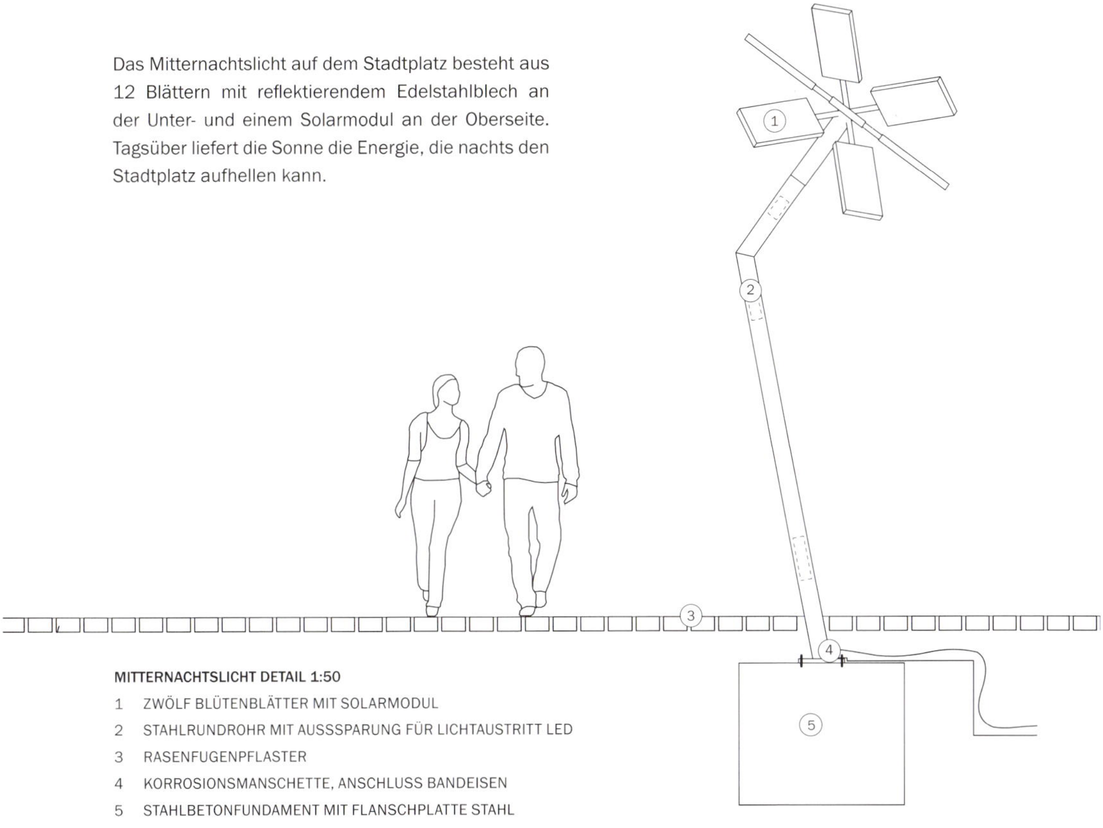

MITTERNACHTSLICHT DETAIL 1:50
1   ZWÖLF BLÜTENBLÄTTER MIT SOLARMODUL
2   STAHLRUNDROHR MIT AUSSPARUNG FÜR LICHTAUSTRITT LED
3   RASENFUGENPFLASTER
4   KORROSIONSMANSCHETTE, ANSCHLUSS BANDEISEN
5   STAHLBETONFUNDAMENT MIT FLANSCHPLATTE STAHL

WOHNSPHÄRENDIAGRAMM

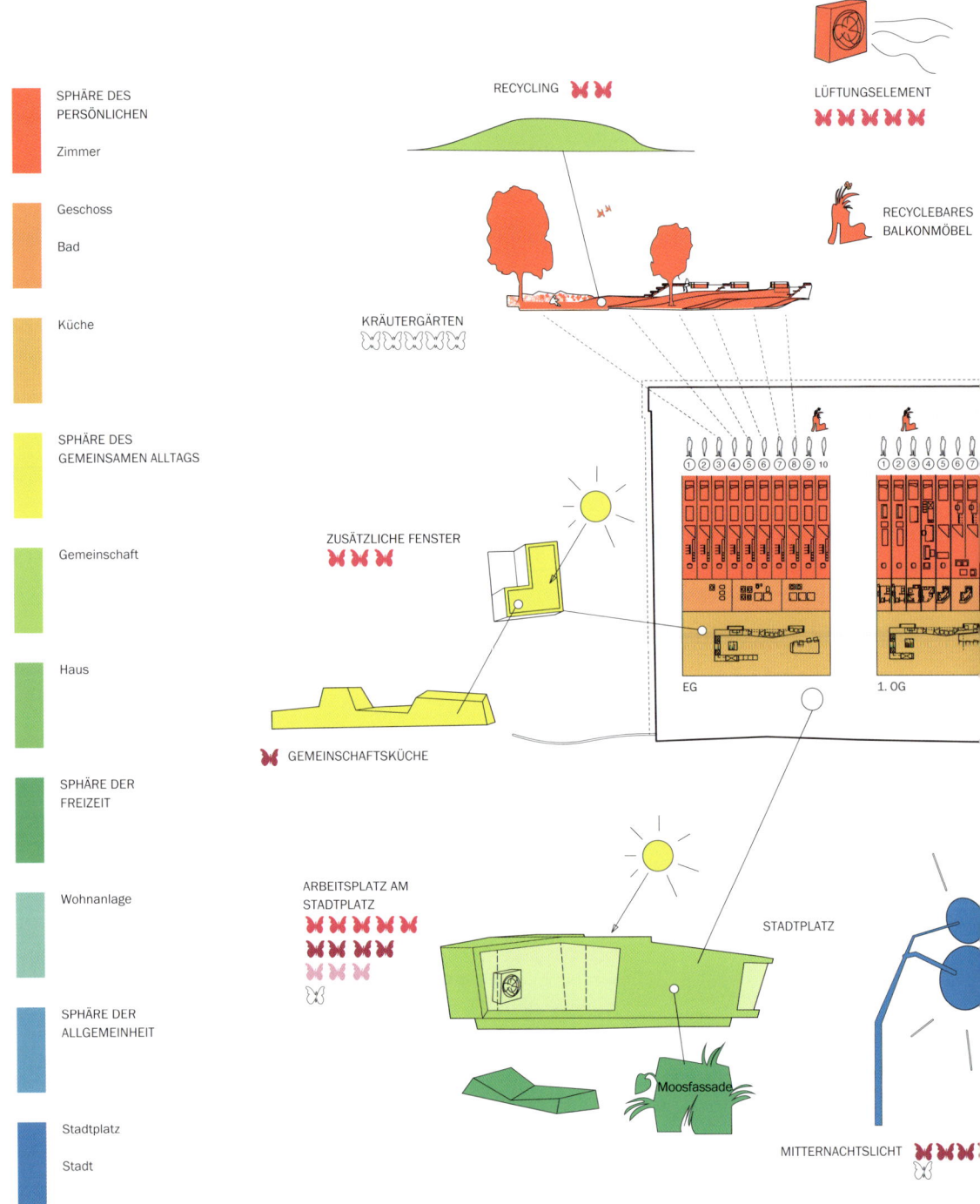

DAS WOHNSPHÄRENDIAGRAMM ZEIGT: DIE NEUORDNUNG DER WOHNANLAGE IN IHRER STAFFELUNG DER GEMEINSCHAFTSFLÄCHEN UND PRIVATEN BEREICHE VON DER STADT BIS INS ZIMMER (NACH PROF. KLAUS ERNST) SOWIE DIE BAUSTEINE DER GEPLANTEN ÖKOLOGISCHEN MASSNAHMEN UND AKTIVITÄTEN.

UMBAU/SANIERUNG | STUDENTENWOHNEN SIEGMUNDS HOF

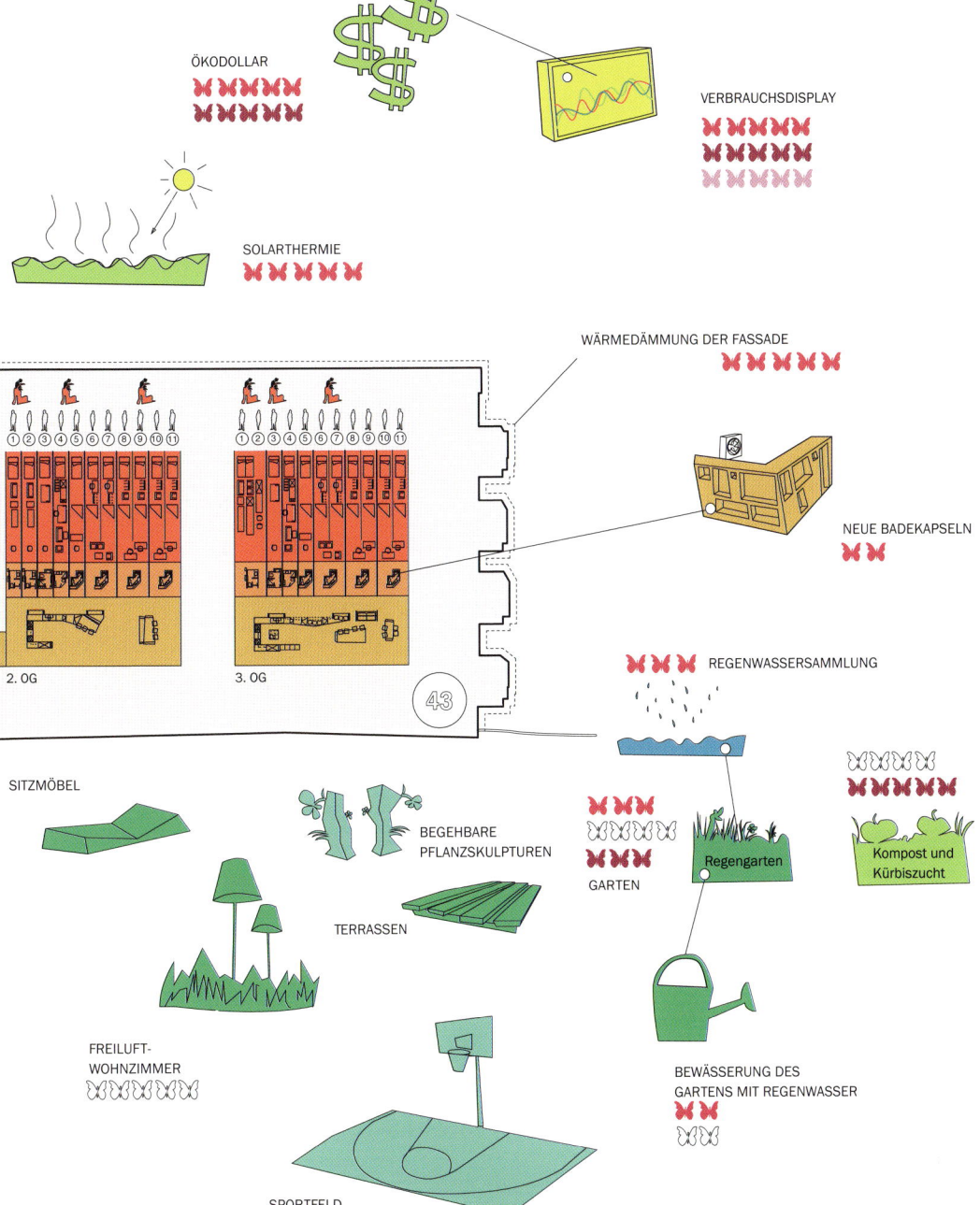

UMBAU/SANIERUNG | STUDENTENWOHNEN SIEGMUNDS HOF

HOCHHAUS DER TEAMPLAYER
1. TEAMPLATZ
2. LEUCHTENDE KÜCHENBOX
3. OUTDOOR-REGAL MIT SITZMÖBELN
4. TISCHTENNISPLATTEN
5. WASCHCAFÉ MIT TERRASSE
6. WERKTERRASSEN

HAUS FÜR MUSIK & FITNESSFREUNDE
7. FITNESSRAUM MIT LEUCHTENDEN FENSTERN
8. SAUNATERRASSE MIT LICHTHAUBE
9. MUSIKBOXEN MIT LEUCHTENDEN FENSTERN
10. GRILLPLATZ MIT RIESENSITZSTEINEN
11. WALDTERRASSE & BIENENZUCHT
12. BEACHVOLLEYBALLFELD

RUHIGES WOHNEN AM WÄLDCHEN
13. TERRASSENLAUBEN
14. KÜCHENLAUBE
15. RHODODENDRONHECKE
16. WÄLDCHEN

UMBAU/SANIERUNG | STUDENTENWOHNEN SIEGMUNDS HOF

LAGEPLAN 1:750

PAVILLONS GARTENWOHNEN
17 STADTTERRASSEN
18 GARTENTERRASSEN
19 KANUSTEG
20 KANUBOX

HAUS FÜR URBANE GARTENFREUNDE
21 RIESENSITZSTEINE
22 FREILUFTWOHNZIMMER MIT WOHNZIMMERLEUCHTEN
23 SPORTPLATZ
24 KRÄUTERTERRASSEN
25 PFLANZBEETE
26 STADTPLATZ MIT BÜHNE & SITZSCHOLLEN
27 MITTERNACHTSLICHT
28 BOULDER MIT MÜLLTONNENEINHAUSUNG

WOHNHEIMVERWALTUNG
29 AUSSTELLUNG ÖKOPOP

HAUS FÜR PARTYTIGER & KAFFEETRINKER
30 BIERKELLER
31 WASCHSALON
32 KINDERGARTEN UNIVERSITÄT DER KÜNSTE

155

HAUS FÜR URBANE GARTENFREUNDE S13
STUDENTENWOHNEN SIEGMUNDS HOF

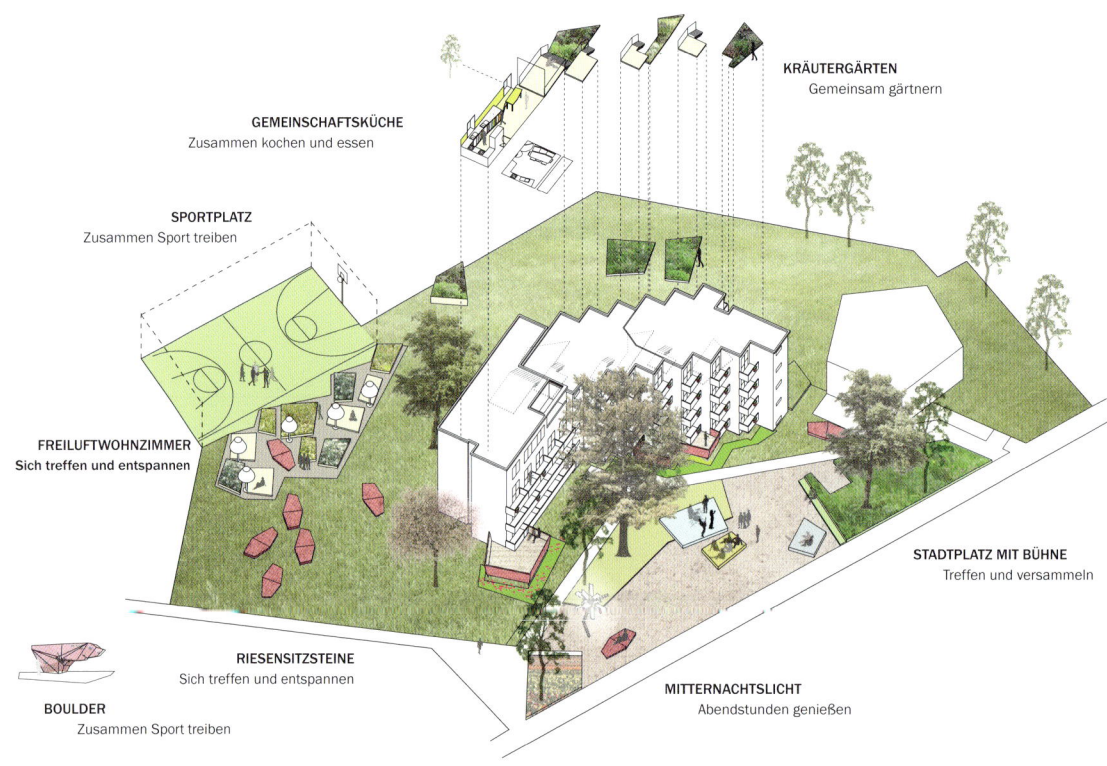

KRÄUTERGÄRTEN
Gemeinsam gärtnern

GEMEINSCHAFTSKÜCHE
Zusammen kochen und essen

SPORTPLATZ
Zusammen Sport treiben

FREILUFTWOHNZIMMER
Sich treffen und entspannen

STADTPLATZ MIT BÜHNE
Treffen und versammeln

RIESENSITZSTEINE
Sich treffen und entspannen

MITTERNACHTSLICHT
Abendstunden genießen

BOULDER
Zusammen Sport treiben

Der Stadtplatz vor dem Haus für urbane Gartenfreunde fungiert als verbindender Ort für die gesamte Anlage und öffnet das Studentenwohnen zur Stadt hin. „Sitzschollen" laden zum Verweilen ein und bieten die Möglichkeit, an dem zentralen Ort Veranstaltungen abzuhalten. Auf der ruhigeren Rückseite des Wohnhauses befinden sich das „Freiluftwohnzimmer" und der Sportplatz. Große, langgestreckte „Riesensitzsteine" und Holzterrassen werden von Sonnenanbetern und Sportfans gleichermaßen benutzt. Überdimensionierte „Wohnzimmerleuchten" geben dem Außenraum das passende Ambiente für ein Sommerpicknick in der Dämmerung. Die großzügigen Gemeinschaftsterrassen zum Stadtplatz und die Kräutergärten zum Garten hin binden das Erdgeschoss direkt an den neugestalteten Außenraum an. Hier haben die Studierenden die Möglichkeit anzupflanzen, zu gärtnern und sich selbst zu versorgen.

UMBAU/SANIERUNG | STUDENTENWOHNEN SIGMUNDS HOF | S13

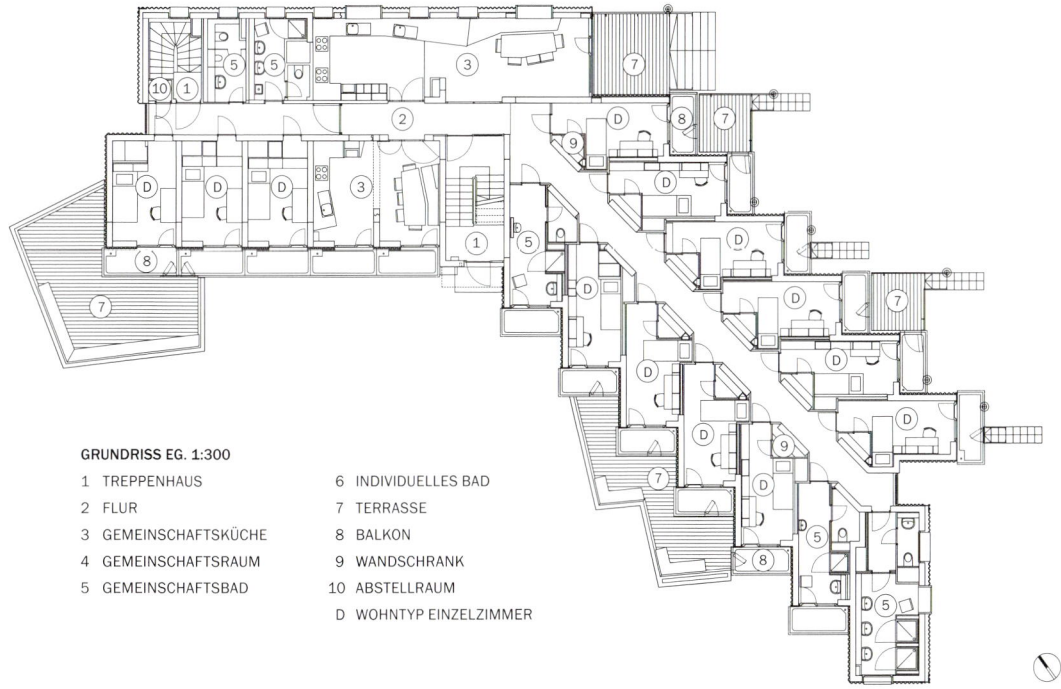

GRUNDRISS EG. 1:300

1. TREPPENHAUS
2. FLUR
3. GEMEINSCHAFTSKÜCHE
4. GEMEINSCHAFTSRAUM
5. GEMEINSCHAFTSBAD
6. INDIVIDUELLES BAD
7. TERRASSE
8. BALKON
9. WANDSCHRANK
10. ABSTELLRAUM
D. WOHNTYP EINZELZIMMER

Die Küchen wurden zum „Herz" des gemeinschaftlichen Alltags erweitert und umgestaltet. Für eine bessere Belichtung der Küchen- und Gemeinschaftsbereiche wurden die funktionalen Bestandsoberlichter entlang der Nordostfassade durch große Holzfenster ergänzt, die den Blick auf das Freiluftwohnzimmer und den Sportplatz freigeben. Wurden die Einzelzimmer im Erdgeschoss exemplarisch beibehalten, befinden sich in den darüber liegenden Geschossen zusammengelegte, überschaubare Wohneinheiten mit neuen integrierten Bädern für ein bis zwei Studierende. Die unterschiedlichen Zimmergrößen und -typen garantieren eine gute Durchmischung und Einbindung der Bewohner.

VORHER

NACHHER

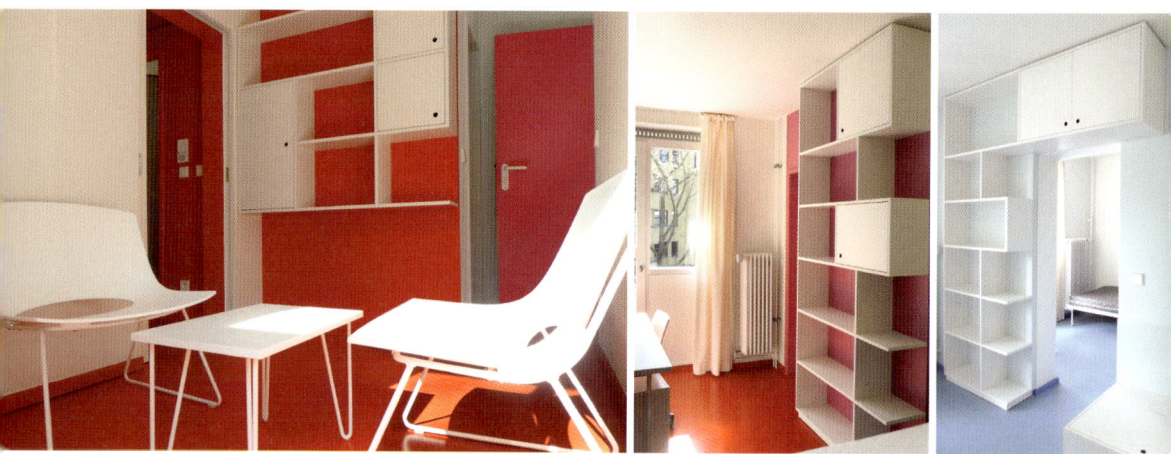

ZIMMERTYPEN

A ZWEIER-APARTMENT MIT GEMEINSCHAFTSRAUM UND BAD AUS DREI EHEMALIGEN EINZELZIMMERN
B EINZELAPARTMENT MIT BAD AUS ZWEI EHEMALIGEN EINZELZIMMERN
C EINZELAPARTMENT MIT BAD UND GROSSEM FENSTER AUS EHEMALIGEM EINZELZIMMER UND BAD
D EINZELZIMMER IM EG MIT ANBINDUNG AN EINE DER NEUEN TERRASSEN
E PÄRCHEN-APARTMENT MIT BAD UND GROSSEM FENSTER AUS EHEMALIGEM BAD
F EINZELAPARTMENT MIT BAD AUS ZWEI EHEMALIGEN EINZELZIMMERN
G PÄRCHEN-APARTMENT MIT BAD AUS ZWEI EHEMALIGEN EINZELZIMMERN

UMBAU/SANIERUNG | STUDENTENWOHNEN SIEGMUNDS HOF | S13

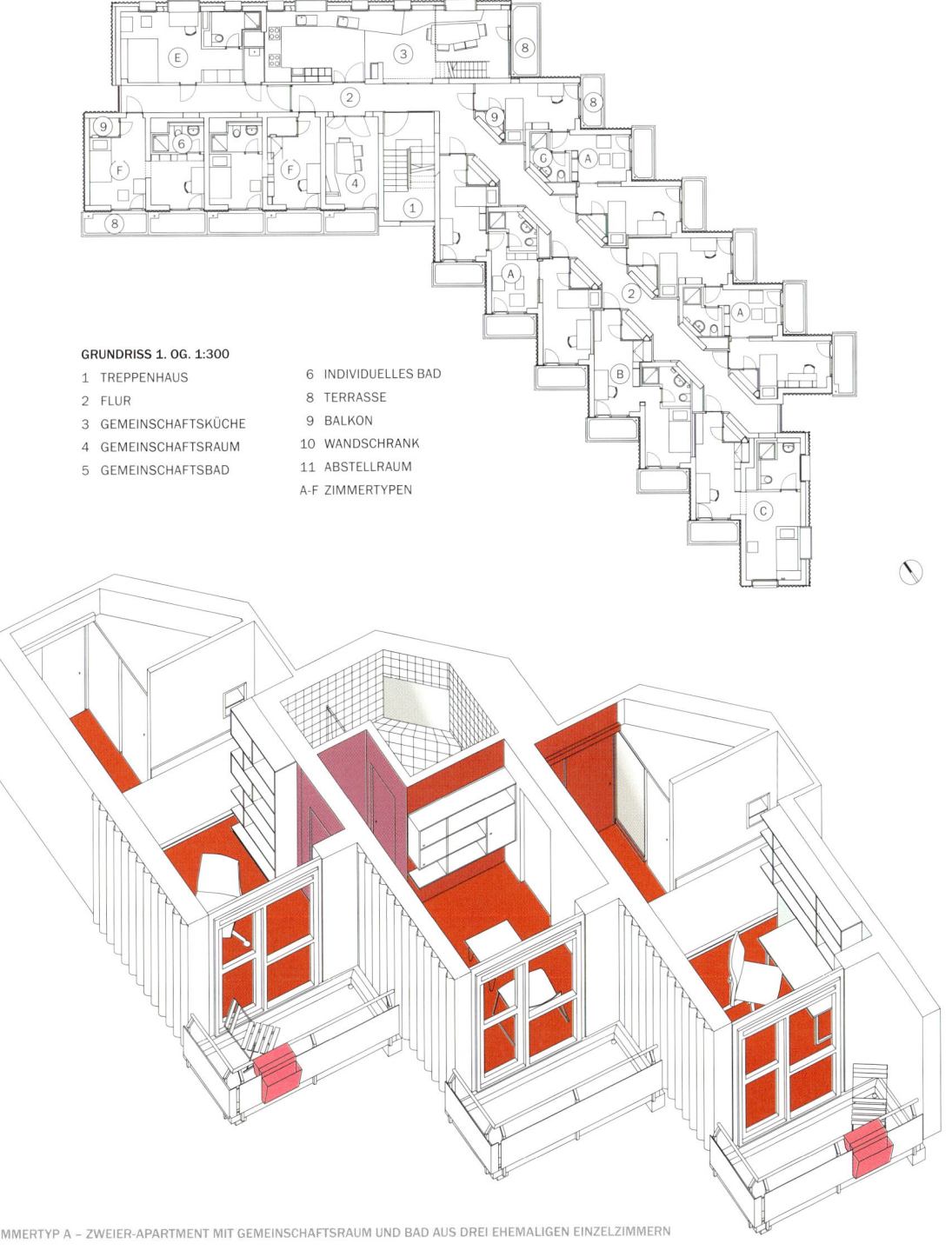

GRUNDRISS 1. OG. 1:300

1 TREPPENHAUS
2 FLUR
3 GEMEINSCHAFTSKÜCHE
4 GEMEINSCHAFTSRAUM
5 GEMEINSCHAFTSBAD
6 INDIVIDUELLES BAD
8 TERRASSE
9 BALKON
10 WANDSCHRANK
11 ABSTELLRAUM
A-F ZIMMERTYPEN

ZIMMERTYP A – ZWEIER-APARTMENT MIT GEMEINSCHAFTSRAUM UND BAD AUS DREI EHEMALIGEN EINZELZIMMERN

HAUS FÜR MUSIK- UND FITNESSFREUNDE S11
STUDENTENWOHNEN SIEGMUNDS HOF

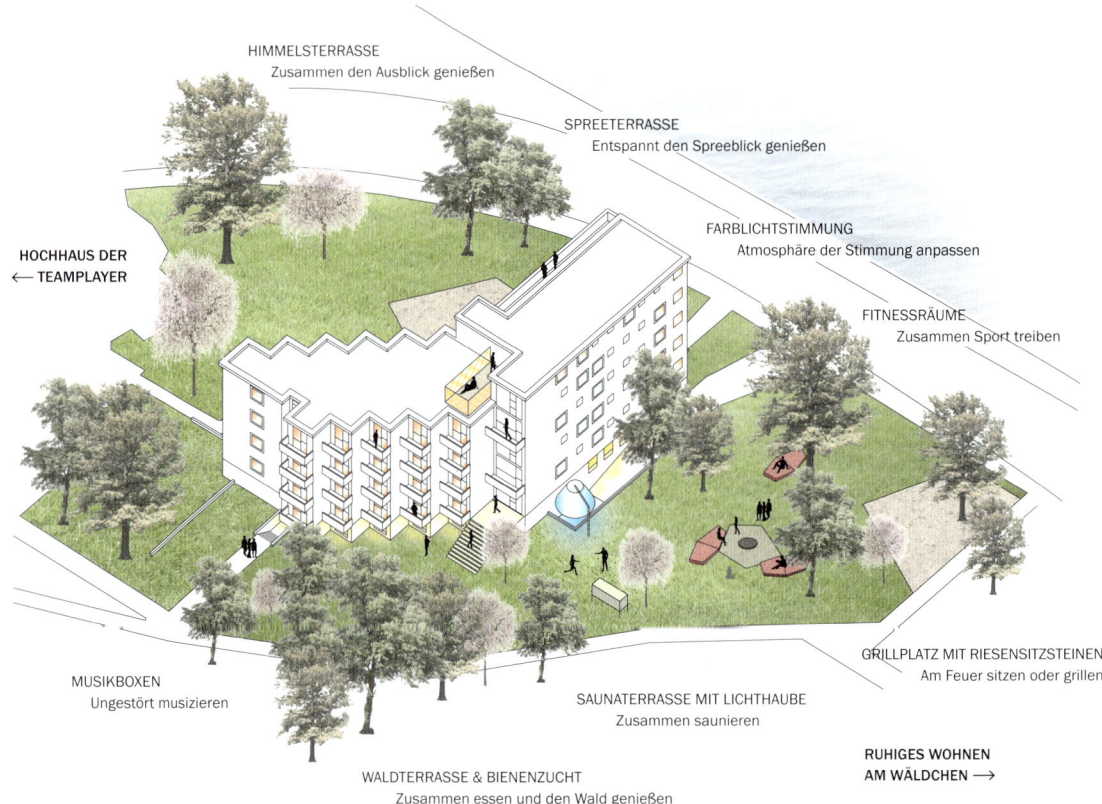

Aus den Fenstern im Souterrain fließt goldenes Licht nach außen und lässt das Haus schweben. Dahinter ergänzen ein heller Fitnessraum mit Spiegelwand und eine Sauna mit einer großen farbigen Lichthaube das Angebot für die Bewohner. Durch neue Eingangstreppen und Lichtschleusen gelangt man durch den mit Farblicht bemalten Innenflur zu den Proberäumen. Dort kann man in „Musikboxen" allein mit einem Instrument oder mit einer ganzen Band proben. In den Geschossen darüber wird in zwei Wohneinheiten von Einzelzimmern mit zugeordneten neuen Gemeinschaftsküchen und neuen Bädern gewohnt. Für alle Bewohner des Hauses offen ist die neue Dachterrasse mit Blick über die Grünanlagen. Hier kann man den Spreeblick genießen oder in der zentralen Lounge der „Golden Girls"–WG entspannen. Direkt an der Spree gelegen, ist das Haus umgeben von Wald und Wiese mit Grillplatz, Beachvolleyballfeld und Tischtennisplatte. Sogar „Siegmunds Hofer Honig" wird dort produziert.

RUHIGES WOHNEN AM WÄLDCHEN S10
STUDENTENWOHNEN SIEGMUNDS HOF

Sonnenuntergang, Stadthorizont und romantischer Spreeblick, eingerahmt vom Grün der Dachlauben, bieten sich den zukünftigen Bewohnern der „Einsiedlerapartments" im Dachgeschoss vom Haus des ruhigen Wohnens am Wäldchen. Das Gemeinschaftshaus liegt ruhig und zurückgesetzt, was durch die Verdichtung des Baumbestands zum Wäldchen und die schützende Einbettung des Hauses in ein dichtes Rhododendronfeld verstärkt wird. Berankte Laubenterrassen im Erdgeschoss bieten zusätzlichen Blickschutz und erweitern den Wohnraum nach außen. Der Einbau einer Gemeinschaftsküche und Sanitäreinheit in den Regelgeschossen unterteilt jedes Geschoss in zwei kleinere Einheiten von Einzelzimmern mit zugeordneten Gemeinschaftsbereichen.

PAVILLONS GARTENWOHNEN S2–S8
STUDENTENWOHNEN SIEGMUNDS HOF

SCHNITT 1:200

Die sieben dreigeschossigen Pavillons des von Peter Poelzig geplanten Bereichs Siegmunds Hof West werden von dem unter Denkmalschutz stehenden Außenraum geprägt. Die Landschaftsarchitektin Hertha Hammerbacher ordnete jedem Gemeinschaftsraum eine eigene Terrasse mit angrenzendem Wohngarten zu. Diese Qualität wird thematisch aufgegriffen und verstärkt. Die Küchen erhalten einen eigenen Zugang zu den Terrassen, neue Spiegelelemente im Fensterbereich ziehen das Grün ins Innere. Auch die neue Möblierung der Zimmer im Obergeschoss nimmt das Thema auf: Ein offenes Regal mit seitlichem Spiegel zoniert das Zimmer und bildet damit den hell und leicht wirkenden räumlichen Übergang zum Gemeinschaftsflur aus.

FARBKONZEPT

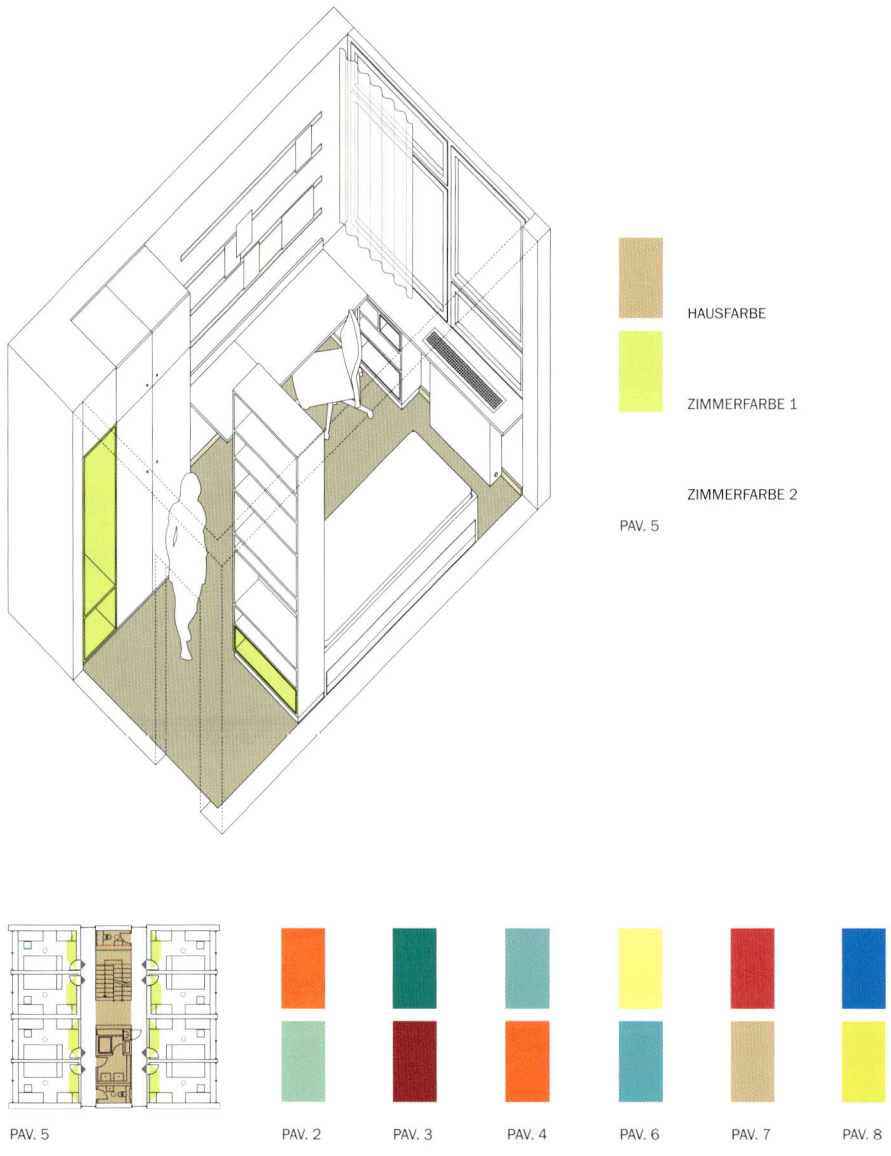

Die Farbgebung der Fassade wurde aus dem Originalzustand übernommen. Die Innenräume waren jeweils von der kräftigen Farbe des mittleren Trakts bestimmt, die für fünf Pavillons übernommen wurde. Zwei dunkle Farben – Dunkelblau an Pavillon 4 und Schwarzbraun an Pavillon 5 – wurden durch helle Farben ersetzt, die auch in den Küchen punktuell fortgesetzt wurden. Alle weiteren Wände und Elemente wurden in der Originalfarbe und Materialität übernommen. Die nicht mehr zu bestimmende Türblattfarbe musste neu angepasst werden. Eine Eingangswand der Zimmer ist jeweils in einer sich abhebenden kräftigen Farbe gestrichen. Zwei offene Schrankbereiche der ansonsten weißen Zimmer nehmen mit ihrer HPL-Beschichtung diese Farbe auf, vor dem Schreibtisch schützt eine farblich abgestimmte helle Beschichtung die Wand.

KINDERGARTEN LICHTENBERGWEG
LEIPZIG

Der Neubau eines Kindergartens für 100 Kinder wurde so konzipiert, dass der vorhandene alte und dichte Baumbestand weitgehend erhalten blieb und abwechslungsreiche Spielflächen mit unterschiedlich geschützten Plätzen und Hofsituationen geschaffen wurden. Der Neubau verwirklicht gemäß dem sächsischen Bildungsplan eine Synergie aus Architektur und Pädagogik. Sowohl im Innen- als auch im Außenraum werden für die Kinder differenzierte Raumerfahrungen und Lernumgebungen geschaffen, mit vielfältigen Kommunikationsmöglichkeiten, Sichtbezügen und Perspektivwechseln. Der Kindergarten gliedert sich in drei Spielhäuser und ist ein- bis zweigeschossig. Reine Verkehrsfläche wurde weitgehend vermieden zugunsten einer erweiterten pädagogischen Fläche.

NEUBAU | KINDERGARTEN LICHTENBERGWEG

Beigeordneter für Stadtentwicklung und Bau a.D., Prof. Dipl.-Ing. Martin zur Nedden, Stadt Leipzig:
„In Anbetracht des Modellcharakters dieser besonderen Nutzereinbindung ergaben sich für die Beteiligten über die Steigerung der Projektqualität und die Identifikation der Nutzer mit dem Kindergarten hinaus wichtige Lerneffekte."

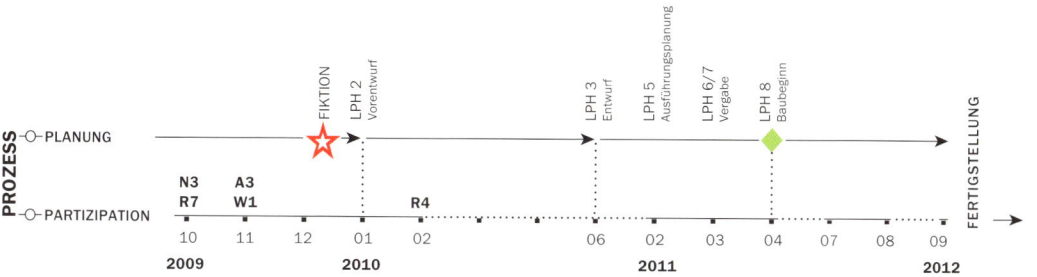

PARTIZIPATIONSPROZESS

Durch das im Partizipationsprozess eingesetzte Verhandlungsspiel **R7** – bestehend aus einem abstrahierten Grundriss sowie Alltags-, Experten-, Aktivitäten- und Atmosphärenkarten – konnten Interessenkonflikte oder potenzielle Interessenkonflikte schnell erkannt, verhandelt und ausgeräumt werden. Ein Ergebnis des Verhandlungsspiels war zum Beispiel, dass der Bereich zwischen den Gruppen- und Gemeinschaftsräumen vielfältig bespielbar und pädagogisch einsetzbar sein sollte.

Die während einer eintägigen Hospitation **N3** entstandenen Fotos geben einen guten Einblick in den Tagesablauf. Sie zeigen gemeinsame Rituale der Erzieher und der Kinder, ihre Eigenarten und die Art, wie sie sich im Raum bewegen. Diese Erkenntnisse wurden in den architektonischen Entwurf einbezogen.

Die Kinderzeichnungen, die im Rahmen einer Projektwoche zu Wetterphänomenen entstanden sind, wie der Regenbogengarten von Nathalie (rechts oben), waren die Inspiration für ihre Modelle der wünschenswerten Lebenswelten. Den Workshop **W1** verstanden die Kinder als willkommene Gelegenheit, um ihre eigenen Vorstellungswelten neugierig zu erforschen und lebendig zu beschreiben. Die Ergebnisse – wie die „Raketenbasis mit Aussichtswolke" von Benno und Pascal, beide 5 Jahre alt (rechts unten) – und die Kommentare dazu gaben eine differenzierte Vorstellung von einem Regenbogengarten und einer Vulkanlandschaft. Diese so festgestellte gewünschte atmosphärische Qualität mit den Attributen „geschützt, geborgen" und „luftig, leicht" konnte im Einklang mit den Ergebnissen des Verhandlungsspiels **R7** in den Entwurf einfließen.

FORM FOLLOWS FICTION

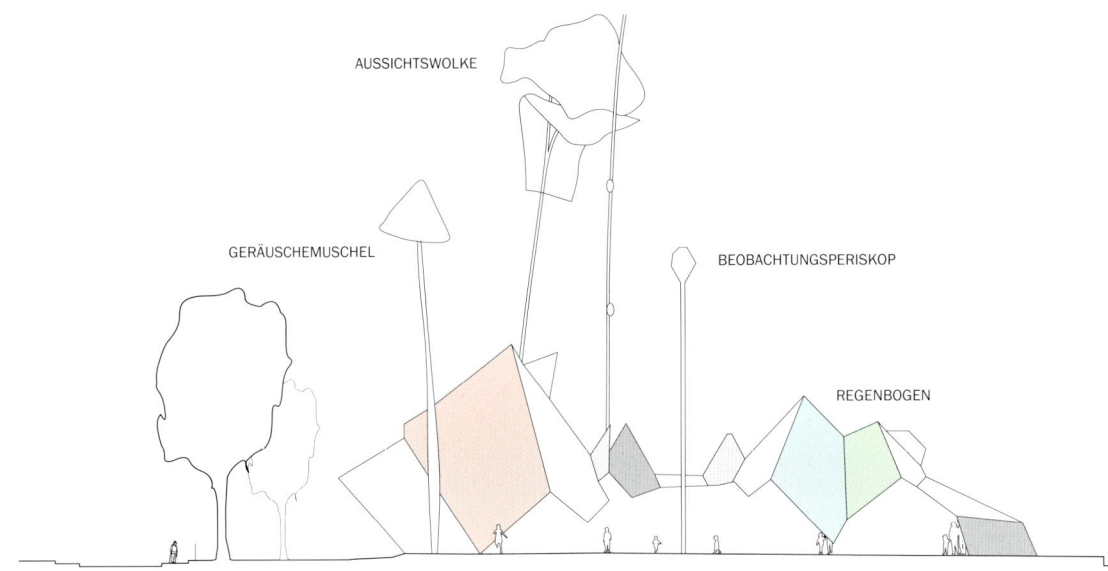

In alternativen Studienmodellen und -schnitten im Maßstab 1:200 wurden die aus den Kindermodellen gewonnenen Erkenntnisse untersucht. Es wurden zum Beispiel für die „Regenbogenwelt" Möglichkeiten gesucht, die von den Kindern gewünschten atmosphärischen Qualitäten – wie Hitze und Wärme oder Kälte – in der Architektur zu berücksichtigen. Dabei schlugen sich einige aus dem Workshop gewonnenen Ideen in den Überlegungen zur Grundkonzeption des Baukörpers nieder. Die Idee einer „Vulkanlandschaft" und eines „Regenbogengartens" findet sich in dem massiven Mauerwerksbau und einem leichteren, auf Holzbau basierenden Bauteil wieder.

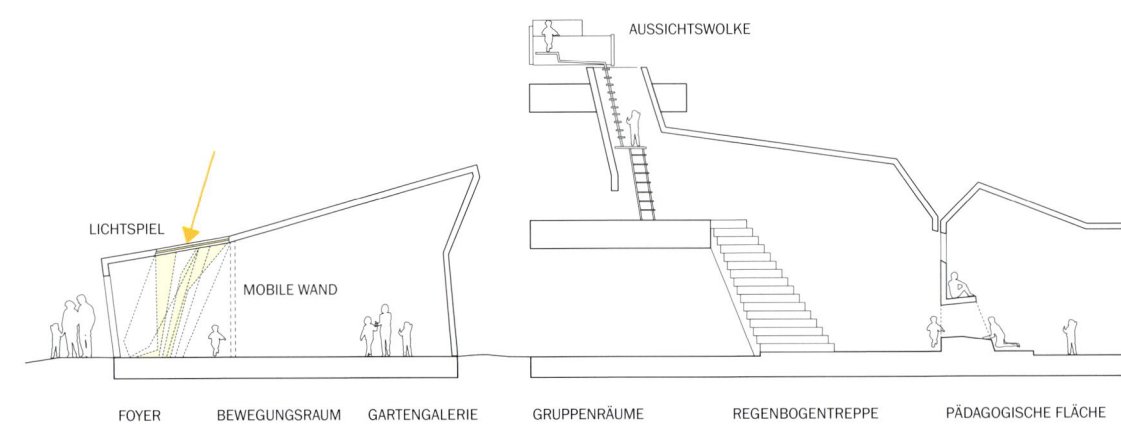

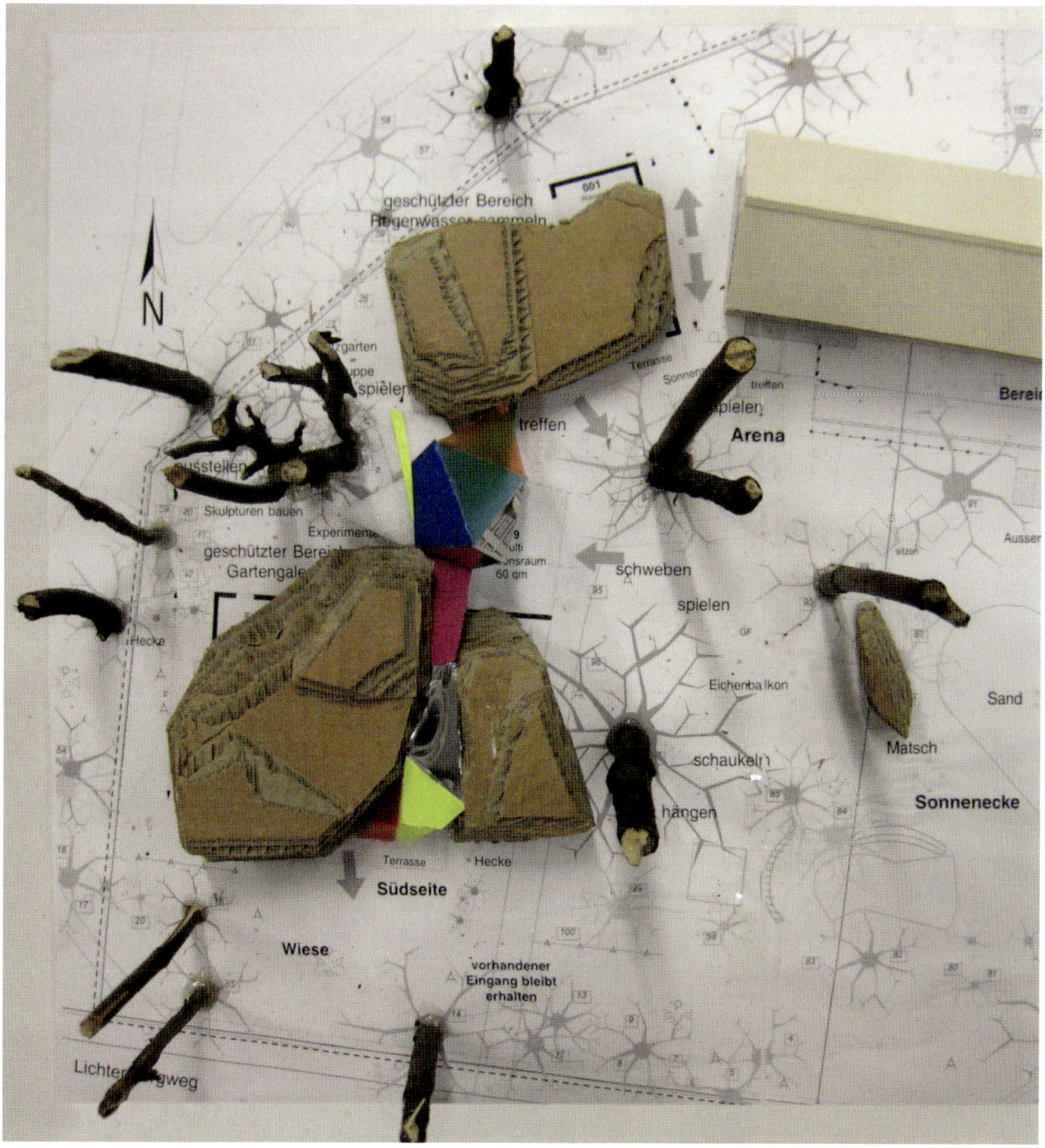

NEUBAU | KINDERGARTEN LICHTENBERGWEG

PROTOTYPEN UND LICHTEXPERIMENTE

In zwei Gruppen erforschten die Kinder mittels einer Bandbreite von vorbereiteten Experimentiergeräten (ein Reflektorhelm, verschiedene Spiegelkästen, mehrere Kaleidoskope) das Lichtlenken, Lichtfärben und Raumbespielen und lernten dabei wissenschaftlichen Phänomene kennen.**R4** Ergebnis der Arbeit mit den Kindern war, dass das Lichtspiel zu einem zentralen architektonischen Element des Entwurfs wurde: Es entstand daraus die „Regenbogenblume", die das Sonnenlicht reflektiert, das durch Dach- oder Wandöffnungen in das Gebäude fällt.

NEUBAU | KINDERGARTEN LICHTENBERGWEG

PROJEKTBESCHREIBUNG

Das Gebäude des Kindergartens ist so zwischen den Bäumen platziert worden, dass eine markante Eingangssituation entsteht und von innen Ausblicke auf die Bäume und in die mal verborgen (oder geborgen), mal offen wirkenden Höfe möglich sind. Die Form und farbliche Gestaltung des zweigeschossigen Baukörpers sowie die in der Fassade angebrachten Spiegel integrieren ihn in den Baumbestand, markieren aber gleichzeitig seine Präsenz.

Das Gebäude ist in einen Massivbau und einen Holzskelettbau gegliedert, was sich außen an den Fenstern und der Farbigkeit ablesen lässt. Der Holzbau ist mit Lärchenholz verkleidet, nur einige vertikale Sonnenblenden setzen farbige Akzente. Der Massivbau ist mit einem groben Außenputz in jeweils zwei changierenden Grün- und Orangetönen versehen.

Die Räume der sechs Gruppen mit insgesamt 100 Kindern auf 970 m² Bruttogeschossfläche sind farblich nach ihrer Lage im Gebäude differenziert. Den Gruppenräumen zugeordnete, farblich markant gestaltete Garderobenbereiche lassen sich leicht als Treffpunkte identifizieren. Durch die kompakte Bauweise konnten Verkehrsflächen minimiert und pädagogische Flächen erweitert werden. Die Fenster sind so niedrig angebracht, dass die Fensterbänke gleichzeitig Sitzmöglichkeiten bieten.

Oberlichter helfen bei der Orientierung, indem sie im eingeschossigen Bereich des Gebäudes einen Einblick in das Obergeschoss oder den Blick in den Himmel freigeben. Manche sind so konzipiert, dass sie das Licht brechen und interessante Lichtspiele erzeugen. Im Obergeschoss bieten die Fenster einen nahen Ausblick in die Baumkronen. Die Farben von Wänden, Garderoben und anderen Einbauten sind so gewählt und kombiniert worden, dass eine Atmosphäre der Geborgenheit, aber auch des Aufbruchs zu Entdeckungstouren entsteht.

NEUBAU | KINDERGARTEN LICHTENBERGWEG

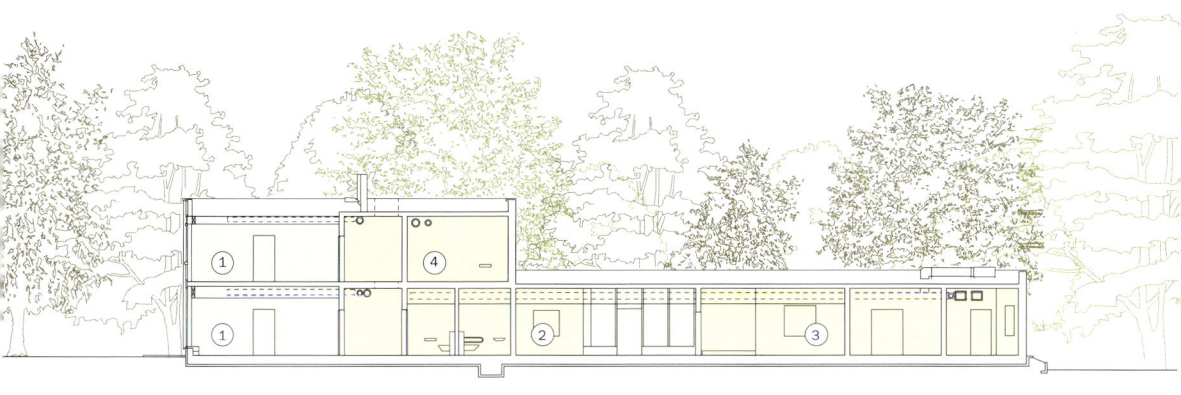

SCHNITT A-A 1:350

1 GRUPPENRAUM
2 BEWEGUNG
3 THEATER
4 ATELIER
5 GARDEROBE
6 ROBINIENGRUPPE
7 KNEIPPKUR-BECKEN
8 EICHE
9 KRIPPE
10 GÜNTZER PARK

GRUNDRISS ERDGESCHOSS 1:500

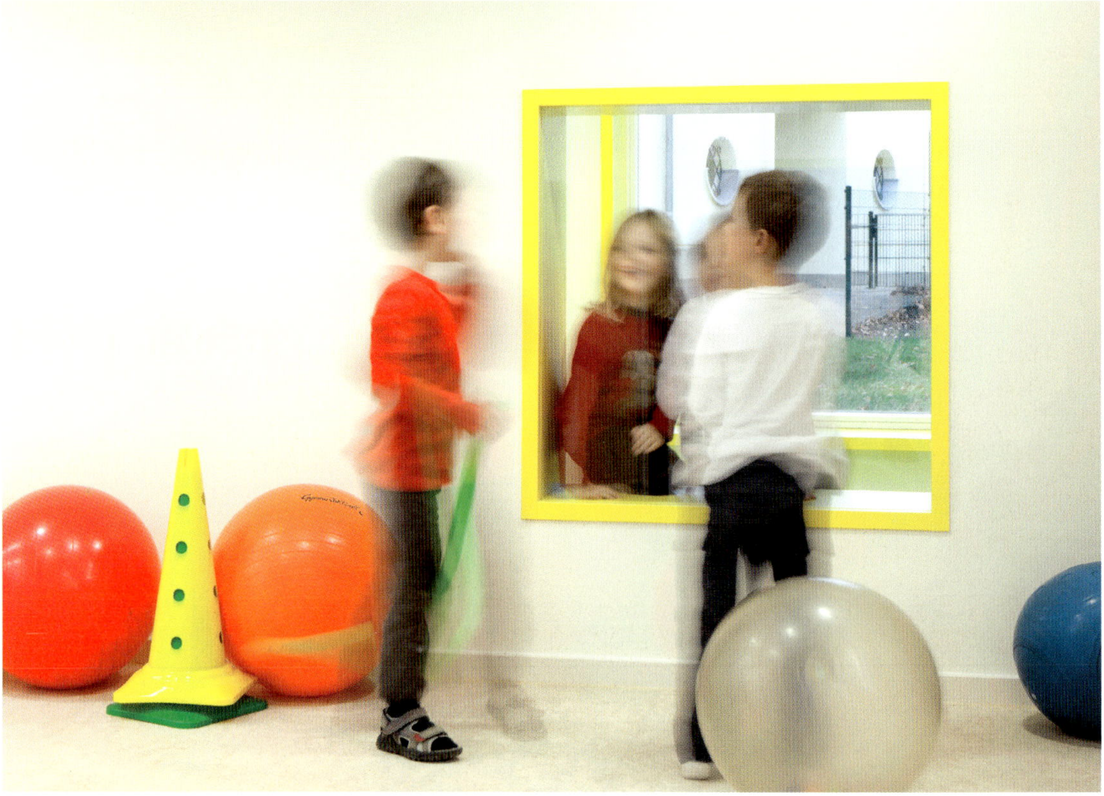

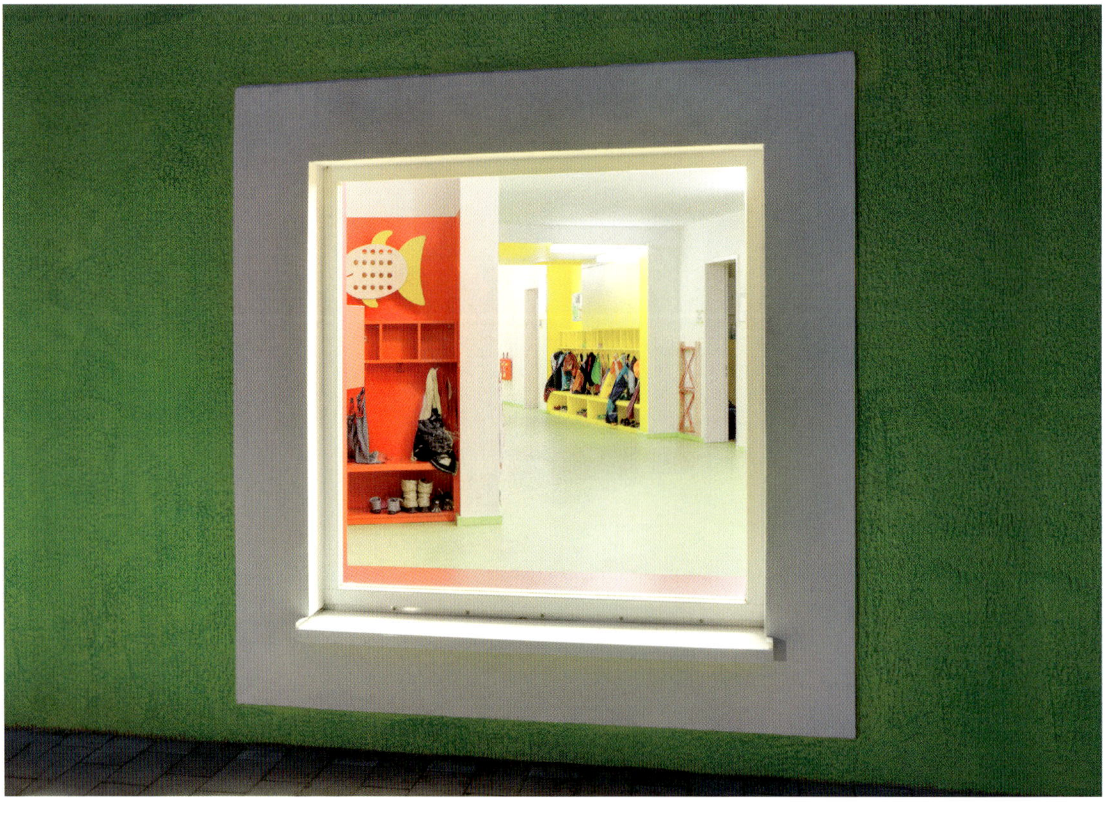

KITA NIDO PICCOLO
BERLIN

Die dringend erforderliche Fassadensanierung der 1983 im Rahmen der Wohnungsbauserie 70 (WBS 70) erbauten Kindertagesstätte konnte im Rahmen des Konjunkturpakets II realisiert werden. Die Grundidee war, die bereitgestellten Mittel nicht nur zur Wärmedämmung und für einen neuen Anstrich zu verwenden. So konnten zusätzlich Erker für die Gruppenräume realisiert werden, die vor der gedämmten Fassade hängen. Sie erweitern den pädagogischen Raum und werden von den Kindern als weitere Bewegungszone, als Rückzugsort, aber auch als Bühne genutzt. Die geforderte Schaffung von Ausgleichsquartieren für Vögel und Fledermäuse wurde in den Entwurf integriert. Wie die „Kindererker" strukturieren sie als farbige Pixel die Fassade.

SANIERUNG | KITA NIDO PICCOLO

Senatsverwaltung für Stadtentwicklung: „Sie haben einen weit über das geforderte Maß hinausgehenden ökologischen Austausch geleistet. Für dieses besondere Engagement für den Artenschutz möchte ich hier ausdrücklich danken."

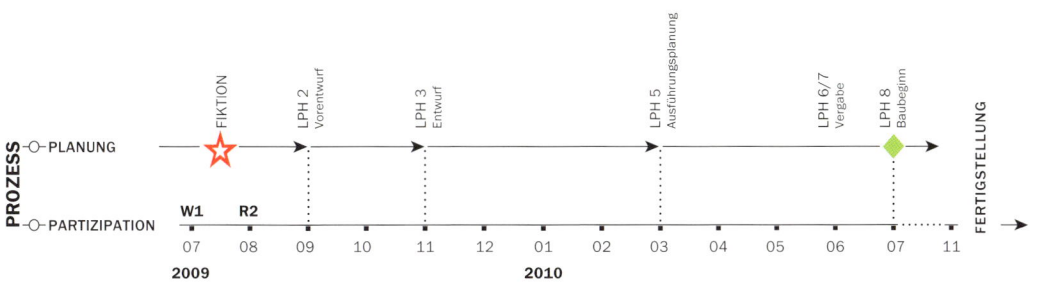

Der Name „Nido Piccolo" (Italenisch: "kleines Nest") stand Pate für die vielen Nester, die die Kinder in ihrer jeweiligen Gruppe in Vorfreude auf den Umbau ihrer Kita gezeichnet haben. Das Baumnest inspirierte die Kinder über „im Baum sein" und „Baum-Verstecken spielen" nachzudenken. Schließlich waren sie sich einig, dass sie sehr gerne in Baumhäusern sein wollten, was der Auftakt für den Entwurf der bunten „Kindererker" war. Mithilfe von Collagen und Modellen der nestartigen Erker konnten die Kinder sich in die ersten architektonischen Ideen gut hineinversetzen und ihre Kommentare dazu abgeben, zum Beispiel für „viel Sonne im Nest und Schatten, aber geschützt" oder „das Nest soll bunt sein: rot, pink, leuchtendes Gelb".

SANIERUNG | KITA NIDO PICCOLO

CAFETERIA WETTERLEUCHTEN
BERLIN

Die Cafeteria wurde im Rahmen des neuen Masterplans für die Umgestaltung des Hauptgebäudes der Technischen Universität Berlin errichtet. Sie verbindet die beiden inneren Lichthöfe des denkmalgeschützten Gebäudes und gibt ihnen eine neue Nutzung. Die Deckenverkleidung der Cafeteria ist das Herzstück des Entwurfs und besteht aus acht leuchtenden Textilelementen „Lichttropfen", die sowohl die Grundbeleuchtung des Raumes und eine gezielte Lichtversorgung der Tische gewährleisten als auch akustisch wirksam sind. Die Jahreszeit bestimmt die Farbe der „Lichttropfen": Je wärmer die Außentemperatur, umso kühler ist ihre Lichtfarbe. Die orange-roten, beweglichen Tabletts, Hocker und Stühle können als sogenannte „Klimawanderelemente" bei gutem Wetter in die Lichthöfe getragen werden.

UMBAU | CAFETERIA WETTERLEUCHTEN

Student Jonas Galler, 10. Semester an der Technischen Universität Berlin: „Das Café Wetterleuchten ist mein Lieblingsplatz. Hier gibt es sowohl Sonne als auch Schatten."

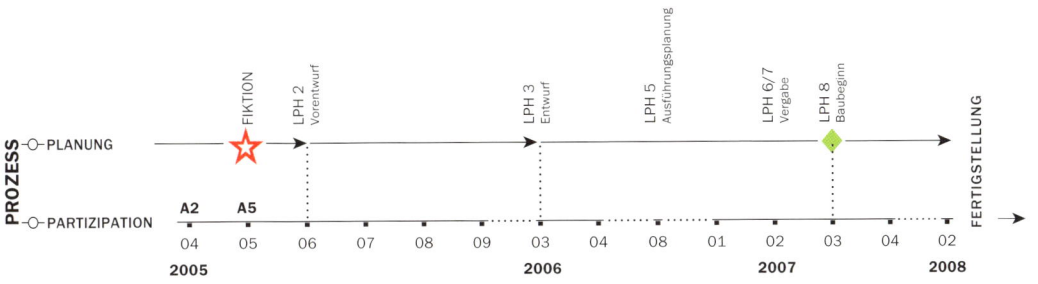

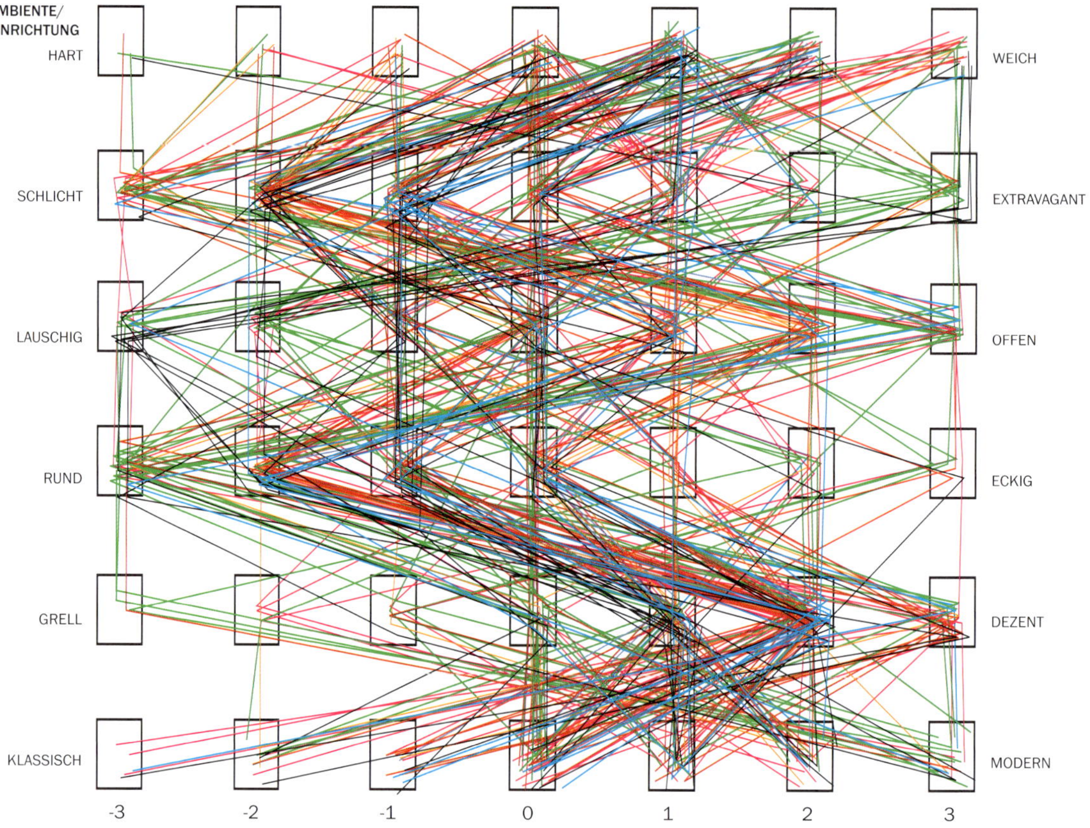

Zum Auftakt des Projektes wurde ein Fragebogen **A5** nach Art eines semantischen Differentials (vergleiche S. 25) erstellt hinsichtlich der Faktoren Bedienung/Service, Essen/Trinken/Preise, Ambiente/Einrichtung. Entlang einer siebenstelligen Skala, die von (-3) über (0) bis (+3) reichte, konnte zwischen gegensätzlichen Adjektiven (oder Fotografien, die gegensätzliche atmosphärische Situationen zeigen) die Wunschvorstellung festgelegt werden. Außerdem wurden die Studierenden gefragt, was sie in der Cafeteria am liebsten machen – Essen, Flirten, Arbeiten – und wie sie es machen: sitzend, stehend, liegend, kauernd, lümmelnd etc. Die Unentschiedenheit der Antworten hinsichtlich der räumlichen Qualitäten führte zu einem Entwurf, der sich mit dem Wetter ändert und dem Besucher so unterschiedliche Atmosphären bietet.

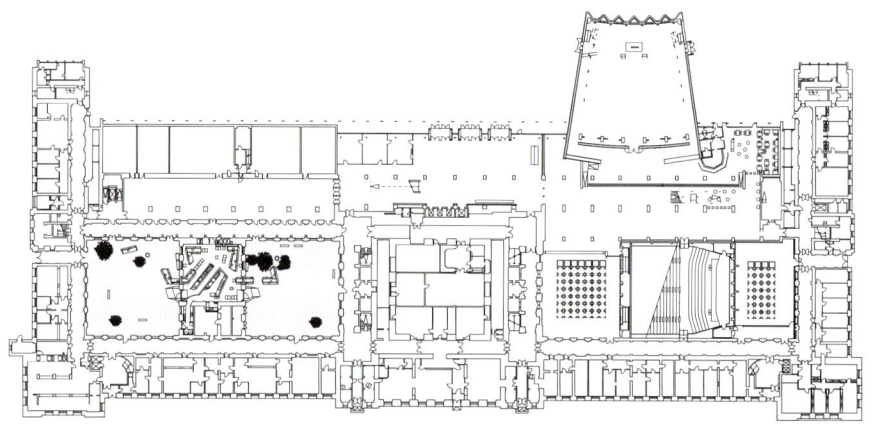

TECHNISCHE UNIVERSITÄT BERLIN, HAUPTGEBÄUDE – GRUNDRISS ERDGESCHOSS 1:2000

UMBAU | CAFETERIA WETTERLEUCHTEN

KLIMAWANDERELEMENTE

SOMMERSTIMMUNG

WINTERSTIMMUNG

197

HEINRICH-NORDHOFF-GESAMTSCHULE
WOLFSBURG

Der Umbau und die Erweiterung der Mensa sowie des zweigeschossigen Atriums, das als zentraler Aufenthalts- und Lernbereich der Oberstufe dient, folgte den Erkenntnissen der Partizipationsworkshops. Das Atrium wurde in erwünschte Bereiche zoniert: Der „Marktplatz" mit dem Stufenpodest ist Versammlungsort, an den blattartigen Stellwänden der Gruppenarbeitszone werden Unterrichtsergebnisse präsentiert. Hier kann an größeren Tischen gemeinsam gearbeitet werden, während man in der „Still-Lernzone" auf Sitzkissen allein arbeitet oder sich ausruht; auf der Brücke ist die „Hausaufgabenzone". Ein mäanderndes Band zoniert das Klassenzimmer. In der Mensa sind um eine orangefarbene Sitzrotunde trapezförmige Tische mit 200 Sitzplätzen frei angeordnet.

Schülerin Darla Skoracki, 6. Klasse der Heinrich-Nordhoff-Gesamtschule: „Wenn man zur Mensa geht und die Türen offen sind, ist es angenehm ruhig. Vorne sitzen die, die nicht unbedingt lernen müssen. Aber an den Tischen wird gelernt. Das A-C-Haus wünscht sich auch so eine Pausenhalle."

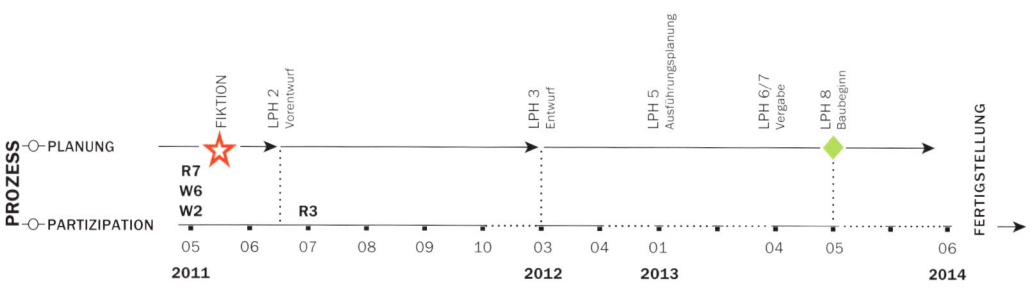

Mit einer Baufamilie aus Schülern, Eltern, Pädagogen und den Bauherren wurde gemeinsam ein Nutzungskonzept und erwünschte räumliche Qualitäten erarbeitet.**W6** Die Collage „Die ruhige Riesenwiese" **W2** der Schülerin Rebecca Schrader (links oben) traf sehr gut die gemeinsame Vorstellung: „Auf dieser Wiese sollte man sich wohlfühlen und sich austauschen können. Man sollte sich dort entspannen können (zwischen Unterrichtsstunden). Weiterhin soll es eine Aufenthaltswiese sein, [...]. Durch das hohe Gras kommt ein wenig Geborgenheit auf." Aus dem Verhandlungsspiel **R7** konnte die gewünschte Raumzonierung bestimmt und in Rückkopplungsrunden mit Collagen und Modellen die Entwurfsideen konkretisiert werden. Für die Mensa und das Klassenzimmer wurde in gleicher Weise verfahren.

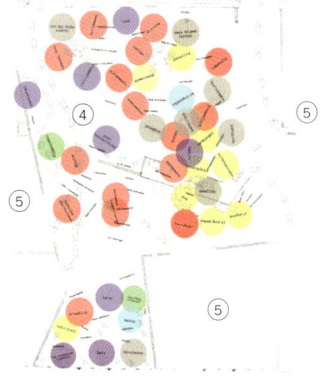

ERDGESCHOSS ATRIUM - SPIELFELD

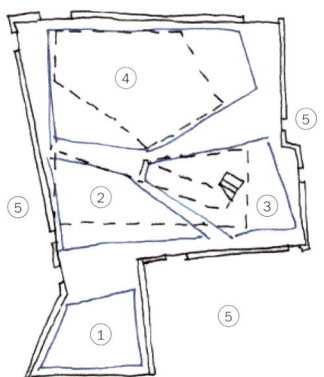

ERDGESCHOSS ATRIUM - SKIZZE

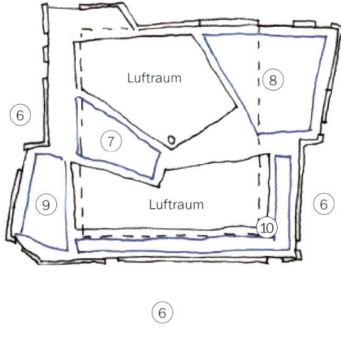

OBERGESCHOSS ATRIUM - SKIZZE

1 STILL-LERNZONE, 2 GRUPPENARBEITSZONE, 3 ENTSPANNUNGSECKE AN DER TREPPE, 4 MARKTPLATZ, 5 KLASSENRÄUME, 6 FACHRÄUME, 7 HAUSAUFGABEN-ZONE AUF DER BRÜCKE, 8 BEOBACHTUNGS- UND EXPERIMENTIERZONE, 9 ENTSPANNUNGSZONE, 10 GALERIEWAND

UMBAU | HEINRICH-NORDHOFF-GESAMTSCHULE

GRUNDRISS 1.OG, ATRIUM UND KLASSENZIMMER 1:320

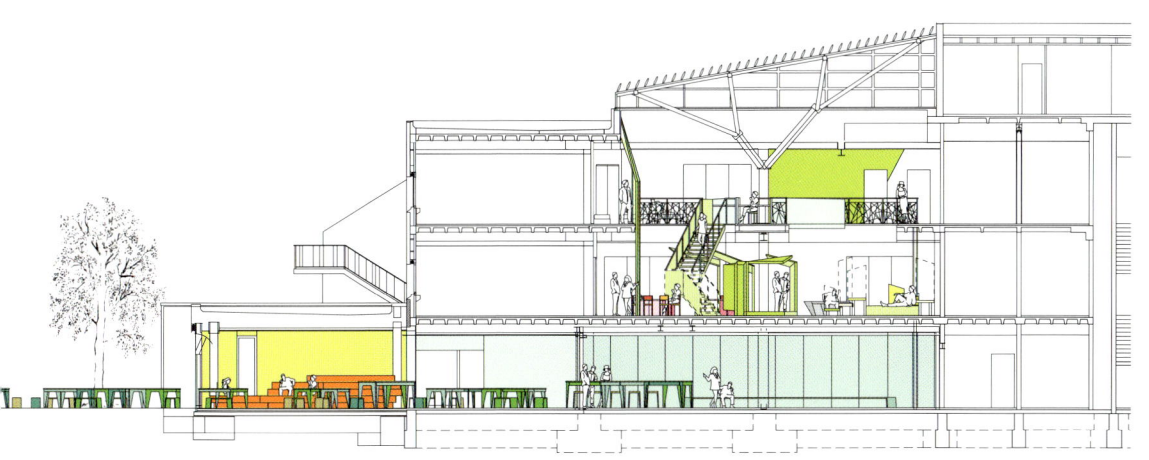

SCHNITT A-A, CAFETERIA UND ATRIUM 1:320

UMBAU | HEINRICH-NORDHOFF-GESAMTSCHULE

FERIENHAUS MUDGE ISLAND
KANADA

Mit einem Budget von 7400 kanadischen Dollar wurde 1990 im Selbstbau ein bestehendes Landhaus auf der unerschlossenen Insel Mudge Island mit neuen Räumen und technischen Anlagen ergänzt. Alle Elemente mussten mit einem Boot bei passender Strömung auf die Insel geflößt werden, wo es keinen Strom und kein Wasser gab. Daher sind die vorgenommenen Eingriffe reduziert: linear aufgereihte Stationen zum Duschen, Händewaschen und Werken, dazu ein Schlafhaus und eine Nische mit Meerblick und Holzofen zum Wärmen.

NEUBAU | FERIENHAUS MUDGE ISLAND

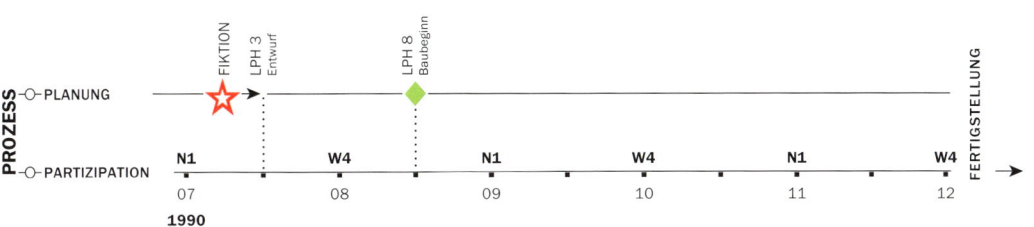

205

Nach drei Tagen Wohnen **N1** im Ferienhaus mit der Bauherrin konnte ihre besondere Lebensform und die gewünschte Erweiterung gut eingeschätzt werden. Eine reale Steigerung der Wohnqualität bedurfte mehr als der ursprünglich gewünschten besseren Zugänglichkeit der Schlafstelle und zweiten Wärmequelle. Um trotz der Erweiterung des Bauumfangs im Budget zu bleiben, wurde das Baumaterial weitgehend aus anderen Gebäuden wiederverwertet. Direkt auf der Baustelle wurde im Austausch mit der Bauherrin entworfen, gebaut, getestet und angepasst.**W4** Zugekauft wurden das Bauholz, die Fassadenverschalung und weitere wenige Dinge, zum Beispiel der Duschkopf auf dem Flohmarkt.

SCHLAFHAUS   NISCHE MIT MEERBLICK

NEUBAU | FERIENHAUS MUDGE ISLAND

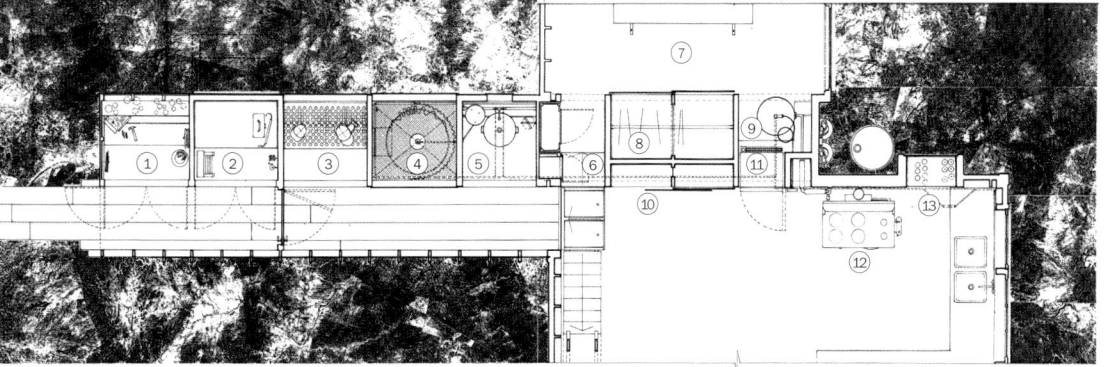

GRUNDRISS UND LÄNGSSCHNITT – „VERSORGUNGSSCHIENE" UND KÜCHE

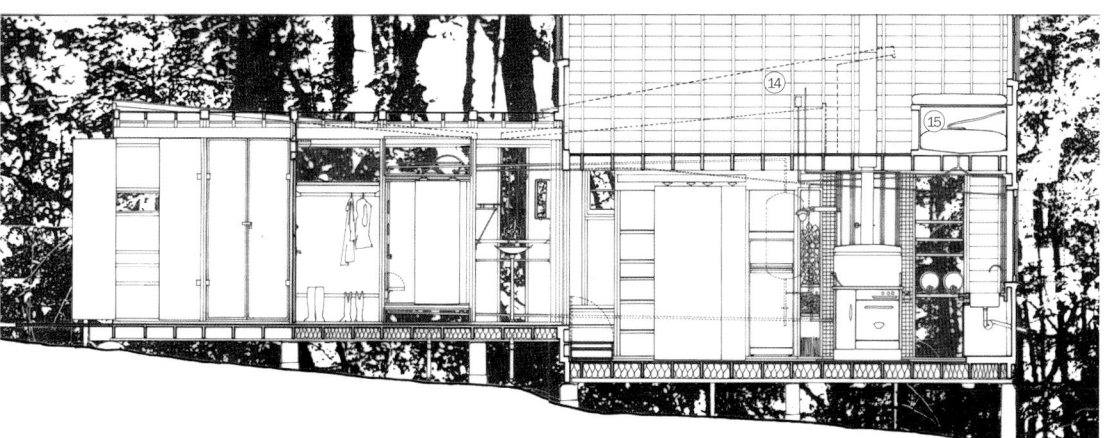

1 WERKSTATT
2 SOMMERLAGERRAUM
3 TROCKENRAUM
4 DUSCHKABINE
5 WASCHNISCHE
6 SCHLAFZIMMER PASSAGE
7 SCHLAFHAUS
8 KLEIDERSCHRANK
9 HEISSWASSERTANK
10 KÜCHENSCHRANK
11 GASBETRIEBENER KÜHLSCHRANK
12 HOLZHERD
13 FENSTERSCHRANK
14 SCHLAFEBENE
15 WASSERBETT ALS WASSERTANK

QUERSCHNITT – SCHLAFHAUS, „VERSORGUNGSSCHIENE", KÜCHE, NISCHE MIT MEERBLICK (REFUGIUM)

MAXIMALE WIRKUNG MIT MINIMALEN EINGRIFFEN ERZIELEN

ERIKA-MANN-GRUNDSCHULE I
BERLIN

In einem ersten Bauabschnitt wurden die weiten Verkehrs- und Rettungswege der denkmalgeschützten Schule aus dem 19. Jahrhundert als zusätzliche Lern- und Lebensräume im Zuge der Schulreform umgestaltet. Sitz- und Garderobenelemente aus unterschiedlichsten nicht brennbaren Materialien tauchen jedes Geschoss in eine andere Atmosphäre und schaffen gleichzeitig Raum für differenzierten Unterricht in kleinen Gruppen. Die Transformation der Erika-Mann-Grundschule hat sich als ein Beispiel von Integration durch Partizipation erwiesen und zeigt, dass architektonische Eingriffe auch im kleinen Maßstab als sozialer Katalysator für den Stadtteil wirken können.

MINIMALE EINGRIFFE – MAXIMALE WIRKUNG | ERIKA-MANN-GRUNDSCHULE I

Gedicht der Schülerin Susanna, Erika-Mann-Grundschule: „Silberdrachen schimmern pink, fliegen nicht laut, sich bunt strecken, Flügelschlag."

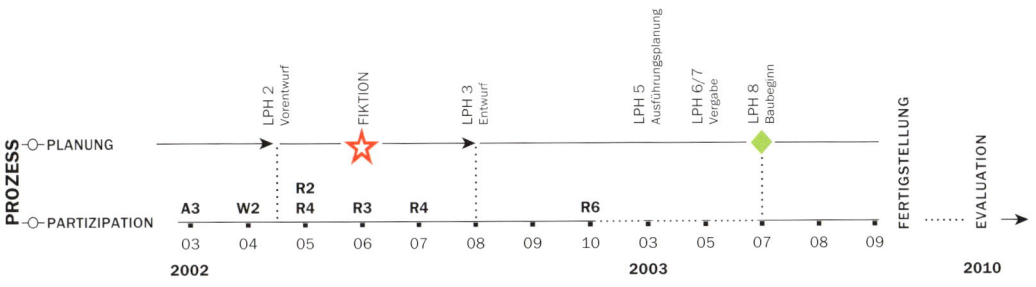

Die von den Schülern hergestellten Collagen **W2** wurden von ihnen mit einem Titel und einer Geschichte vorgestellt. Diese Welten bildeten den Entwurfseinstieg für die Baupiloten-Studierenden, die die atmosphärischen Qualitäten in Collagen und Modellen herausarbeiteten, um sie mit den Schülern zu diskutieren und zu verfeinern.**R2**, **R3**, **R4**, **R5** Die gemeinsam entwickelte Fiktion einer „Silberdrachenwelt" verbindet die Eingriffe in der ganzen Schule, wie die Fotoreihe der einzelnen Geschosse zeigt. Diese werden umso spürbarer, je weiter man sich im Gebäude hinaufbewegt: „Sternenstaubtauchen" (EG), „HauchSanftSein" (1. OG), „Ein Thron für den Augenblick eines Flügelschlags" (2. OG), „Mit dem Drachen fliegen" (3. OG). Das Treppenauge wiederum ist ein musikalischer Lehrpfad, der „Riesenbrumsel".

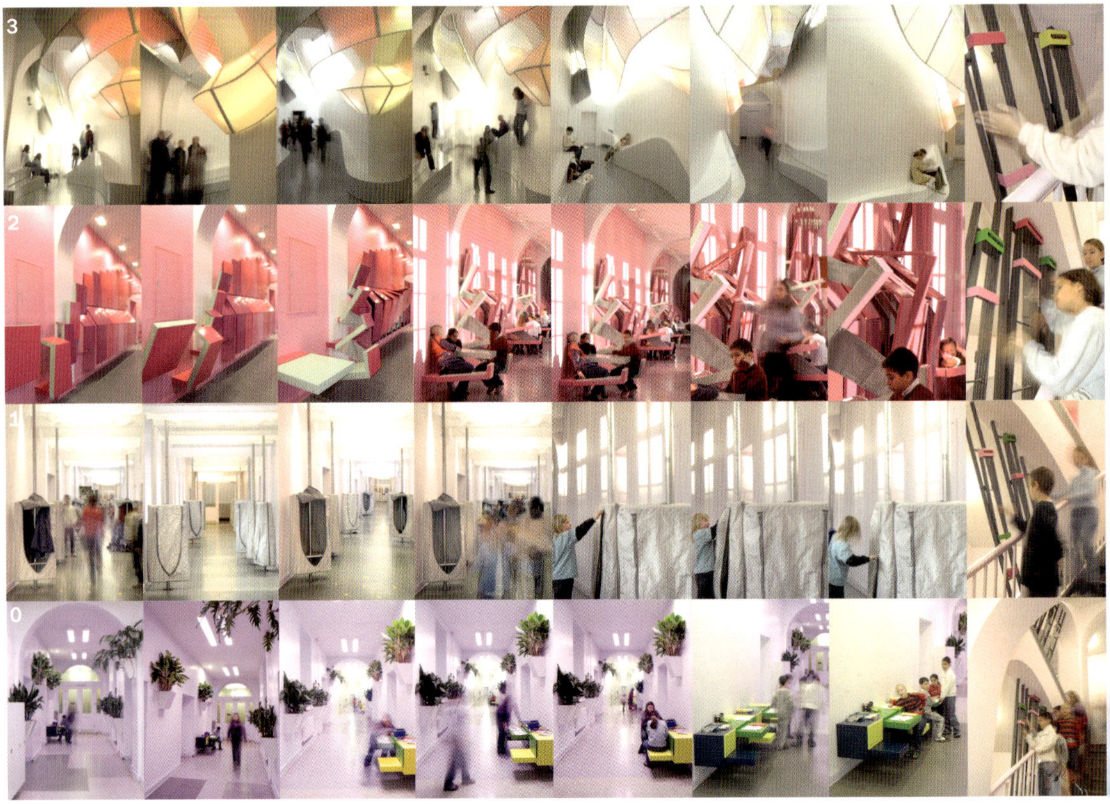

ERIKA-MANN-GRUNDSCHULE II
BERLIN

In einem zweiten Bauabschnitt wurde das denkmalgeschützte Gebäude für den Ganztagsbetrieb ausgebaut. Hier wurden die Flure durch Sitzlandschaften für den Unterricht und als Orte der Begegnung nutzbar gemacht sowie mit zwei Freizeiträumen komplementiert. Die neu entwickelten, nicht normgerechten Sitzmodule bieten den Kindern die Chance, eine individuelle Körperhaltung für Lernen, Ausruhen oder Spielen zu finden. Die aufklappbaren Sitzmöbel mit weichen Matten bieten eine Rückzugsmöglichkeit für eher introvertierte Beschäftigungen. In der Spiegelgalerie können Schülerarbeiten ausgestellt werden, die mit ihren vielfachen Spiegelungen die Raumwirkung bestimmen. Alle Anforderungen, die aus dem Denkmalschutz, Brandschutz und Unfallschutz resultierten, wurden bei den Baumaßnahmen berücksichtigt.

MINIMALE EINGRIFFE – MAXIMALE WIRKUNG | ERIKA-MANN-GRUNDSCHULE II

Ehemalige Schulleiterin Karin Babbe, Erika-Mann-Grundschule: „In der Fantasie der Kinder schnaubt ein Drache durch die Schule und hinterlässt Spuren, die das Leben und Lernen befördern. Spuren, die für die Pädagogik des 21. Jahrhunderts zwingend sind. Orte wie Drachenhöhlen und Hochsitze dienen dem differenzierenden Lernen in Kleingruppen."

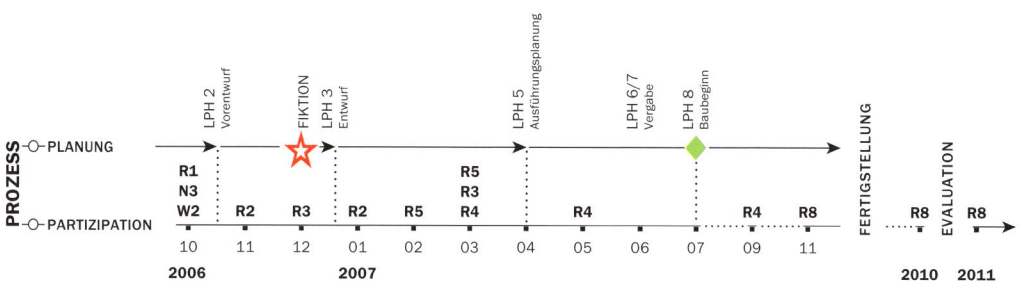

Die Collagen der Schulkinder **W2** wurden in Fotomontagen räumlich untersucht, um vorerst ein maßstabsloses Konzeptmodell zu entwickeln. Aus der unten gezeigten Fotografie der räumlichen Collage „Simou auf der Suche nach den goldenen Steinen" (Mouna, 9 Jahre, Sinan, 9 Jahre) entwickelte zum Beispiel die Baupiloten-Studierende Fee Kyriakopoulos ein „Schirmfedermodell". Im Austausch mit Schülern **R2** entstand daraus die Idee einer „Weltraumsause" (Entwurfsmontage links oben), einer geschützten Kapsel, aus der man hinausschauen kann. In weiteren Rückkopplungsrunden **R2, R3, R4, R5** bis zum Test eines Prototypen **R8** wurden einige „Flügelschwingen" entwickelt, die nach den Bedürfnissen der Kinder sorgfältig im „Schnaubgarten" platziert wurden.

MINIMALE EINGRIFFE – MAXIMALE WIRKUNG | ERIKA-MANN-GRUNDSCHULE II

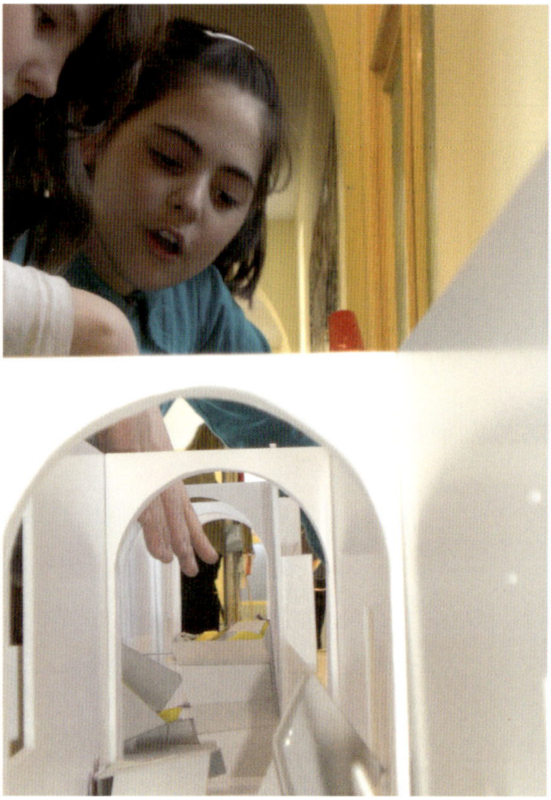

Das „Schnauben des Silberdrachens" findet seine Entsprechung in der modularen Sitzlandschaft, die die Böden und Wände des ersten, zweiten und dritten Obergeschosses überformt. Mit einem dreidimensional verformbaren Konzeptmodell äußerten die Kinder erste Vorstellungen von der Sitz- und Lernlandschaft.**R2** In einem späteren Rückkopplungsworkshop konnten sie mithilfe eines großen Flurmodells und verschiedensten Modulen im Maßstab 1:20 Szenarien zusammenfügen und untereinander diskutieren.**R3** Die Kinder wählten fünf Module aus: Liege, Höhle, Hochsitz, Podest und Tisch mit herausklappbarer Bank. Der Hochsitz war unter allen Altersstufen der Favorit.

MINIMALE EINGRIFFE – MAXIMALE WIRKUNG | ERIKA-MANN-GRUNDSCHULE II

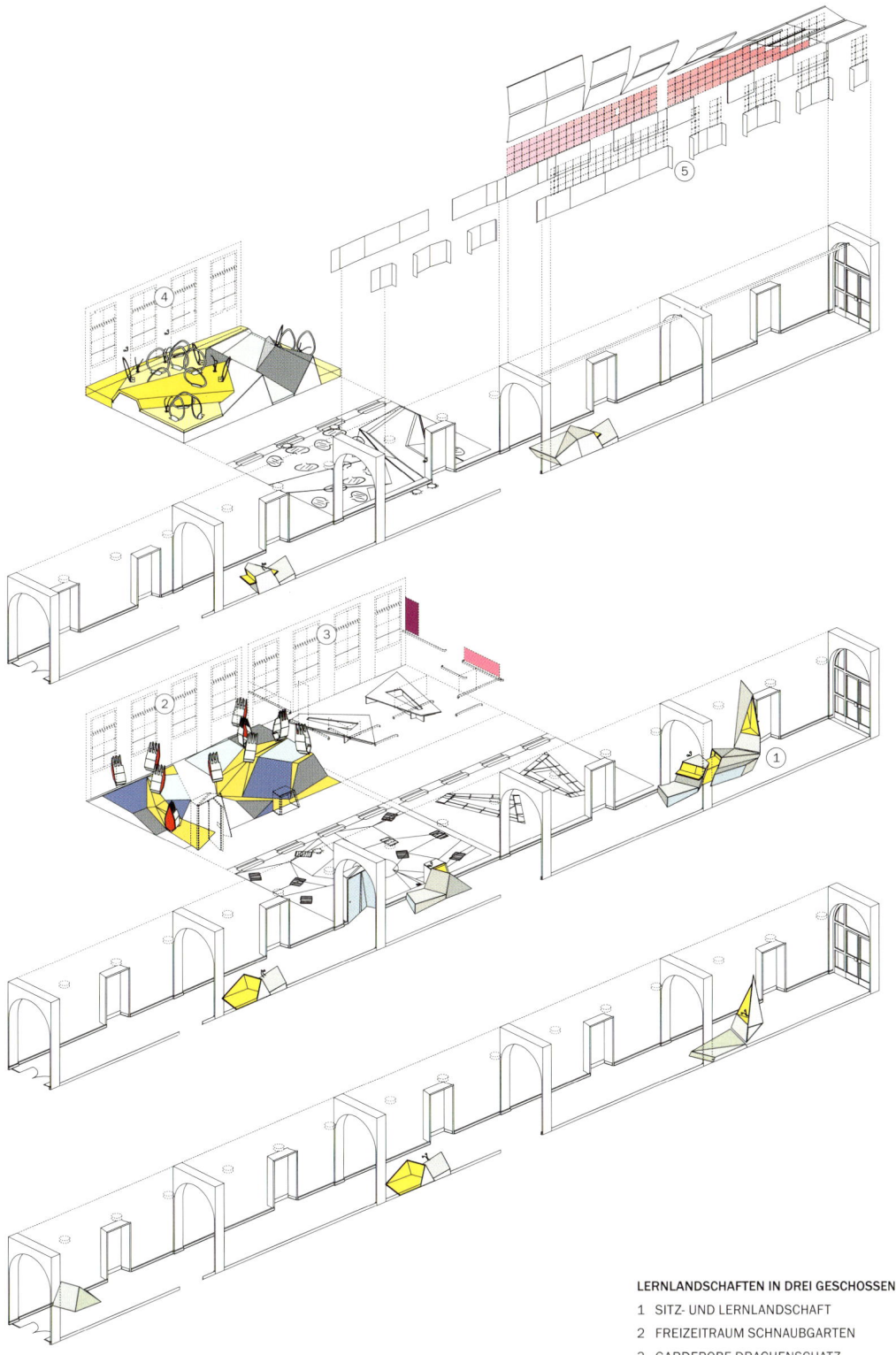

LERNLANDSCHAFTEN IN DREI GESCHOSSEN

1. SITZ- UND LERNLANDSCHAFT
2. FREIZEITRAUM SCHNAUBGARTEN
3. GARDEROBE DRACHENSCHATZ
4. FREIZEITRAUM CHILL-ROOM
5. KALEIDOSKOP, SPIEGELGALERIE

NEUE SCHULE FAMILIENSERVICE
BERLIN

Anonyme Büroräume wurden für eine private Grundschule in Lern-, Bewegungs- und Aufenthaltsbereiche umgestaltet, zugeschnitten auf die Bedürfnisse der Kinder. Der Raum, den man aus dem Fahrstuhl als erstes betritt, ist als grüner Indoor-Garten mit Pflanzen und Bildern gestaltet, der zusammen mit dem angrenzenden Bewegungsraum ein Pendant zum Schulhof bildet. Kernstück des Entwurfs sind die modular konzipierten Regal-Trennwände, die belegbar, bespielbar und durchsteigbar sind, und sich somit der gewünschten Nutzung anpassen. Frische Farben haben das Beige und Grau der Verwaltungsräume ersetzt.

MINIMALE EINGRIFFE – MAXIMALE WIRKUNG | NEUE SCHULE FAMILIENSERVICE

Projektleiterin Neue Schule Alexandra Stieper, Global Education pme Familienservice GmbH: „**Das Lernkonzept der Schule ist das globale Lernen. Das sollte auch in der Schularchitektur zu erleben sein.** Aus den ‚Welten des Lernens', die in den Workshops mit den Kindern entstanden waren, schufen die Baupiloten ‚Weltwunder'. Jetzt macht jedes der ‚Weltwunder' das globale Lernen wunderbar."

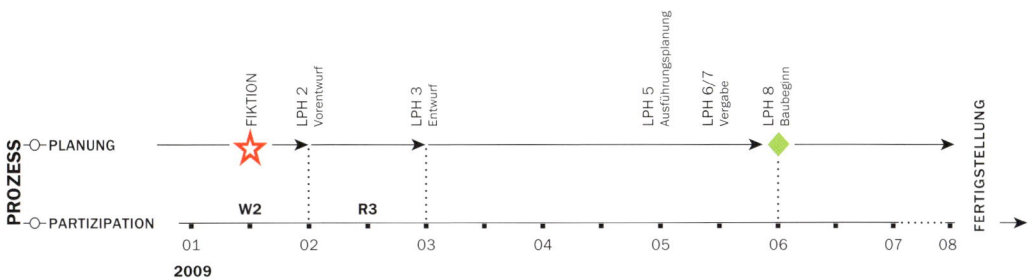

Die große Herausforderung beim Partizipationsprozess der Neuen Schule des Familienservice war, dass sich die Schule noch in der Gründung befand. So wurde ein zweiphasiger Prozess gewählt: Zunächst wurde mittels Atmosphärenworkshops **W2** mit an der Schule interessierten Kindern (4–8 Jahre) der Entwurf entwickelt und dieser dann in Rückkopplungsworkshops **R2** mittels Collagen und Modellen möglicher Module überprüft. Die zweite Phase war die Partizipation mit den realen Nutzern. Es wurde den Schülern angeboten, ihre Schule aktiv mitzugestalten, zum Beispiel mittels einer großen magnetischen Weltkarte, Bilderrahmen zum Bestücken im Indoor-Garten, magnetischer Flurgalerien sowie der vielseitig verwendbaren modularen Einbauten.

GEMEINSCHAFTSRAUM MIT KÜCHE   BEWEGUNGSRAUM

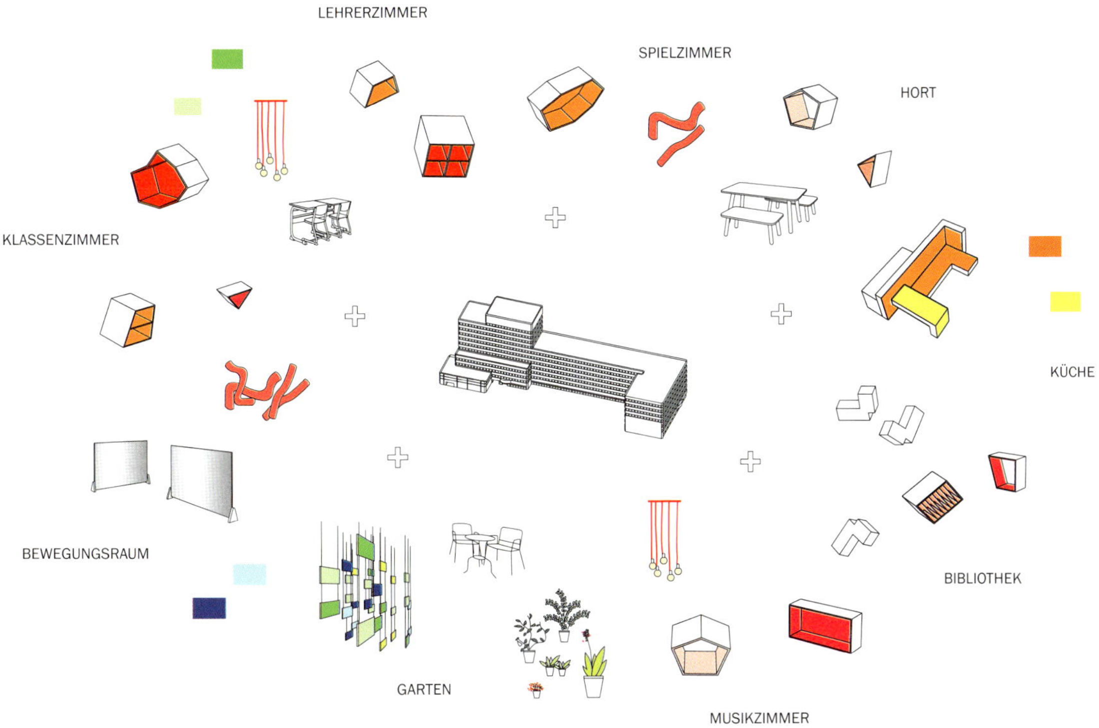

MINIMALE EINGRIFFE – MAXIMALE WIRKUNG | NEUE SCHULE FAMILIENSERVICE

LEHRERZIMMER

SPIELZIMMER

HORT

KLASSENZIMMER

KÜCHE

BEWEGUNGSRAUM

BIBLIOTHEK

GARTEN

MUSIKZIMMER

225

LEARN-MOVE-PLAY-GROUND*
KAIRO

* KOOPERATION:
GERMAN UNIVERSITY IN CAIRO, CLUSTER CAIRO, TU BERLIN (FACHGEBIET ENTWERFEN UND BAUKONSTRUKTION, PROF. DR. SUSANNE HOFMANN) UND DIE BAUPILOTEN

Im Rahmen einer 12-tägigen Sommerschule wurden mit 36 Studierenden aus Ägypten und Deutschland zwei Schulhöfe in Kairo aufgewertet. Unter Beteiligung der Schüler wurde eine Möblierung aus lokalen, günstigen Materialien zum Spielen, Sitzen und Lernen entwickelt und gebaut. Aus Holzbrettern wurden in der Schule im innerstädtischen Stadtteil Shubra zum Beispiel ein orangefarbener Schwebebalken und ein großer gelber Rahmen gebaut. Zwei schiefe Ebenen in Orange und Pink ähneln einer Rutsche, ein gemauertes Podest bietet Platz zum Spielen und Ausruhen. In der informellen Siedlung Ard El Lewa wurden im Schulhof für 7000 Kinder Schatten spendende Bäume gepflanzt und aus bunten Holzlatten einfache Sitz- und Klettermöglichkeiten gezimmert, dazwischen große Betonröhren zum Spielen. (Kooperation siehe S. 243)

MINIMALE EINGRIFFE – MAXIMALE WIRKUNG | LEARN·MOVE·PLAY·GROUND

Architekt Omar Nagati, CLUSTER Cairo: „Wir wollten auch eine Art psychologische Barriere brechen, indem wir den Kontakt unterschiedlicher sozialer Gruppen ermöglichen und die gegenseitige Wahrnehmung verändern."

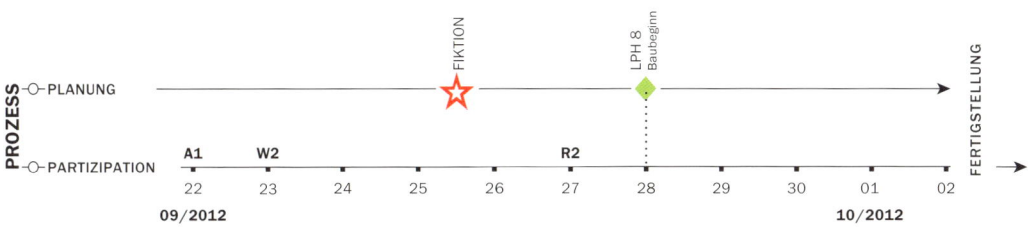

Die Schüler der Schulen collagierten ihre Vorstellung einer Lebenswelt **W2**, in der sie gerne spielen und lernen würden. So erzählten sie zum Beispiel von bewohnbaren Eisbergen, in denen sie klettern, sich verstecken und zurückziehen könnten. Die Studierenden bauten ein großes Modell des Schulhofes, um mit den Schülern die geplanten Eingriffe zu diskutieren.**R2** Anschließend wurden in einfachsten Konstruktionen und Materialien gewünschte Situationen gebaut, die nach Belieben für Spielen, Rückzug oder Ausblick genutzt werden konnten. Durch die Bautätigkeit wurde die Rolle der Schule als Mittelpunkt des nachbarschaftlichen Lebens offensichtlich, vor allem der Beteiligungsprozess führte die Nachbarn zusammen, die Architektur wurde zum sozialen Katalysator.

MINIMALE EINGRIFFE – MAXIMALE WIRKUNG | LEARN-MOVE-PLAY-GROUND

ALBERT-SCHWEITZER-SCHULE
BERLIN

Das wissenschaftlich betreute Projekt „Building Blocks Berlin" beteiligte Kinder und Jugendliche an der Entwicklung ihres Traumhauses. Gemeinsam mit drei 16-jährigen Schülerinnen wurde für den Vorplatz der Albert-Schweitzer-Schule eine aufgeständerte Plattform, „Der Blickfänger", entwickelt, die auf vier mal vier Metern unterschiedlichste Bereiche zum Stehen, Sitzen und Liegen bietet: eine Bar zum Verkauf von Getränken, ein Wohnzimmer für größere Gruppen, eine Lounge für private Gespräche und das Sonnendeck mit verstellbaren und verspiegelten Schirmen. Die modulare Bauweise erlaubte, die Plattform nach der Ausstellung in den nordischen Botschaften auf dem Albert-Schweitzer-Platz modifiziert wieder aufzubauen.

MINIMALE EINGRIFFE – MAXIMALE WIRKUNG | ALBERT-SCHWEITZER-SCHULE

Schülerin Edona, Albert-Schweitzer-Schule: „Dass wir unsere eigenen Ideen verwirklichen durften, fand ich toll."

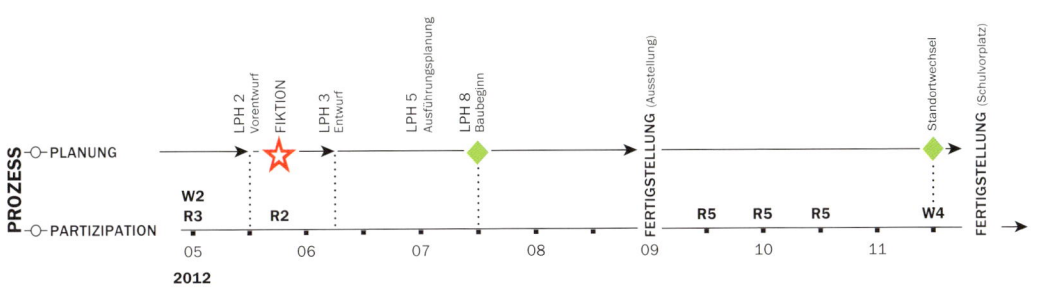

Drei individuelle Modelle **W2**, die die Jugendlichen Edona, Fehime und Sennur aus Pappe bauten, machten die gewünschten Funktionen und Situationen für die Plattform sichtbar. Alle drei stellten sich eine Vielzahl an unterschiedlichen Sitzmöglichkeiten vor. Mit Collagen **W2** stellten sie die Atmosphäre an ihrem Traumort dar, zum Beispiel liegt Edona auf einem grünen Hügel und stellt sich die Plattform als Blickfänger vor, Fehime sitzt geschützt vor der Sonne und genießt ihr Essen und Sennur fliegt auf einem weichen Kissen, umgeben von Blumen und bunten Mustern. Durch die modulare Bauweise kann die Plattform diesen unterschiedlichen Bedürfnissen gerecht werden.

FEHIMES COLLAGE W2 MEIN SONNENGESCHÜTZTER ORT

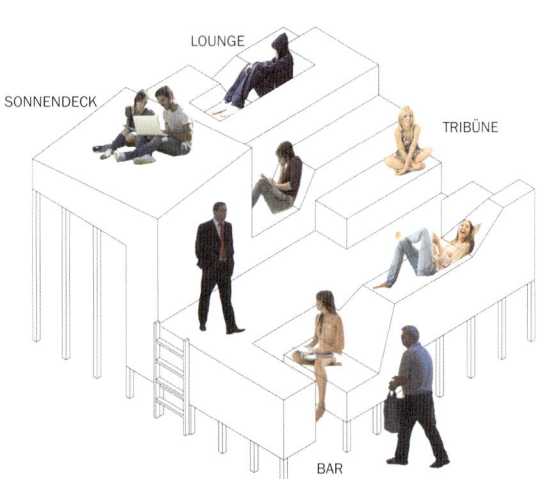

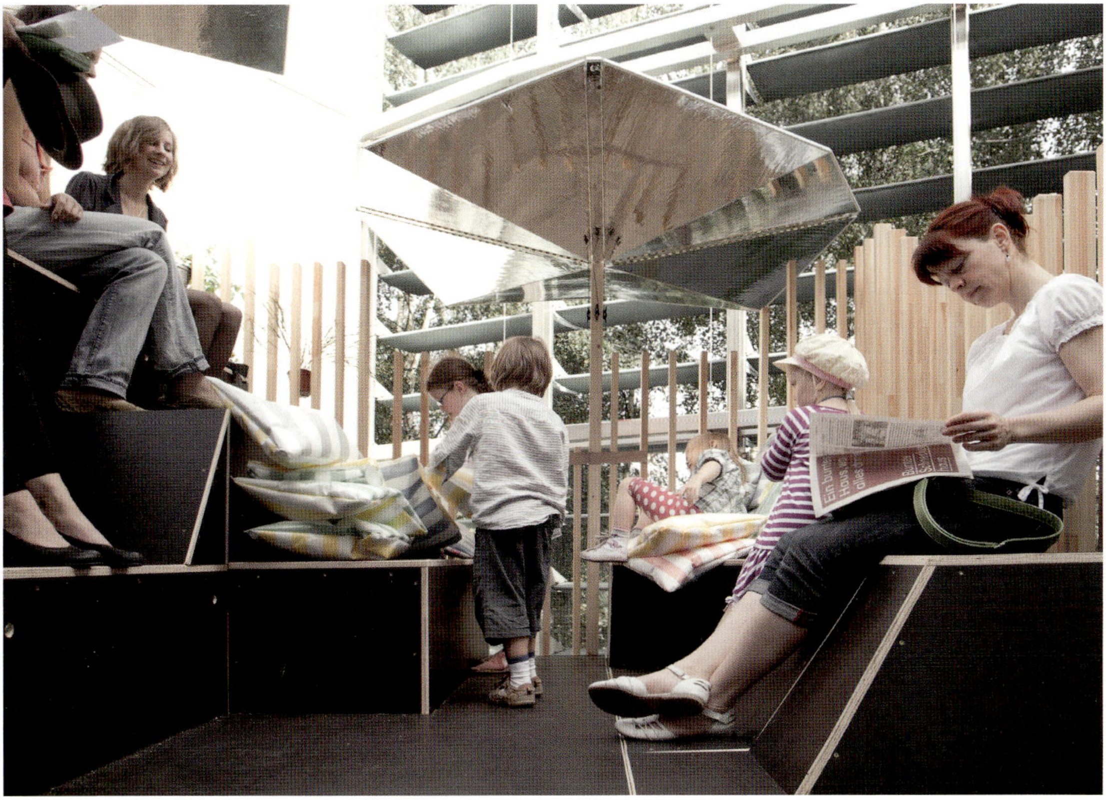

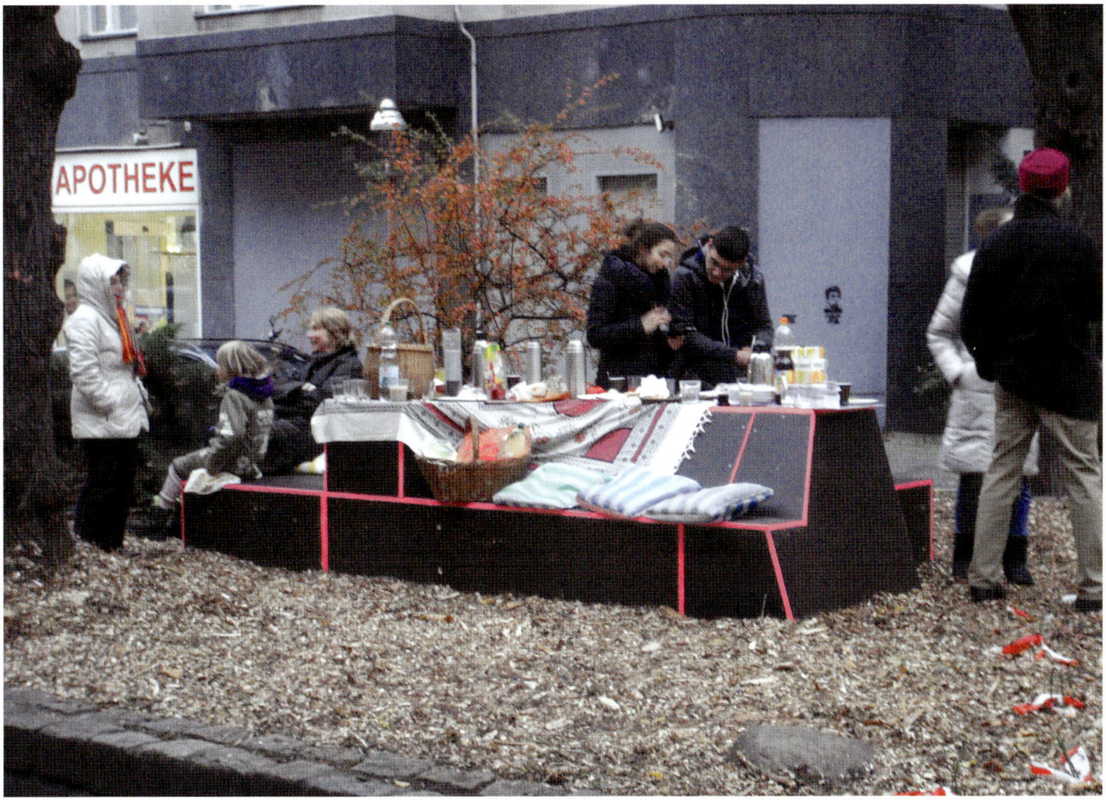
APOTHEKE

KITA TAKA-TUKA-LAND
BERLIN

Im Rahmen einer Fassadensanierung wurde aus der ursprünglich als Provisorium errichteten Baracke eine neue, nach den Vorstellungen der Kinder gestaltete Welt, basierend auf Astrid Lindgrens Geschichte „Pippi Langstrumpf". Es entstanden gruppenübergreifende Räume an beiden Enden des Gebäudes, die durch eine Bildergalerie im Flur miteinander verbunden werden. Beide Räume öffnen sich nach außen: In einem können ankommende Besucher über das neue großen Panoramafenster beobachtet werden, der andere verbindet den Innenraum mit dem Garten. Die Baukosten konnten durch die Wiederverwertung einiger Baumaterialien und die punktuelle Erneuerung nur der schadhaften Substanz gering gehalten werden.

Ehemaliger Geschäftsführer Bernhard Lewandowski, Orte für Kinder GmbH: „Eine Verbindung zwischen dem Namen und der Vorstellungskraft der Kinder herzustellen und in Architektur umzuwandeln, das ist hier hervorragend gelungen. Aus Malereien wurden Modelle und daraus bespielbares Mobiliar und sich öffnende Wände."

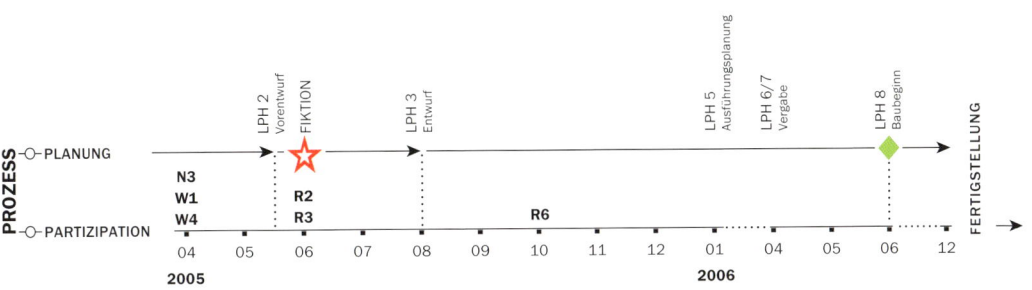

In individuellen Workshops malten und bastelten die Kinder Bilder und Modelle von ihren Vorstellungen des Taka-Tuka-Lands mit ihren Erzieherinnen, die die Erläuterungen der Kinder dazu festhielten.**W1** Detaillierte Beobachtungen des Tagesablaufs und der Spiel- und Kommunikationsgewohnheiten bildeten neben der Geschichte von Lindgren eine weitere Basis für den Entwurf.**N3** Die besondere Faszination der Kinder für Pippis geheimnisvolle Eiche, in der Limonade wächst, führte schließlich zu der Geschichte „Die sieben Stationen des Limonadenbaums". Diese führen vom „Limonadenglitzern" am großen Panoramafenster über die „Limonadengalerie" bis hin zu den „Limonadentropfen", in denen die Garderobe verstaut wird.

VORHER

NACHHER

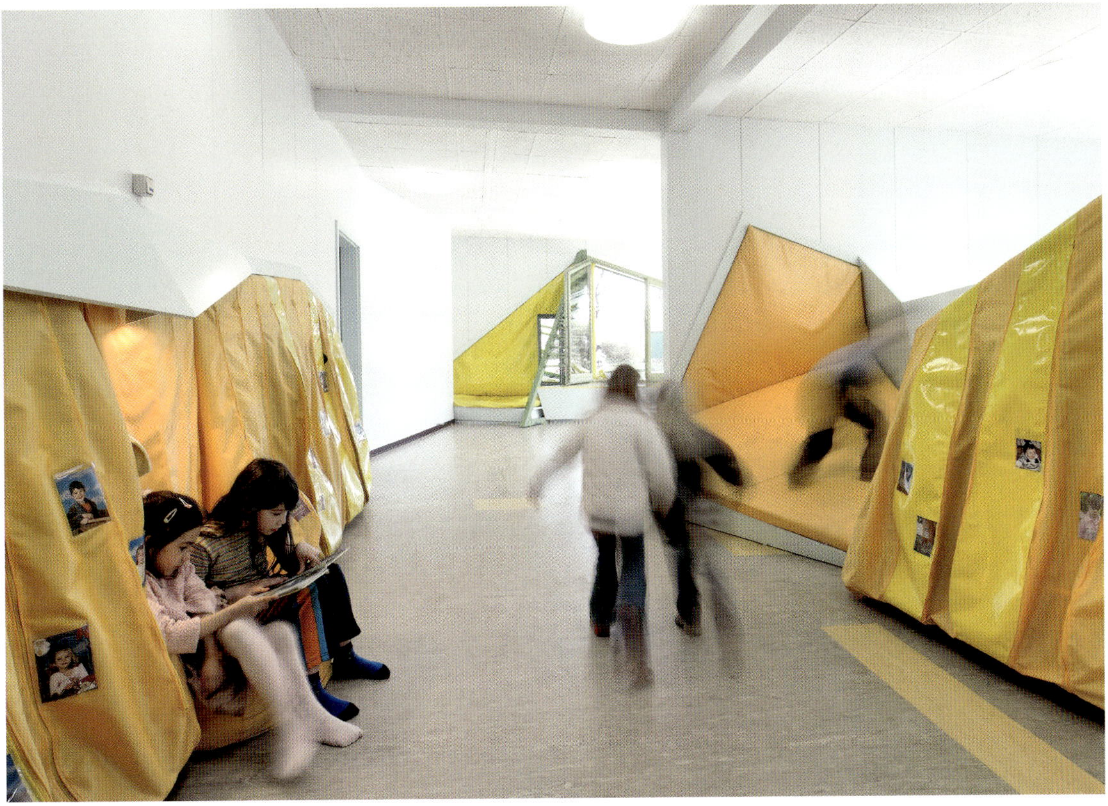

MINIMALE EINGRIFFE – MAXIMALE WIRKUNG | KITA TAKA-TUKA-LAND

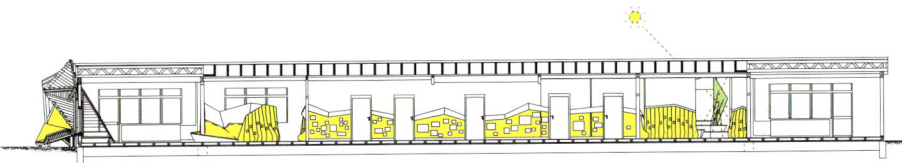

SCHNITT ENTLANG LIMONADENGALERIE A-A 1:350

GRUNDRISS ERDGESCHOSS 1:350

DATEN

WERKVERZEICHNIS

👑: AUSZEICHNUNG / * PROJEKTLEITUNG / A: AUFTRAGGEBER / AR: ARCHITEKTUR /
BL: BAULEITUNG / BGF: BRUTTOGESCHOSSFLÄCHE / F: FACHPLANER /
FG: FACHGEBIET ENTWERFEN UND BAUKONSTRUKTION (PROF. DR. SUSANNE HOFMANN) /
GEF: GEFÖRDERT / I: INITIATOR / KOOP: KOOPERATION / K: KOSTEN / LE: LEISTUNGEN /
L: LEHRE / P: PROGRAMM / PB: PROJEKTBETEILIGTE / PT: PROJEKTTYP / S: STUDIERENDE /
T: PROJEKTTEAM / TR: TRÄGER / TGA: TECHNISCHE GEBÄUDEAUSRÜSTUNG

LEBEN UND WOHNEN IM ALTER AUF DEM LAND, DÖTLINGEN, 2014–16
- PT Neubau
- P Generationenübergreifendes Wohnen, 56 Bewohner
- A Gemeinde Dötlingen
- BGF 10.000 m²
- LE LPH 1–2, Partizipation
- T Susanne Hofmann, Marlen Kärcher*, Kirstie Smeaton*, Susanne Vitt und Omorinsola Otubusin
- PB Institut für partizipatives Gestalten (IPG), Jascha Rohr (Gesamtkonzept "Leben und Wohnen im Alter")

HELLWINKELSCHULE, WOLFSBURG, 2011–16
- PT Umbau und Modernisierung, Schulbauberatung
- P Grundschule
- A Stadt Wolfsburg
- K 3.200.000 EUR brutto
- BGF 5.278 m²
- LE LPH 1–3, Partizipation
- T Susanne Hofmann, Nils Ruf, Kirstie Smeaton* und Theresa Kaiser
- L Susanne Hofmann, Kirstie Smeaton*
- S Yasemin Can, Leonard Chmielewski, Dimitra Chrysoula, Tesela Coraj, Viktoria Darenberg, Evelyn Gröger, Sophia Gurschler, Lena Helten, Solveig Hoffmann, Sarah Klohn, Mattila Mastaglio, Mareike Schlatow, Antonina Schmidt, Ludovica Tomarchio, Casper van der Zanden

HOCHHAUS DER TEAMPLAYER S12, BERLIN, 2014–16
- PT Modernisierung und energetische Sanierung
- P Studentenwohnen Siegmunds Hof, 136 Bewohner
- A Studentenwerk Berlin
- K 6.300.000 EUR brutto
- BGF 4.500 m²
- LE LPH 1–9, Partizipation, Generalplanung als ARGE
- T Susanne Hofmann, Max Graap, Marlen Kärcher*, Martin Mohelnicky, Mathias Schneider und Omorinsola Otubusin | Stephan Biller (BL)
- F Marzahn & Rentzsch (Statik), Ingenieurbüro Hetebrüg (TGA), Architektur- und Sachverständigenbüro Stanek (Brandschutz), ELT-ING GmbH (Elektroplanung)

PAVILLON GARTENWOHNEN S4/7, BERLIN, 2014–15
- PT Modernisierung und energetische Sanierung
- P Studentenwohnen Siegmunds Hof, 2 Pavillons, je 16 Bewohner
- A Studentenwerk Berlin
- K 1.140.000 EUR brutto
- BGF 1.112 m²
- LE LPH 1–9, Partizipation
- T Susanne Hofmann, Max Graap*, Martin Mohelnicky, Susanne Vitt* und Zuzana Tabačková
- F Marzahn & Rentzsch (Statik), Ingenieurbüro Hetebrüg (TGA), Architektur- und Sachverständigenbüro Stanek (Brandschutz), ELT-ING GmbH (Elektroplanung), Florencia Young (Wandgrafik)

HAUS FÜR MUSIK- & FITNESSFREUNDE S11, BERLIN, 2013–15
- PT Modernisierung und energetische Sanierung
- P Studentenwohnen Siegmunds Hof, 56 Bewohner
- A Studentenwerk Berlin
- K 3.200.000 EUR brutto
- BGF 2.085 m²
- LE LPH 1–9, Partizipation, Landschaftsplanung LPH 1–4
- T Susanne Hofmann, Max Graap, Marlen Kärcher*, Elena Pavlidou-Reisig, Mathias Schneider und Omorinsola Otubusin, Leslie Kuhn | Stephan Biller (BL)
- F Marzahn & Rentzsch (Statik), Ingenieurbüro Hetebrüg (TGA), Architektur- und Sachverständigenbüro Stanek (Brandschutz), ELT-ING GmbH (Elektroplanung), Ingenieurbüro Fritsch (Bauphysik), Anne Boissel (Lichtplanung), ST raum a. (Landschaftsplanung), BBP Bauconsulting mbH (Akustik)

LE BUFFET KINDERRESTAURANT, KÖLN, 2014
- PT Umbau
- P Kinderrestaurant
- A Le Buffet Restaurant & Cafe
- BGF 48.000 EUR brutto
- LE LPH 1–9, Partizipation
- T Susanne Hofmann, Martin Mohelnicky* und Tina Strack, Zuzana Tabačková

GYMNASIUM BORNBROOK, HAMBURG, 2014
- PT Schulbauberatung
- P Gymnasium
- A Schulbau Hamburg
- K 9.800.000 EUR brutto
- BGF 6.910 m²
- LE Schulbauberatung bis Inbetriebnahme
- T Susanne Hofmann, Max Graap, Kirstie Smeaton* und Noam Rosenthal, Mareike Schlatow, Jana Sommer, Zuzana Tabačková, Meltem Yavuz

RISING EDUCATION, BERTOUA, KAMERUN, 2013–14
- PT Neubau, Schulbauentwicklung
- P Grundschule
- A Hope Foundation
- K 20.000 EUR brutto (1.Bauabschnitt)
- LE LPH 1–8 Selbstbau, Partizipation
- L Susanne Hofmann, Kirstie Smeaton*
- S Matthias Bednasch, Samantha Bock, Prokop Chadima, Hugh Crothers, Till Dörscher, Carolin Gaube, Rick Gebben, Melanie Missfeldt, Bartosz Peterek, Noam Rosenthal, Chung Vu, Bao Wang, Björn Wittik, Simon Wübbels, Robert Wunder, Philipp Rust, Philipp Schwemberger, Anna-Katharina Dür

RUHIGES WOHNEN AM WÄLDCHEN S10, BERLIN, 2012–14
- PT Modernisierung und energetische Sanierung
- P Studentenwohnen Siegmunds Hof, 53 Bewohner
- A Studentenwerk Berlin
- K 2.900.000 EUR brutto
- BGF 2051 m²
- LE LPH 1–9, Partizipation, Landschaftsplanung LPH 1–4
- T Susanne Hofmann, Daniel Hülseweg, Martin Mohelnicky, Irmtraut Schulze, Susanne Vitt* und Corina Angheloiu, Laura Engelhardt, Larisa Mos, Theresa Kaiser, Daniela Knappe, Zuzana Tabačková | Helmuth Hanle (BL)
- F Marzahn & Rentzsch (Statik), Ingenieurbüro Hetebrüg (TGA), Architektur- und Sachverständigenbüro Stanek (Brandschutz), Jörg Lammers (energetische Beratung), ELT-ING GmbH (Elektroplanung), Ingenieurbüro Fritsch (Bauphysik), Teichmann LandschaftsArchitekten (Landschaftsplanung), Florencia Young (Wandgrafik)

PAVILLON GARTENWOHNEN S5/6, BERLIN, 2012–14
- PT Modernisierung und energetische Sanierung
- P Studentenwohnen Siegmunds Hof, 2 Pavillons, je 16 Bewohner
- A Studentenwerk Berlin
- K 1.090.000 EUR brutto
- BGF 1.112 m²
- LE LPH 1–9, Partizipation
- T Susanne Hofmann, Martin Mohelnicky, Irmtraut Schulze, Susanne Vitt* und Judith Prossliner, Laura Engelhardt, Zuzana Tabačková
- F Marzahn & Rentzsch (Statik), Ingenieurbüro Hetebrüg (TGA), Architektur- und Sachverständigenbüro Stanek (Brandschutz), ELT-ING GmbH (Elektroplanung), Florencia Young (Wandgrafik)

HEINRICH-NORDHOFF-GESAMTSCHULE, WOLFSBURG, 2011–14
- PT Umbau
- P Lernlandschaft, Mensa, Klassenräume
- A Stadt Wolfsburg
- K 284.000 EUR brutto
- BGF 1.470 m²
- LE LPH 2–9, Partizipation
- T Susanne Hofmann, Martin Janekovic, Kirstie Smeaton*, Susanne Vitt und Corina Angheloiu, Theresa Kaiser, Daniela Knappe, Noam Rosenthal
- F Andreas Kuelich (Statik)

GING-IN-NEIGHBORHOOD, BERLIN, 2013
- PT Kooperatives Ideenworkshopverfahren „Urban Living"
- P Generationenübergreifendes Wohnen
- A Senatsverwaltung für Stadtentwicklung und Umwelt, Berlin
- K 2.100.000 EUR brutto
- BGF 1.650 m²
- T Susanne Hofmann, Marlen Kärcher, Kirstie Smeaton* und Tina Strack, Mareike Schlatow, Jana Sommer, Zuzana Tabačková
- F Jörg Lammers (energetische Beratung), ST raum a. (Landschaftsplanung)

DOLF-REICHWEIN-GRUNDSCHULE, FREIBURG, 2013
- PT Eingeladener Wettbewerb, 3. Preis
- P Ganztagsbereich und Kindergarten
- A Stadt Freiburg im Breisgau
- K 5.500.000 EUR brutto
- BGF 3.160 m²
- T Susanne Hofmann, Max Graap, Marlen Kärcher, Judith Possliner, Mathias Schneider, Kirstie Smeaton* und Omorinsola Otubusin
- F Jörg Lammers (energetische Beratung), ST raum a. (Landschaftsplanung)

MIT MOABIT WOHNEN, BERLIN, 2013
- PT Neubau
- P Gemeinschaftliches Wohnen
- K Bezahlbares Wohnen
- LE Entwurf, Partizipation
- L Susanne Hofmann, Kirstie Smeaton
- S Sophia Bauer, Xenia Esau, Joan Gärtner, Julia Gahlow, Ioulios Georgiou, Simon Gerschewski, Alma Großen, Sara Haegermann, Gesa Hallmann, Arzu Hasanova, Tahereh Heidary, Marietta Loukissa, Christine Olesch, Omorinsola Otubusin, Lea Schillmann, Jana Sommer, Isabelle Wolpert, Oliver Wolter

ULTURWERKSTATT AUF AEG, NÜRNBERG, 2013
- PT Umbau und Modernisierung
- P Kulturbau
- A Stadt Nürnberg
- LE Partizipation
- T Susanne Hofmann
- AR Anderhalten Architekten

KISS UMEÅ, UMEÅ, SCHWEDEN, 2013
- PT Ausstellung
- P Installation
- A Bildmuseet, Umeå, Sweden
- K 1.500 EUR netto
- LE Partizipative Ausstellung und Workshop
- T Susanne Hofmann, Kirstie Smeaton* und Laura Englhardt, Larisa Mos

ET INVOLVED, BIENNALE, VENEDIG, ITALIEN, 2012
- PT Internationales Symposium
- P Architekturvermittlung
- A bink Initiative Baukulturvermittlung, Österreich, aut. architektur und tirol (Monika Abendstein)
- LE Partizipation
- PT Susanne Hofmann, Angela Uttke

LBERT-SCHWEITZER-SCHULE, BERLIN, 2012
- PT Neubau, Ausstellung
- P Temporärer Pavillon „Der Blickfänger"
- A Nordische Botschaften
- K 2.000 EUR netto (Material), Sponsorengelder
- LE LPH 1–8, Partizipation
- L Susanne Hofmann, Nils Ruf*
- S Marius Busch, Max Graap
- GEL IKEA Stiftung

TADTHALLE, KARLSRUHE, 2012
- PT Eingeladener Wettbewerb
- P Stadthalle
- A Stadt Karlsruhe
- K 1.300.000 EUR brutto
- T Susanne Hofmann, Kirstie Smeaton* und Corina Angheliou
- F Anne Boissel (Lichtplanung), Florencia Young (Leitsystem)

LEARN-MOVE-PLAY-GROUND, KAIRO, ÄGYPTEN, 2012
- PT Design Build Studio (Workshop und Realisierung)
- P Lernlandschaft
- A Architecture & Urban Design Program, German University in Cairo (Vittoria Capresi, Barbara Pampe)
- LE LPH 1–8, Partizipation
- KOOP Vittoria Capresi*, Barbara Pampe* (German University in Cairo), Moritz Bellers (Universität Stuttgart), Omar Nagati (CLUSTER Cairo), Susanne Hofmann mit Nils Ruf (Die Baupiloten), Urs Walter (FG), Charalampos Lazos (Studio Matthias Görlich), Magda Mostafa (American University Cairo)
- GEF Vollfinanziert durch das akadem. Austauschprogramm des DAAD Gefördert durch Egyptian Ministry of Education, Goethe Institute Cairo
- PB Montag Stiftungen (Karl-Heinz Imhäuser, Brigitta Fröhlich), Authority of Educational Buildings (GAEB, Roweida Sabra), Renet Korthals-Altes (Spielplatzdesign)

KINDERGARTEN LICHTENBERGWEG, LEIPZIG, 2009–12
- PT Neubau
- P Kindergarten
- A Stadt Leipzig Hochbauamt
- TR DRK Akademischer Kreisverband Leipzig e.V.
- K 1.673.000 EUR brutto
- BGF 975 m²
- LE LPH 1–5, Partizipation und künstlerische Oberleitung
- 👑 Architekturpreis Leipzig 2013, Lobende Erwähnung
- T Susanne Hofmann, Stefan Haas, Daniel Hülseweg, Martin Janekovic, Marlen Kärcher*, Susanne Vitt*, Jannes Wurps und Marco Grimm, Oliver Henschel, Thomas Pohl
- F ICL Ingenieur Consult (Statik), Ingenieurgruppe B.A.C. (TGA), Jörg Lammers (energetische Beratung), Einenkel Landschaftsarchitektur (Landschaftsplanung)

NIKOLAUS-AUGUST-OTTO-OBERSCHULE, BERLIN, 2012
- PT Neubau
- P Holzpavillon
- A Senatsverwaltung für Bildung, Jugend und Wissenschaft
- K 124.000 EUR brutto und 60.000 EUR brutto
- LE LPH 2–6, Partizipation
- KOOP Susanne Hofmann, Martin Janekovic*, Prof. Dr. Volker Schmid, Jens Tandler (Bauingenieur), Prof. Dr. Frank U. Vogdt, Jan Bredemeyer (Bauphysik)
- S Marta Allona, Friederike Bauer, Annika Becker, Maria Boeneker, Maren Böttcher, Dania Brächter, Sonia N.Medina Cardona, Julia Friesen, Armin Golshani, Cornelia Halbach, Camille Lemeunier, Christopher von Mallinckrodt, Daniel Ölschläger, Sarah Tusk, Laure Schaller, Susanne Schwarzer, Jakob Skorlinski, Efe Üner, Erwin Weil, Liang Qiao
- F Andreas Kuelich (Statik)
- GEF Gefördert durch die Deutsche Bundesstiftung Umwelt DBU

HAUS FÜR URBANE GARTENFREUNDE S13, BERLIN, 2009–12
- PT Modernisierung und energetische Sanierung
- P Studentenwohnen Siegmunds Hof, 46 Bewohner
- A Studentenwerk Berlin
- K 2.860.000 EUR brutto
- BGF 1.870 m²
- LE LPH 1–9, Partizipation, Landschaftsplanung LPH 1–4
- 👑 DAM Preis für Architektur in Deutschland 2013 – Die 22 besten Bauten in/aus Deutschland
- T Susanne Hofmann, Daniel Hülseweg, Jens Kärcher, Marlen Kärcher*, Martin Mohelnicky*, Nils Ruf, Jannes Wurps und Falko Dutschmann, Laura Holzberg | Stephan Biller (BL)
- F Marzahn & Rentzsch (Statik), Planungsteam Energie + Bauen (TGA), Architektur- und Sachverständigenbüro Stanek (Brandschutz), Jörg Lammers (energetische Beratung), Wangelow (Elektroplanung), Ingenieurbüro Fritsch (Bauphysik), Teichmann LandschaftsArchitekten (Landschaftsplanung)

SCHULE BAUT, WOLFSBURG, 2010
- PT Ideenentwurf
- P Schule baut
- A Stadt Wolfsburg, Architekturvermittlung, Nicole Froberg mit Monika Piehl
- LE 10 Partizipationsworkshops
- T Susanne Hofmann, Urs Walter, Fee Kyriakopolous

KINDERFORSCHERWERKSTATT, HAMBURG, 2010
- PT Umbau
- P Lernlandschaft
- A Hamburger Klimaschutzstiftung
- K 120.000 EUR brutto
- BGF 150 m²
- LE LPH 1–3, Partizipation
- L Susanne Hofmann, Marlen Kärcher*
- S Christian Ahrens, Camilla Bellatini, Nora Brinkmann, Kyunghee Choi, Lena Geiger, Juliane Glau, Parker Hoar, Viviane Hülsmeier, Theresa Kaiser, Daniela Knappe, Johanna Lehrer, Anja Malone, Dessislava Panova, Hanna Ranstad, Diana Lüpke Santos, Lena Schade

KITA NIDO PICCOLO, BERLIN, 2009–10
- PT Umbau und Energetische Fassadensanierung
- P Kindertagesstätte
- A Independent Living GmbH
- K 610.000 EUR brutto
- BGF 2.698 m²
- LE LPH 1–9, Partizipation
- 👑 Nominiert als Pilotprojekt d. Bundesregierung zum Konjunkturpaket II
- T Susanne Hofmann, Helmuth Hanle*, Daniel Hülseweg, Jens Kärcher
- F GSE Ingenieur-GmbH (Statik, energetische Beratung), bioloGIS (avifaunistisches Gutachten)

KOTTI 3000, BERLIN, 2009
- PT Ideenentwurf
- P Zukunftsvisionen für das Quartier
- A Quartiersmanagement Zentrum Kreuzberg
- LE Partizipation
- L Susanne Hofmann, Marlen Kärcher*, Jannes Wurps
- S Daniel Fernández, Till-Moritz Ganssauge, Johannes Maas, Elena Reig, Ralph Reisinger, Florentin Steininger

NEUE SCHULE FAMILIENSERVICE, BERLIN, 2009
- PT Umbau
- P Grundschule
- A Global Education pme Familienservice GmbH
- K 110.000 EUR brutto
- BGF 660 m²
- LE LPH 1–9, Partizipation
- T Susanne Hofmann, Daniel Hülseweg, Marlen Kärcher*, Jannes Wurps und Lisa Plücker, Laure Severac

CARLO-SCHMID-OBERSCHULE, BERLIN, 2009
- PT Umbau
- P Lernlandschaften
- A Bezirksamt von Berlin-Spandau
- K 70.000 EUR brutto
- LE LPH 1–9, Partizipation
- L Susanne Hofmann, Constantin von der Mülbe, Helmuth Hanle*
- S Anna-Lena Berger, Geilon Cannarozzi, Elisabeth Söiland, Flora Marchand, Ralph Reisinger, Johannes Maas, Anika Kern, Daniel Fernandez Pascual, Marie-Charlotte Dalin, Maciej Sokolnicki, Annett Fischer, Iris Lacoudre-Nabert
- PB Quartiersmanagement/Stadtteilmanagement Heerstraße

BILDUNGSLANDSCHAFT HEINRICH-SCHÜTZ-STRASSE, CHEMNITZ, 2008
- PT Eingeladener Wettbewerb,
- P Schulcampus
- A Stadt Chemnitz
- K 45.000.000 EUR brutto
- BGF 9.000 m²
- T Susanne Hofmann*, Marlen Kärcher, Jannes Wurps und Katharina Schawinski, Christian Necker, Lisa Plücker, Irmtraut Schulze
- KOOP IPROPLAN (Volker Hesse)

OBERSCHULE PAPENTEICH, GROSS SCHWÜLPER, 2008
- PT Schulbauberatung
- P Schulbau
- A Haupt- und Realschule Groß Schwülper
- LE Partizipation
- L Susanne Hofmann
- S Mario Bär, Lena Fischer, Claus Friedrichs, Ole Hallier, Christian Necker, Quentin Nicolaï, Mari Pape, Gaspard van Parys, Amaia Sánchez Velasco, Irmtraut Schulze, Elena Stoycheva, Agnes Thöni, Jorge Valiente Oriol

EVANGELISCHE SCHULE BERLIN ZENTRUM, BERLIN, 2008
- PT Schulbauberatung
- P Schulbau
- A Schulstiftung der evangelischen Kirche
- LE LPH 1–2, Partizipation
- L Susanne Hofmann*, Jannes Wurps
- S Agnieszka Przybyszewska, Donat Kirschner, Fabian Thielken, Gaspard Van Parys, Giulia Tubelli, Janna Störmer, Jessika Strzys, Joanna Szczepanska, Kathrin du Hamél, Laura Larraz, Margit Sichrovsky, Martin Hartwig, Michaela Hillmer, Radostina Simeonova, Sonja Winkler

ÖKOPOP SIEGMUNDS HOF, BERLIN, 2007–08
- PT Masterplan
- P Studentenwohnanlage Siegmunds Hof, ca. 600 Bewohner
- A Studentenwerk Berlin
- K 18.000.000 EUR brutto
- BGF 12.500 m², 25.000 m² Landschaftsplanung
- LE LPH 1–2, Partizipation
- 👑 DAM Preis für Architektur in Deutschland 2013 – Die 22 besten Bauten in/aus Deutschland
- T Susanne Hofmann*, Helmuth Hanle, Marlen Kärcher*, Jannes Wurps
- L Susanne Hofmann, Marlen Kärcher
- S Khoi Bui, Carolin Ehrig, Marc Fabrés Masip, Paul Hansen, Donat Kirschner, Niklas Kuhlendahl, Johanna Lehrer, Nadine Muhr, Sophie Mundrzik, Viet Dung Nguyen, Agnieszka Przybyszewska, José Ignacio Rejas Fernández, Nils Ruf, Joanna Szczepanska, Agnes Thöni
- F S.T.E.R.N. GmbH (TGA)

CARL-BOLLE-GRUNDSCHULE, BERLIN, 2006–08
- PT Umbau
- P Lern- und Freizeitlandschaften
- A Jahn, Mack & Partner
- K 50.000 EUR brutto
- BGF 241 m²
- LE LPH 1–9, Partizipation
- L Susanne Hofmann, Constantin von der Mülbe*,
- S Lena Fischer, Anna Lafite, Lukas de Pellegrin, Lisa Plücker, Daniel Theiler, Nadia Poor-Rahim
- PB Quartiersmanagement Moabit West, Berlin bewegt e.V.
- GEF EU, BRD und das Land Berlin im Rahmen des Programms „Wohnumfeldverbessernde Maßnahmen"

ERIKA-MANN-GRUNDSCHULE II, BERLIN, 2006–08
- PT Umbau
- P Lern- und Freizeitlandschaften
- A Stattbau GmbH
- K 150.000 EUR brutto
- BGF 605 m²
- LE LPH 1–9, Partizipation
- 👑 Shortlist zum Making Space 2010 Award (Architecture and Design Scotland)
- L Susanne Hofmann*, Helmuth Hanle
- S Maximilian Assfalg, Ania Busiakiewicz, Andrea Ceaser, Fee Kyriakopoulos, Ansgar Schmitter, Irmtraut Schulze, Thilo Reich, Wojciech Wojakowski
- PB Quartiersmanagement Pankstraße
- F GSE Ingenieur-GmbH (Statik)
- GEF EU, BRD und das Land Berlin im Rahmen des Programms „Wohnumfeldverbessernde Maßnahmen"

GALILEI-GRUNDSCHULE, BERLIN, 2005–08
- PT Umbau und Sanierung
- P Lernlandschaft
- A Stattbau GmbH
- K 200.000 EUR brutto
- BGF 1.150 m²
- LE LPH 1–9, Partizipation
- L Susanne Hofmann, Constantin von der Mülbe*
- S Melanie Berkholz, Tanja Freund, Anna Ohlrogge, Beatrice Traspedini, Katja Zimmerling, Amaia Sánchez Velazlo Benno Fiehring, Florence Harbach, Gaspard van Parys, Jorge Valiente Oriol, Leif Lobinski, Neli Pavlova, Quentin Nicola María García, Clara Rodriguez, Sophie Mundzik, Robert Tech
- PB Quartiersmanagement am Mehringplatz
- F Ingenieurbüro Moll (Akustik)
- GEF EU, BRD und das Land Berlin im Rahmen des Programms „Wohnumfeldverbessernde Maßnahmen"

CAFETERIA WETTERLEUCHTEN, BERLIN, 2005–08

- PT Umbau
- P Cafeteria
- A Technische Universität Berlin
- K 900.000 EUR brutto
- BGF 224 m²
- LE LPH 2–8, Partizipation
- L Susanne Hofmann, Martin Janekovic, Marlen Kärcher, Monica Wurfbaum
- S Mario Bär, Christian Baalß, Tobias Bernecker, Anne Doose, Julian Fissler, Patrick Hoffmann, Denitsa Ilieva, Christoph Jantos, Jens Kärcher, Eva Kanagasabai, Martin Mohelnicky, Mari Pape, Elena Pavlidou-Reisig, Simone Sexauer, Helen Ströh, Benedikt Tulinius, Katya Vangelova, Ines Wegner, Ivonne Weichold
- F Pichler Ingenieure GmbH (Statik), pin planende ingenieure GmbH (TGA)

KITA TAKA-TUKA-LAND, BERLIN, 2005–07

- PT Umbau und Fassadensanierung
- P Kindertagesstätte
- A ASB Kinder- und Jugendhilfe (seit 2007 Orte für Kinder GmbH)
- K 115.000 EUR brutto
- BGF 545 m²
- LE LPH 1–9, Partizipation
- ♛ Architekturpreis Farbe Struktur Oberfläche 2008 (Caparol Farbe Lacke Bautenschutz GmbH), Nominiert für den Invest in Future Award 2008 (Land Baden-Württemberg)
- L Susanne Hofmann*, Christos Stremmenos
- S Ilja Gendelmann, Niklaus Haller, Ole Hallier, Daniel Hülseweg, Susan Jutrowski, Annika Köster, Anna Meditsch, Christian Necker, Anne Pind, Mirko Wanders, Katrin Zietz, Katja Zimmerling

BÜHNENBÄUME, CHEMNITZ, 2003–06

- PT Neubau
- P Kleinkunstbühne und Zuschauertribünen
- K Parkeisenbahn Chemnitz
- BGF 70.000 EUR brutto
- LE LPH 1–5, künstlerische Oberleitung
- L Susanne Hofmann
- S Hendrik Bohle, Kai Grüne, Stefan Haas
- F Dipl.-Ing. Eckhard Bartel (BL), Ingenieurbüro Uhlmann (Statik), Ingenieurbüro Moll (Akustik)
- GEF Stadt Chemnitz, Stadtwerke Chemnitz, Chemnitzer Verkehrsbetriebe, Einzelspender

H100 MULTIFUNKTIONSSAAL, BERLIN, 2003–06

- PT Umbau
- P Veranstaltungssaal
- A Technische Universität Berlin
- K 640.000 EUR brutto
- LE LPH 2–6
- L Susanne Hofmann, Constantin von der Mülbe*,
- S Christian Behrendt, Manuela Döbelin, Marc Dufour-Feronce, Philippe Dufour-Feronce, Oliver Gassner, Marie Harms, Frank Henze, Jens Kärcher, Thomas Marx, Martin Murrenhoff, Robert Niemann, Anne-Marie Octave, Nori Rhee, Norman Westphal
- F Ingenieurbüro Lutz C. Knitter (TGA), Ingenieurbüro Moll (Akustik), Ingenieurbüro Reimund Draheim (Elektroplanung)

PETTENKOFER GRUNDSCHULE, BERLIN, 2005

- PT Umbau
- P Lernlandschaft
- A Förderverein Pettenkofer Grundschule e.V.
- LE LPH 1–2, Partizipation
- L Susanne Hofmann, Anupama Kundoo*
- S Jovita Andriani, Kathrin Ederer, Diana Ferreira, Philipp Kreß, Anne Pind, Merel Pit, Michael Schulz, Marie Viard, Sonja Winkler

SCHADOW-GYMNASIUM, BERLIN, 2005

- PT Neubau
- P Überdachung
- A Schadow-Gymnasium
- K 82.000 EUR brutto
- LE LPH 1–2, Partizipation
- L Susanne Hofmann, Martin Janekovic*
- S Sören Hanft, Martin Mohelnicky, Elena Pavlidou-Reisig

AEDES EXTRAFANTASIES, BERLIN, 2005

- PT Austellung
- P Installation
- A Architekturforum Aedes
- LE Partizipative Ausstellung
- L Susanne Hofmann, Jannes Wurps
- S Nora Asmus, Maximilian Assfalg, Anja Bauer, Julie Baumann, Christian Behrendt, Anna Lena Berger, Uta Böcker, Etta Dannemann, Marc Dufour-Feronce, Stephie Eberhardt, Claus Friedrichs, Mathias Grabe, Anneke Hillmann, Minji Kang, Annika Kern, Lara Kittel, Ariane Mielke, Christian Necker, Ingo Nolte, Mari Pape, Nina Pawlicki, Jongki Park, Lisa Plückler, Andreas Reeg, Brigitte Schultz, Jeanette Werner

KITA TRAUMBAUM, BERLIN, 2004–05

- PT Umbau
- P Kindertagesstätte
- A ASB Kinder- und Jugendhilfe (seit 2007 Orte für Kinder GmbH)
- K 47.000 EUR brutto
- LE LPH 1–9, Partizipation
- ♛ Bundesdeutscher Architekturpreis Putz 2008 (Preis der European Conference of Leading Architects)
- L Susanne Hofmann*, Martin Janekovic
- S Julie Baumann, Jenny Brockmann, Nikolai Erichsen, Daniel Hülseweg, Stefan Kels, Franziska Ritter, Uta Schrameyer

ERIKA-MANN-GRUNDSCHULE I, BERLIN, 2003

- PT Umbau
- P Lernlandschaft
- A L.I.S.T. GmbH
- K 140.000 EUR brutto
- BGF 1.100 m²
- LE LPH 1–9, Partizipation
- ♛ Contractworld Award 2007, Rabe des Monats Juni 2005, *Honorable mention* AR+D Awards for Emerging Architecture 2004, Preis Soziale Stadt 2004, 1. Platz
- L Susanne Hofmann
- S Frank Drenkhahn, Johannes Gutsch, Gordana Jakimovska, Nils Ruf, Urs Walter und Karen Behrendt, Olga Dementieva, Sandra Grünwald, Alexandra Heine, Lena Rehberg, Malte Scholl
- PB Quartiersmanagement Pankstraße
- F KlangWerkstatt Bernhard Deutz (Musikinstrumentenbau)
- GEF Bund-Länder-Programm „Soziale Stadt"

JFK-INSTITUT, BERLIN, 2001–02

- PT Umbau
- P Vortragsraum
- A John-F.-Kennedy-Institut, Freie Universität Berlin
- K 75.000 EUR brutto
- LE LPH 1–9
- L Susanne Hofmann
- S Philipp Baumhauer, Julian Sauer, Christian Weinecke
- F Ingenieurbüro Moll (Akustik)

NACHTSENSATIONEN, BERLIN, 2001

- PT Austellung
- P Installation
- A Temporäre Gärten 2001
- LE Partizipative Ausstellung
- L Susanne Hofmann
- S Sigurd Buhr, Stephanie David, Sandra Grünwald, Lisa Kadel, Kian Lian, Sven Morhard, Jan Moritz, Malte Scholl, Jenny Witte, Christian Sommer, Vincent Taupitz, Jost Völker, Margaret Weissig

FERIENHAUS MUDGE ISLAND, KANADA, 1990

- PT Neubau
- P Ferienhaus
- A Joan Comparelli
- K 7.400 CA$ (wiederverwertbare Materialien), Materialspenden
- LE LPH 1–9 Selbstbau
- T John Comparelli, Susanne Hofmann

245

DAS ARCHITEKTURBÜRO DIE BAUPILOTEN BDA*

B: BÜRO, LF: LEHRE U. FORSCHUNG, A: AUSZEICHNUNGEN, L: LEHRE
* BIS 2013 SUSANNE HOFMANN ARCHITEKTEN, SEIT 2011 MITGLIED DES BUNDES DEUTSCHER ARCHITEKTEN (BDA)

SUSANNE HOFMANN Prof. Dr.-Ing. AA Dipl.-Architektin BDA, *1963

	1992	Diploma Architectural Association School of Architecture, London
B	2001	Gründung: Die Baupiloten BDA*
	1987–97	Projektleitung: G. Spangenberg, Architekt, Berlin; Mitarbeit: Sauerbruch Hutton, London, Berlin; Alsop und Lyall Architects, London; Steidle und Kiessler Architekten, Hamburg
LF	2012	Promotion *Atmosphäre als partizipative Entwurfsstrategie* (summa cum laude)
	2012	Gastprofessur: The University of Auckland, Design Intensive Studio, Neuseeland
	2009–	Professur: Entwerfen und Baukonstruktion, TU Berlin (Vertretung)
	2008	Scholar: RMIT School of Architecture and Design, Melbourne
	2003–14	Studienreformprojekt „Die Baupiloten", TU Berlin
	1996–09	Universität Westminster, London, TU Berlin und HAW Hamburg
A	2013	Stipendium der Deutschen Akademie Rom Villa Massimo, Studienaufenthalt in der Casa Baldi
	1992	Nomination zur Silver Medal der RIBA President's Medals Student Awards
	1988–89	Stipendiatin des DAAD

MARLEN KÄRCHER geb. Weiser, Dipl.-Architektin, *1976

	2002	Diploma in Architecture Bartlett School of Architecture, London
B	2013–	Büroleitung: Die Baupiloten BDA*
	2007–	Projektleitung: Die Baupiloten BDA*
	1998–06	Projektleitung: Eger Architects, London; Mitarbeit: Barkow Leibinger Architekten, Berlin; selbstständig: Innenraumkonzept Ganztagesschule Annaberg-Buchholz
L	2007–13	Wissenschaftliche Mitarbeit: Studienreformprojekt „Die Baupiloten", TU Berlin
A	1996–02	Stipendiatin der Studienstiftung des deutschen Volkes

HELMUTH HANLE, Dipl.-Ing. Architekt, *1956

	1986	Diplom Technische Universität Berlin
B	2007–	Kooperation mit Die Baupiloten BDA*
	1993–	Selbstständig
	1992–93	Mitarbeit: Büro Daniel Libeskind, Berlin
	1986–91	Projektleitung: Architekturbüro Klaus Günther, Berlin
A	1991–92	Monbusho-Stipendium des japanischen Erziehungsministeriums

DANIEL HÜLSENWEG, Dipl.-Ing., *1978

	2009	Diplom Technische Universität Berlin
B	2012–	Projektleitung: de Winder Architekten, Berlin
	2008–12	Projektleitung: Die Baupiloten BDA*
	2006–08	Freie Mitarbeit: verschiedene Architekturbüros
L	2014–	Wissenschaftliche Mitarbeit: Prof. Dr. Hofmann, TU Berlin

MARTIN MOHELNICKY, Dipl.-Ing., *1975

	2010	Diplom Technische Universität Berlin
	2002	Tischlerlehre
B	2009–	Projektleitung: Die Baupiloten BDA*
	2007–08	Freie Mitarbeit: verschiedene Architekturbüros
L	2014–	Wissenschaftliche Mitarbeit: Prof. Dr. Hofmann, TU Berlin
	2007–09	Tutor: Prof. Fioretti, TU Berlin

NILS RUF, Dipl.-Ing., Zimmerer, *1972

    2010   Diplom Technische Universität Berlin
    1998   Zimmerer/Facharbeiter Holzbau-Lehre

B 2010–   Mitarbeit: Die Baupiloten BDA*
    1995–99 Ausbildung und Arbeit als Zimmerer in Aachen und Berlin

L 2011–12 Lehrauftrag: Die Baupiloten und Prof. Dr. Herrle, TU Berlin

SUSANNE VITT, Dipl.-Ing., *1970

    1998   Diplom Technische Universität Karlsruhe

B 2010–   Projektleitung: Die Baupiloten BDA*
    2006   Selbstständig
    2001–05 Projektleitung: von Bothmer Architekten, Berlin
    1995–01 Mitarbeit: Henn Architekten, Berlin; GUSSMANN + VALENTIEN Atelier, Berlin; Abt Architekten, Binningen

KIRSTIE SMEATON, Dipl.-Architektin, *1980

    2008   Diploma in Professional Studies University College Dublin
    2006   Diploma in Architecture Bartlett School of Architecture, London

B 2011–   Projektleitung: Die Baupiloten BDA*
    2006–11 Projektleitung: O´Donnell + Tuomey Architects, Dublin
    2002–05 Mitarbeit: Satellite Architects, London

L 2011–14 Wissenschaftliche Mitarbeit: Studienreformprojekt „Die Baupiloten", TU Berlin

IRMTRAUT SCHULZE, Dipl.-Ing., *1983

    2012–   Sachverständige für Barrierefreiheit in Gebäuden, Außenraum und Städtebau
    2011   Diplom Technische Universität Berlin

B 2012–14 Mitarbeit: Die Baupiloten BDA*
    2011–12 Freie Mitarbeit: Möller Mainzer Architekten, Berlin
    2008–10 Werkstudentin: Estée Lauder GmbH, Division Aveda, Berlin
    2007–08 Mitarbeit: verschiedene Architekturbüros

L 2008–10 Tutor: Studienreformprojekt „Die Baupiloten", TU Berlin

MAX GRAAP, M.Sc. Architektur, *1985

    2013   Master of Science Architektur Technische Universität Berlin

B 2013–   Mitarbeit: Die Baupiloten BDA*
    2010   Mitarbeit: modulorbeat, Münster
    2009–10 Mitarbeit: Bolles+Wilson, Münster

L 2012–13 Tutor: Studienreformprojekt „Die Baupiloten", TU Berlin
    2007–09 Tutor: Prof. Schulze, RWTH Aachen

MATHIAS SCHNEIDER, Dipl.-Ing.(FH), *1981

    2009   Diplom Beuth Hochschule, Berlin
    2001   Metallbaulehre

B 2013–   Mitarbeit: Die Baupiloten BDA*
    2007–13 Mitarbeit: BRT Architekten, Hamburg; STI-Studio, Hangzhou; Sauerbruch Hutton, Berlin; wiewiorra hopp schwark architekten, Berlin
    2003–05 Messebau, Delafair Berlin

DAS STUDIENREFORMPROJEKT DIE BAUPILOTEN 2003–2014

Die Baupiloten wurden als Studienreformprojekt 2003 in einer Kooperation des Architekturbüros Susanne Hofmann Architekten und der TU Berlin gegründet. Studierenden sollte die Chance gegeben werden, konkrete Bauprojekte im Rahmen ihres Studiums zu realisieren. Dabei durchliefen sie alle Bauphasen vom konzeptionellen Entwurf bis zur Realisierung mit knappen Budgetvorgaben. Haftung und Verantwortung für die Bauprojekte lagen beim Architekturbüro. Nach Abschluss des Studienreformprojektes 2014 firmiert das Büro Susanne Hofmann Architekten als „Die Baupiloten BDA".

An dieser Stelle möchte ich allen beteiligten Fachgebieten und Lehrenden danken: Prof. Dr. Gerd Brunk mit Dr.-Ing. Olaf Weckner (Mechanik); Dipl.-Ing. Christiane Straße, FG Prof. Dr. Johannes Cramer (Bau- u. Stadtbaugeschichte); Dr.-Ing. Joachim Feldmann (Akustik); Dr.-Ing. Stefan Gräbener, FG Prof. Dr. Mathias Hirche (CAD); FG Prof. Rainer Mertes (Planungs- und Bauökonomie); Reimund Ross (Brandschutz); Dr.-Ing. Eddy Widjaja, Dipl.-Ing. Roland Lippke, FG Prof. Dr.-Ing. Klaus Rückert (Tragwerkslehre); Prof. Dr. Rudolf Schäfer (Baurecht); Prof. Dr.-Ing. Volker Schmid mit Dr.-Ing. Jens Tandler MSc (Bauingenieurwesen); Dr.-Ing. Paul Schmits (Lichtplanung); Dipl.-Ing. Katja Pfeiffer, FG Prof. Claus Steffan; Mathias Heyden, FG Prof. Jörg Stollmann (Städtebau); Dipl.-Ing. Jan Bredemeyer, FG Prof. Dr.-Ing. Frank U. Vogdt (Bauphysik); Dipl.-Ing. Astrid Zimmermann (Landschaftsbau)

DIE BAUPILOTEN STUDIERENDEN

DIE BAUPILOTEN LEHRENDEN

DIE BAUPILOTEN STUDIERENDEN

VERÖFFENTLICHUNGEN

2014

FACES OF INTERIOR - LEARN | Juni 2014, Die Baupiloten. Ein partizpatives Studienprojekt

EK | April/Mai 2014, Bâtiments à l'étude, Les „Baupiloten", pilotes de la construction

ARCHIDEA Nr. 49 Education Edition | April 2014, Susanne Hofmann im Interview

2013

WIRED vol. 10 | November 2013, Architecture That Involves the Users

DEUTSCHES ARCHITEKTUR JAHRBUCH 2013/14 | München, London, New York 2013, Peter Cachola Schmal, Yorck Förster (Hrsg.), ISBN 978-3-7913-5295-4

TU INTERN | Oktober 2013, Bildung gegen Armut. Studierende planen und bauen eine Schule in Kamerun – die Bevölkerung ist beteiligt

DOMUS | September 2013, Kinder an die Macht!
Bauen als kommunikativer Prozess

BAUNETZWOCHE Nr. 331 – Ich bin eine Kita | August 2013, Eine Frage der Farbe

SRF – REFLEXE | 12. August 2013, Reflexe

ARCH+. Heft 211/212 Think Global Build Social | Sommer 2013,
Design-Build. Die Baupiloten. Designed in Berlin – Built in Germany and Egypt

BAUSTELLE BILDUNG II. Gebundene und offene Beteiligungsprozesse. Neue Wege in der Arbeit mit Kindern und Jugendlichen | Mai 2013,
Arbeit in einer Baufamilie

DOMUS ONLINE | Mai 2013, Form follows tales

ZEPPELIN Nr. 113 | April 2013, Susanne Hofmann Architekten & die Baupiloten

BAUMEISTER B4 | April 2013, Wo sitzt der Chef?

TEC21 Nr. 11 | März 2013, Vulkanwelt, Gräserwald und Regenbogengärten

DBZ 3 | März 2013, Viel Raum für Experimente. DRK-Kindertagesstätte Lichtenberg, Leipzig

A10. New European architecture Nr. 49 | Januar/Februar 2013,
Learning by doing

2012

KLEINFORMAT. LÄSSIG LEBEN MIT KINDERN. Das Magazin für kreative Eltern | Dezember 2012, Wie geht gute Kinderarchitektur?

BAUWELT Nr. 35: Studentendörfer | September 2012,
Renovieren für Gartenfreunde, Partytiger, Ruhesucher

DER MENSCHLICHE FAKTOR. Wie Architektur und Design als soziale Katalysatoren wirken | München 2012, Martin Ludwig Hofmann (Hrsg.),
ISBN 978-3-7705-5363-1

COLORE. Das Farbmagazin Nr. 5 | Juli 2012, Geschichten in Bunt. Traumwelten zum Entdecken

LEARN FOR LIFE. New Architecture for New Learning | Berlin 2012,
Sven Ehmann, Sofia Borges, Robert Klanten (Hrsg.), ISBN 978-3-89955-414-4

2011

ERZIEHUNG UND WISSENSCHAFT. Zeitschrift der Bildungsgewerkschaft GEW.
Anders bauen – besser lernen | Oktober 2011, Der Raum als dritter Pädagoge

SPIEGEL WISSEN Nr. 2 | Mai 2011, Leben lernen. Was Schule heute leisten muss

BOB Nr. 082 | Mai 2011, Education Facility. Carl Bolle Elementary School

TIGERENTEN CLUB Folge 768, Thema: Architektur I SWR, 2010,
Ausstrahlungen: u.a. RBB 01. Mai 2010, Das Erste 24. April 2011, SWR/KI.KA 30. April 2011

TIGERENTEN CLUB XTRA Folge 77, Thema: Architektur I SWR, 2011,
Ausstrahlungen: Das Erste 26. März 2011, SWR/KI.KA 02. April 2011

MYSELF | April 2011, Wir machen Städte lebendiger

MODERATORS OF CHANGE. Architektur, die hilft. Architecture that helps | Ostfildern 2011, Andres Lepik (Hrsg.) in Zusammenarbeit mit Anne Schmedding, ISBN 978-3-7757-3186-7

ARTS & CULTURE & EDUCATION: Räume bilden – Wie Schule und Architektur kommunizieren | Berlin 2011,
Antje Lehn, Renate Stuefer, Agnieszka Czejkowska (Hrsg.), ISBN 978-3854095774

BAYERN 2 – NAHAUFNAHME | 14. Februar 2011, Die Lernlandschaft, Podcast

2010

PLANERIN. Fachzeitschrift für Stadt-, Regional- und Landesplanung Heft 5 | Oktober 2010, Bildungslandschaften – Lernorte gestalten und vernetzen

SPIEGEL ONLINE | 21. September 2010,
Fotoprojekt: An einem ganz normalen Tag im Mai

DETAIL reader. Sicherheit planen | August 2010

INTERIOR DESIGN | Juni 2010,
Spy with the Shimmering Cloak, Prequel of the Silver Dragon

DEUTSCHES ARCHITEKTENBLATT | Juni 2010, Der Bauplan als Lehrplan

KABEL RADIO – ÜBERDACHT | 30. Mai 2010,
Susanne Hofmann im Interview mit Karen Bork Alex, Podcast

SÜDDEUTSCHE ZEITUNG MAGAZIN Nr. 14 | 09. April 2010, Carl-Bolle-Grundschule

2009

ARQUITECTURA VIVA | November 2009, Territorios de la infancia

GEO WISSEN Nr. 44 | November 2009, Baustoff Fantasie

DER TAGESSPIEGEL | 17. November 2009, Lernen und toben in bunten Farben

UNICUM | November 2009, Große Ideen für die Kleinen

AD. Architectural Digest | Oktober 2009, Neue Berliner Kitas

SWR 2 | 24. Oktober 2009,
Die reparierte Bildung – Was bringt das Konjunkturpaket II?

DETAIL Nr. 9 | September 2009, Nachhaltige Sanierung von Schulbauten

KONSTRUKTIV | September 2009,
Redesign von Schulen – Nutzer als Entwurfspartner

ENTREPLANOS | September 2009, Taka-Tuka-Land, Un árbol muy especial

MILK | September 2009, Écoles rêvées

AD. Architectural Digest Russian Issue No. 9 | August 2009, Erika-Mann-Grundschule II

CASA LIVING | August 2009, Casa Insider – World

DBZ | August 2009, Raummodifikation durch Licht

BAUWELT Nr. 27/28 | 24. Juli 2009,
Klettergerüst 2.0 – Neues von den Baupiloten in Berlin-Moabit

DOMUS Nr. 926 | Juni 2009, In Berlin a Student Group Transforms a University Cafeteria into an Atmospheric Sensor

DER STANDARD | 18. April 2009, Raumerlebnis statt Klassenzimmer

NEUE VORALBERGER TAGESZEITUNG | 01. April 2009, „Architektur ist kein Allheilmittel" – der „Wohlfühlfaktor" in den gemeinnützigen Siedlungsbauten

ORF online | April 2009, Pilotprojekt: Wohnqualität in der Achsiedlung

INTÉRIEURS Nr. 46 | April 2009, Baupiloten's Wonderlands

GESTALTEN.TV | 19. März 2009, The kids are alright

Y08. THE SKIRA YEARBOOK OF WORLD ARCHITECTURE 2007–2008 | Milano 17. März 2009, Luca Molinari (Hrsg.), Day nursery interiors by Baupiloten Berlin, ISBN 978-8861305878

N-TV – RATGEBER IMMOBILIEN | 10. März 2009

BAUNETZWOCHE Nr. 116 | 27. Februar 2009,
Special: Die Baupiloten: Form Follows Fiction

PROYECTO CONTRACT Número 51 | Februar 2009,
El Resoplido del Dragón Plateado, Erika Mann Elementary School II

DE ARCHITECT | Januar 2009,
Op de vleugels van de draak – Basisschool Erika Mann in Berlijn (D) door

ARTE TV – CHIC! | 28. Januar 2009

SPIEGEL ONLINE | 21. Januar 2009, Baupiloten gegen Bausünden – Wie Studenten Wohnklötze in Schmuckstücke verwandeln

FRAME Issue 66 | Januar 2009, Erika Mann Primary School

METROPOLE 3: BILDEN. METROPOLIS: EDUCATION | Berlin 2009,
Internationale Bauausstellung Hamburg (Hrsg.), ISBN 978-3-86859-070-8

PLAY ALL DAY – DESIGN FOR CHILDREN | Berlin 2009, Robert Klanten,
Sven Ehmann (Hrsg.), ISBN 978-3-89955-236-2

SPACECRAFT 2: MORE FLEETING ARCHITECTURE AND HIDEOUTS | Berlin 2009, Robert Klanten, Lukas Feireiss (Hrsg.), ISBN 978-3-89955-233-1

SPACE X FILE – PUBLIC SPACE | Shanghai 2009, Xing Rihan (Hrsg.),
ISBN 978-988-17805-1-5

SPACE X FILE – COMMERCIAL SPACE Vol.02 | Shanghai 2009, Xing Rihan (Hrsg.), ISBN 978-988-17805-4-6

2008

ZITTY BERLIN Nr. 23 | November 2008, Au revoir, Tristesse

MOTOR FM | 17. November 2008

XXI Nr. 71 | Oktober 2008, Sari limonata agaci, Baupiloten, Taka-Tuka-Land

AIT 10 | Oktober 2008, Büro und Verwaltung/Office Buildings;
Hochschulranking – Ökopop

ARCHITECTURE & DETAIL | Oktober 2008,
Wood, The Refurbishment of the Kindergarten „Taka-Tuka-Land"

IW INTERIOR WORLD Nr. 71 | Oktober 2008,
Culture & Education: Erika Mann Elementary School 2; Kindergarten Taka-Tuka-Land

INTERNI | September 2008, Die Baupiloten

SPACE MAGAZINE Issue 99 | September 2008, Taka-Tuka-Land

ARTICHOKE Nr. 24 | September 2008, Susanne Hofmann im Interview

DANSKE MALERMESTRE – DEFARVER Nr. 59 | September 2008, Taka-Tuka-Land
PROYECTO CONTRACT | September 2008, Taka-Tuka-Land
DETAIL. Spanish Edition Nr. 7 | Juli 2008, Concepto Guarderías – Tipología –
Rehabilitación de la guardería „Árbol de los sueños" en Berlín
DETAIL. Japanese Edition Nr. 7 | Juli 2008, Nursery Schools – Typology –
Conversion of „Tree of Dreams" Nursery School in Berlin, Germany
BOB Nr. 48 | Juli 2008, Special Designer of the Month
DOMUS Nr. 916 | Juli 2008, Fireclaw and Flickering Fireflies –
The Right to Education, Participation and Beauty
XXI | Juni 2008, Yellow Lemonade Tree
BAUWELT Nr. 22 | 06. Juni 2008, Neue Cafeteria der TU Berlin. Wetterleuchten
BRIGITTE ONLINE | 31. Mai 2008, Auf ins Abenteuerland!
RBB ABENDSCHAU | 12. Mai 2008, Wir sind die Baupiloten
DETAIL. English Edition No. 3 | Mai 2008, Day Nurseries Between Social Welfare
and Self Determination and Conversion of Tree of Dreams Nursery School in Berlin
BERLINER ZEITUNG | 26. April 2008, Raum für Fantasie
TU INTERN | April 2008, Konzentrieren auf dem Hauptcampus.
Rohbau der zweiten Aufstockung ist fertig. Cafeteria wird eingeweiht
DETAIL Nr. 3 | März 2008, Kindergärten zwischen Fürsorge und Selbstbestimmung
und Umbau der Kindertagesstätte „Traumbaum" in Berlin
BERLINER ZEITUNG | 26. Januar 2008, Spieglein, Spieglein an der Wand...
BZ | 25. April 2008, Diese Schule ist ein Traum
RBB ABENDSCHAU | 28. Februar 2008
FAB | 28. Februar 2008
FRANKFURTER RUNDSCHAU | 19. Januar 2008, Bauen schult
DER TAGESSPIEGEL | 08. Januar 2008, Ungeheuerliche Entspannung
DEUTSCHES ARCHITEKTENBLATT | Januar 2008, Früh übt sich
DBZ | Januar 2008, Gelber Limonadenfluß
HATCH: THE NEW ARCHITECTURAL GENERATION | London 2008, Kieran Long,
ISBN 978-1-85669-562-6
STRIKE A POSE: ECCENTRIC ARCHITECTURE AND SPECTACULAR SPACES |
Berlin 2008, Robert Klanten, Lukas Feireiss , Sven Ehmann (Hrsg.),
ISBN 978-3-89955-225-6

2007

DISENO INTERIOR Nr. 185 | Dezember 2007, Fuente de Limonada
ARKETIPO Nr. 19 | Dezember 2007, La danza del drago d'argento
DOMUS Nr. 908 | November 2007, Kita Taka-Tuka-Land
MENSCH + ARCHITEKTUR Nr. 59/60 | November 2007, Umstülpung einer Kiste
TO PAIDI MOU KI EGO Nr. 150 | September 2007,
Kid's Guide (Erika-Mann-Grundschule)
TO PAIDI MOU KI EGO Nr. 148 | August 2007,
Kid's Guide (Kita Taka-Tuka-Land)
A10 Nr. 16 | Juli 2007, New European Architecture
ICON Nr. 49 | Juli 2007, Pippi Longstocking
C3 Nr. 275 | Juli 2007, Kindergarten Taka-Tuka; Kindergarten Tree of Dreams
MARK MAGAZINE Nr. 8 | Juni 2007, Chocolate on Thursdays.
The Young Architects of Baupiloten Translate Users' Dreams into Physical Reality
MEME Nr. 07 | März 2007, Case study 2
ARCHITEKTURA MURATOR | März 2007, Mozliwosci przekszталcen architektonicznych
BAUWELT Nr. 7 | Februar 2007, Wochenschau: Limonadenbaum, Kindertagesstätte
Taka-Tuka-Land in Berlin Spandau
MD. Bulgarian Issue | Januar 2007, Children's Interior

2006

KI.KA RELÄXX | 02. Dezember 2006, Kinder an die Macht
BILD | 06. November 2006, Erika-Mann-Grundschule
RBB INFORADIO | 06. November 2006
ARCHITEKTURE & BIZNES Nr. 171 | Oktober 2006, Srebrne marzenia
ARCH+. Heft 180 | September 2006, Possibilities of Architectural Transformations
METROPOLIS | September 2006, Babes in The Woods
XXI Nr. 47 | August 2006, Düsler Agacinin Gölgesinde
BAUMEISTER | August 2006, Rascheln und Kichern
IW INTERIOR WORLD Nr. 54 | Juni 2006, Kindergarten Tree of Dreams;
Erika Mann Elementary School
THE ARCHITECTURAL REVIEW | Mai 2006, Tree of Dreams. A children's day care
center is animated by an arboreal fantasy, inspired by its young users
AIT | Mai 2006, Traumbaum. Kindertagesstätte Traumbaum in Berlin-Kreuzberg
BAUMEISTER | Mai 2006, Der Kampf der Baukulturen

DBZ | März 2006, Silberdrachenwelt. Umbau einer Grundschule
ARCHITEKTUR AKTUELL | Januar 2006, Schauplatz Berlin.
Zwei Ausstellungen und drei Orte junger Architektur
BAUEN FÜR KINDER | Stuttgart, Zürich 2006,
Wüstenrot Stiftung (Hrsg.), Katrin Voermanek (Autorin), ISBN 978-3782815215

2005

DEUTSCHES ARCHITEKTENBLATT | Dezember 2005, Find the Gap
BAUWELT Nr. 45 | November 2005, Find the gap – 25 Jahre Aedes
XXI Nr. 38 | Oktober 2005, Gümüş ejderha'nin ziyareti
BERLINER ZEITUNG | 19. September 2005 Zum Kuscheln in die Blüte
TAZ. DIE TAGESZEITUNG | 02. September 2005,
Kreuzberger Kitakinder werden Bauherren
ZDF HEUTE JOURNAL | 26. Juli 2005
BERLINER MORGENPOST | 17. April 2005, Lernen in der Welt des Silberdrachens
METROPOLIS | Februar 2005, Play School
ABSTRACT MAGAZINE Nr. 29 | Januar 2005, Erika Mann Elementary School
BERLINER ZEITUNG | 14. Januar 2005,
Weddinger Grundschule ist „identitätsstiftend"
DER TAGESSPIEGEL | 14. Januar 2005, In besserer Gesellschaft
RBB ABENDSCHAU | 13. Januar 2005

2004

THE ARCHITECTURAL REVIEW | Dezember 2004, Dragon Tales
AR+D | Dezember 2004, Emerging Architecture Awards. Honourable mention
DISENO INTERIOR Nr. 146 | September 2004,
Colegio Erika Mann Berlin. En la Guarida del Dragon
TECHNIQUES & ARCHITECTURE Nr. 473 | September 2004,
Complément d´objets ludiques. Ecole Erika Mann
DEUTSCHES ARCHITEKTENBLATT | September 2004,
Architekturstudenten als Projektentwickler
DER TAGESSPIEGEL | 12. Juli 2004,
Drachenreich. Berlin baut: die Weddinger Erika-Mann-Schule
AIT | Mai 2004, Silberdrachenwelt. Modernisierung einer Grundschule in Berlin
QVEST | Mai 2004, Der lachende Drache
BAUMEISTER | April 2004, Drachenwelten und Baupiloten
BAUWELT Nr. 10 | März 2004, Erika-Mann-Grundschule
DBZ. Licht + Raum | Februar 2004, Ein Stück Heimat im Kiez

2003

RADIO MULTIKULTI ZEITPUNKTE | 06. November 2003
TAZ. DER TAGESSPIEGEL | 05. November 2003,
Die Welt der Silberdrachen im Weddinger Kiez
BERLINER MORGENPOST | 05. November 2003,
Lernen auf der Spur des Silberdrachens
TAZ. DIE TAGESZEITUNG | 04. November 2003,
Im Treppenhaus klingt ein Riesenbrumsel
RBB ABENDSCHAU | 04. November 2003
RBB INFORADIO | 04. November 2003
ARCH+. Heft 167 | Oktober 2003, Berliner Unipraxis, Baupiloten. Büro 1:1
TAZ. DIE TAGESZEITUNG | 18. Oktober 2003, Theorie und Tatsachen
DER ENTWURF | Juni 2003, Praxisnah studieren

2002

DB | Juni 2002, Neu in Berlin: Hörsaal im JFK-Institut der FU Berlin
AIT | April 2002,
Kein Trockentraining – Hörsaal des John-F.-Kennedy-Instituts der FU Berlin
DER ARCHITEKT | April 2002, Die Welle
QVEST | April 2002, FU-ture Hörsaal
BAUWELT Nr. 16 | März 2002,
Neugestaltung eines Vortragssaales der Freien Universität Berlin
DER TAGESSPIEGEL | 27. Februar 2002, Frühling im Hörsaal – FU-Studenten haben
das John-F.-Kennedy-Institut verschönert: Entstanden ist ein Traum in Pastell

AUSSTELLUNGEN

2014

„Die Baupiloten BDA – Partizipative Architektur",
Senatsverwaltung für Bildung, Jugend und Wissenschaft, Berlin

„Think Global Build Social: Bauen für eine bessere Welt",
Gruppenausstellung im Architekturmuseum, Wien

„DAM Preis für Architektur in Deutschland 2013",
Gruppenausstellung im Deutschen Architekturmuseum, Frankfurt/Main

2013

„eme3 Architektur Festival Topias – Utopias becoming real", Barcelona

„Think Global Build Social: Bauen für eine bessere Welt",
Gruppenausstellung im Deutschen Architekturmuseum, Frankfurt/Main

„I kiss Umeå", Gruppenausstellung „Communitas" im Bildmuseet, Umeå

2012

„Ökopop – Energetische Sanierung und Modernisierung der Studentenwohnanlage Siegmunds Hof, Berlin"

„Blickfänger" im Rahmen von Building Blocks Berlin, Gruppenausstellung in den Nordischen Botschaften, Berlin

„Neue Neue. BDA-Berufungen", Gruppenausstellung, Leipzig und Berlin

2011

„Festival ÜberLebenskunst",
Gruppenausstellung im Haus der Kulturen der Welt, Berlin

„Concrete Geometries – The Relational in Architecture", Gruppenausstellung in der Architectural Association School of Architecture (AA), London

„Fliegende Klassenzimmer. Wir machen Schule", Gruppenausstellung, Wien

2010

„Realstadt – Wünsche als Wirklichkeit", Gruppenausstellung, Berlin

„PREVIEW Concrete Geometries, Concrete Geometries: Spatial Form in Social and Aesthetic Processes", Gruppenausstellung in der Architectural Association School of Architecture (AA), London

2009

„Kotti 3000", Spielpläne des Planspiels „Kotti 3000 - Kleb' Dir Deinen Kiez", Quartiersmanagement Zentrum Kreuzberg, Schaufenster der Mittelpunktbibliothek Adalbertstraße, Berlin

2008

„Architekturpreis Farbe, Struktur, Oberfläche", Gruppenausstellung, Darmstadt

„Lebens- und Lernraum Schule", Montag Stiftungen Jugend und Gesellschaft/ Urbane Räume, Volkshochschule Lünen, Sparkasse Sprockhövel, Leipzig

2007

„Spiel deinen Wohntraum – Wohn deinen Spieltraum",
Technische Universität Berlin

„Children's Spaces", Construction Expo, Gruppenausstellung, Mumbai

„Die Silberdrachenwelten der Erika-Mann-Grundschule, Eroberung und Gestaltung von Freizeitbereichen", Museumsgalerie der EMG, Berlin

„Pädagogische Architektur Lebensraum: Neue Tendenzen im Schulbau, Silberdrachenwelten der Erika-Mann-Grundschule",
Gruppenausstellung, Düsseldorf

2005

„Find the Gap, Neue Köpfe und Wege in der Architektur – Extrafantasies – Atmosphären kommunizieren Vorstellungswelten",
Gruppenausstellung, Aedes East, Berlin

„Stadtsensationen – Kinder bauen die größte Collage der Stadt",
Lange Nacht der Wissenschaften 2005, Technische Universität Berlin

2004

Die Baupiloten, Präsentation der Projekte: Modernisierung des zentralen Hörsaals des JFK-Instituts, FU Berlin; Bühnenbäume, Chemnitz; Die Silberdrachenwelten, Modernisierung der Erika-Mann-Grundschule, Berlin-Wedding; Die Lichtblume, H100-Ausbau zu einem multifunktionalen Saal, Lange Nacht der Wissenschaften 2004, Technische Universität Berlin

2003

„Die Baupiloten: Modernisierung der Erika-Mann-Grundschule: ein Stück Heimat im Kiez", Ausstellung Weddinger Kultursommers, Berlin

„Praxisbezogener Idealfall Architektursalon", framework Galerie, Berlin

VERÖFFENTLICHUNGEN SUSANNE HOFMANN

2014

Europan 12 – Adaptable City | Berlin 2014, Geipel, Kaye/Hebert, Saskia/Metz, Jens/Müller, Sabine/Poeverlein, Ulrike/Rudolph, Michael/Viader Soler, Anna (Hrsg.), ISBN 978-3-00-046272-6, „Quartiersentwicklung – Partizipationsprozesse und ihre nachbarschaftlichen Wirkungen"

2013

Learn-Move-Play-Ground: How to Improve Playgrounds through Participation | Berlin 2013, Capresi, Vittoria/Pampe, Barbara (Hrsg.), ISBN 978-3-86859-224-5, „Form follows Kids' Fiction. Methods of Participation: Working with Children"

Räume zum Lernen und Lehren – Perspektiven einer zeitgemäßen Schulraumgestaltung | Bad Heilbrunn 2013, Kahlert, Joachim/Nitsche, Kai/Zierer, Klaus (Hrsg.), ISBN 978-3-7815-1927-5, „Entdeckendes Lernen – Pädagogische Architektur"

Ernst & Sohn Special 2013 – Schulen und Kindertagesstätten | April 2013, Ernst & Sohn, Verlag für Architektur und techische Wissenschaften (Hrsg.), „Kindertagesstätte Lichtenbergweg in Leipzig. Mitwirkung der Nutzer am Entwurf"

2012

Metropole 6: Zivilgesellschaft. Metropolis 6: Civil Society | Berlin 2012, Internationale Bauausstellung Hamburg (Hrsg.), ISBN 978-3-86859-220-7, „Interaktive Entwurfsstrategien für Architektur und Städtebau"

Dossier Kulturelle Bildung | 25. Juni 2012, Bundeszentrale für politische Bildung (Hrsg.), „Bildungsarchitektur partizipativ gestalten", https://www.bpb.de/gesellschaft/kultur/kulturelle-bildung/138934/bildungsarchitektur-gestalten

2011

Räume bilden. Wie Schule und Architektur kommunizieren | Wien 2011, Lehn, Antje/Stuefer, Renate (Hrsg.), ISBN 978-3854095774 und *Kulturelle Bildung vol. 23: Lebenskunst lernen in der Schule. Mehr Chancen durch Kulturelle Schulentwicklung* | München 2011, Braun, Tom (Hrsg.), ISBN 978-3-86736-323-5, „Silberdrachenschnaubwelten. Ästhetische Alphabetisierung durch partizipative Schularchitektur" (mit Karin Babbe)

2010

Ernst & Sohn Special 2010 – Schulen & Kindertagesstätten | 2010, Ernst & Sohn, Verlag für Architektur und technische Wissenschaften (Hrsg.), „Mehr als ein Pinselstrich. Schulen sind (bau)kulturelle Orte!"

Planen – Bauen – Umwelt. Ein Handbuch | Wiesbaden 2010, Henckel, Dietrich/ Kuczkowski, Kester von/Lau, Petra/Pahl-Weber, Elke/Stellmacher, Florian (Hrsg.), ISBN 978-3-531-16247-8, „Experimentelle Architektenausbildung am Beispiel ‚Die Baupiloten'"

2009

Metropole 3: Bilden. Metropolis 6: Eduaction | Berlin 2009, Internationale Bauausstellung Hamburg (Hrsg.), ISBN 978-3-86859-070-8, „Form Follows Kids' Fiction. Partizipative und interaktive Architektur für Schulen und Kindergärten"

2008

Metropole 2: Ressourcen. Metropolis 2: Ressources | Berlin 2008, Internationale Bauausstellung Hamburg (Hrsg.), ISBN 978-3-939633-91-4, „Wetter und Architektur, gefühlt und gemessen"

Entwurfslehre – eine Suche. Teaching Design | Tübingen 2008, Joppien, Jörg (Hrsg.), ISBN 978-3803032096, „Die Baupiloten. Studium als praxisbezogener Idealfall"

Detail Nr. 3 | 2008, „Kindergärten zwischen Fürsorge und Selbstbestimmung" (deutsche, englische und spanische Ausgabe)

2007

Entwurfsatlas Schulen und Kindergärten | Berlin 2007,
Dudek, Mark, ISBN 978-3-7643-7052-7, „Schulen und Kindergärten im Umbau"

2006

Arch+. Heft 178 | 2006,
„Atmosphäre als partizipative Strategie im Entwurfsprozess"

DBZ Nr. 3: Schulbauten | 2006, Standpunkt zum Thema „Schulbauten"

2005

Architektur Rausch: Eine Position zum Entwerfen. A Position on Architectural Design | Berlin 2005, Arnold, Thomas/Grundei, Paul/Karsenty, Claire/Knoess, Elke (Hrsg.), ISBN 978-3936314458, „Spürbare Architektur"

2004

arq (Architectural Research Quaterly) Volume 8 Issue 2 | 2004,
„The Baupiloten: Building Bridges between Education, Practice and Research"

WEITERFÜHRENDE LITERATUR

Alexander, Christopher/Koolhaas, Rem/Obrist, Hans Ulrich:
„Von fließender Systematik und generativen Prozessen.
Christopher Alexander im Gespräch mit Rem Koolhaas und Hans Ulrich Obrist".
In: Arch+. Heft 189, Aachen 2008, S. 20 ff.

Alexander, Christopher/ Ishikawa, Sara/ Silverstein, Murray: *The Timeless Way of Building*. New York 1979
(Dt.: „Eine Pattern Language – Auszüge aus ‚The Timeles Way of Building' und ‚A Pattern Language'". In: *Arch+*. Heft 73, Aachen 1984, S. 14 ff.)

Alexander, Christopher/Ishikawa, Sara/Silverstein, Murray:
A Pattern Language. New York 1977
(Dt.: *Eine Mustersprache* (Übersetzung Hermann Czech). Wien 1995)

Blundell Jones, Peter: „3 Kinds of Participation".
In: *ar (The Architectural Review)*. Heft 3, 1987, S. 61 ff.

Blundell Jones, Peter/Petrescu, Doina/Till, Jeremy (Hrsg.):
Architecture and Participation. London, New York 2005

Burckhardt, Lucius: „Artikulation heißt Partizipation".
In: *Bauwelt*. Nr. 38/39, 1969. (Neu herausgegeben in:
Bruyn, Gerd de/Trüby, Stephan: *architektur_theorie.doc. Texte seit 1960*.
Basel, Boston, Berlin 2003, S. 228 ff.)

Chambers, Mariau/Groot, Rolle de/Domnich, Ulrike:
„Rolfshagen – Erfahrungen mit der Pattern Language aus der Sicht der Bewohner".
In: *Arch+*. Heft 73, Aachen 1984, S. 60

Cross, Nigel (Hrsg.): *Developments in Design Methodology*. Chichester 1984

Czech, Hermann: „Manierismus und Partizipation". In: Czech, Hermann:
Zur Abwechslung: Ausgewählte Schriften zur Architektur in Wien.
Wien 1978, S. 87 ff. (Neu herausgegeben in: Bruyn, Gerd de/Trüby, Stephan:
architektur_theorie.doc: Texte seit 1960. Basel, Boston, Berlin 2003, S. 243 ff.)

Eith, Ludwig/Marlow, Kay/Maurer, Andreas:
„Rolfshagen – Erfahrungen mit der Pattern Language aus der Sicht der Planer".
In: *Arch+*. Heft 73, Aachen 1984, S. 61 f.

Fezer, Jesko/Heyden, Mathias: *Hier entsteht. Strategien partizipativer Architektur und räumlicher Aneignung*. Berlin 2004

Friedman, Yona: *Meine Fibel. Wie die Stadtbewohner ihre Häuser und ihre Städte selber planen können*. Düsseldorf 1974

Frisch, Max: „Der Laie und die Architektur – Ein Funkgespräch":
In: Moras, Joachim/Paeschke, Hans (Hrsg.):
Merkur – Deutsche Zeitschrift für europäisches Denken.
Heft 85, Stuttgart 1955, S. 261 ff.

Führ, Eduard/Friesen, Hans/Sommer, Anette (Hrsg.): *Architektur-Sprache. Buchstäblichkeit, Versprachlichung, Interpretation*. Münster 1998

Hauser-Schäublin, Brigitta: „Teilnehmende Beobachtung".
In: Beer, Bettina (Hrsg.): *Methoden und Techniken der Feldforschung*. Berlin 2003, S. 33 ff.

Hofmann, Susanne: *Atmosphären als partizipative Entwurfsstrategie*.
Dissertationsschrift, TU Berlin. Berlin 2013 (Elektronische Veröffentlichung:
https://opus4.kobv.de/opus4-tuberlin/files/1049/hofmann_susanne.pdf)

Kroll, Lucien: *CAD-Architektur. Vielfalt durch Partizipation*. Karlsruhe 1972

Kühn, Christian: „Christopher Alexanders Pattern Language".
In: *Arch+*. Heft 189, Aachen 2008, S. 26 ff.

Lum, Eric: „Conceptual Matter – On Thinking and Making Conceptual Architecture".
In: *Harvard Design Magazine: Architecture as Conceptual Art?*
No. 19, Fall 2003/Winter 2004, Cambridge 2004

Miessen, Markus: *Albtraum Partizipation*. Berlin 2012

Nowotny, Helga: *Science in search of its audience*.
Unveröffentlichter Vortrag, Halle/Saale 2002

Oppenheimer Dean, Andrea:
Proceed and Be Bold: Rural Studio After Samuel Mockbee. New York 2005

Rahm, Philippe: „Immediate Architecture".
In: Buchert, Margitta/Zillich, Carl (Hrsg.):
Performativ? Architektur und Kunst. Berlin 2007, S. 105 ff.

Rambow, Riklef: *Experten-Laien-Kommunikation in der Architektur*.
Münster, New York, München, Berlin 2000

Sadler, Simon: *The Situationist City*. Cambridge, Massachusetts, London 1998

Schiller, Friedrich:
Über die ästhetische Erziehung des Menschen, in einer Reihe von Briefen. 1795
(http://gutenberg.spiegel.de/buch/3355/1)

Selle, Klaus Dieter: *Über Bürgerbeteiligung hinaus: Stadtentwicklung als Gemeinschaftsaufgabe? Analysen und Konzepte*. Detmold 2013

Sulzer, Peter/Hübner, Peter/Schneider, Rolf: *Lernen durch Selberbauen.
Ein Beitrag zur praxisorientierten Architektenausbildung*. Karlsruhe 1983

Wüstenrot Stiftung (Hrsg.): *Stadtsurfer, Quartierfans & Co. Stadtkonstruktionen Jugendlicher und das Netz urbaner öffentlicher Räume*. Berlin 2009

BILDNACHWEISE

Wir haben uns bemüht, für alle Abbildungen die entsprechenden Inhaber der Rechte zu ermitteln. Sollten dennoch Ansprüche offen sein, bitten wir um Benachrichtigung. Die Bildrechte für alle im Folgenden nicht aufgeführten Architekturfotografien liegen bei Noshe für die Außenaufnahmen des Hauses der urbanen Gartenfreunde, Frank Drenkhahn für die Abendaufnahme der Erika-Mann-Grundschule, alle anderen bei Jan Bitter. Die Bildrechte für Büro- und Porträtfotos liegen bei Rosa Merk. Die Bildrechte für alle im Folgenden nicht aufgeführten Abbildungen der Entwurfsprozesse und Entwurfsarbeiten liegen bei Die Baupiloten.

Pouzol, Marc: *Temporäre Gärten*. Berlin 2001: S. 6

Friedman, Yona: *Meine Fibel. Wie die Stadtbewohner ihre Häuser und ihre Städte selber planen können*. Düsseldorf 1974: S. 10

Broome, Jon: S. 13

Herb, Ernst: S. 19

Rittelmeyer, Christian: S. 24

Silhouetten: www.allsilhouettes.com: S. 28 f.

Hummel, Johann Erdmann: *Junge Leute beim Schaukeln in einem Garten bei Neapel*. Museumslandschaft Hessen Kassel: S. 55

Nishigori, Sagano: S. 232

ABKÜRZUNGSVERZEICHNIS

HOAI: Honorarordnung für Architekten- und Ingenieurleistungen
LPH #: Leistungsphase

ZUR FEMININEN UND MASKULINEN SCHREIBWEISE

Da die deutsche Sprache keine adäquate Möglichkeit für die gleichberechtigte Darstellung sowohl der maskulinen als auch der femininen Form bietet, wird in dieser Arbeit aufgrund der besseren Lesbarkeit überwiegend die maskuline Form verwendet.

ANMERKUNGEN

[1] Montag Stiftung Urbane Räume/Montag Stiftung Jugend und Gesellschaft/ Bund Deutscher Architekten/Verband Bildung und Erziehung (Hrsg.): *Leitlinien für leistungsfähige Schulbauten in Deutschland*. Bonn, Berlin 2013, S. 51

[2] Nowotny, Helga/Scott Peter/Gibbons Michael: *Wissenschaft neu denken. Wissen und Öffentlichkeit in einem Zeitalter der Ungewissheit*. Weilerswirst-Metternich 2004 (Englische Originalausgabe Cambridge 2001)

[3] Siehe zum Beispiel: Senatsverwaltung für Stadtentwicklung Berlin (Hrsg.): *Handbuch zur Partizipation*. Berlin 2011

[4] Pantle, Ulrich: „Partizipation, Alltag, Pop". In: Bruyn, Gerd de/Trüby, Stephan: *architektur_theorie.doc: Texte seit 1960*. Basel, Boston, Berlin 2003, S. 224 ff.

[5] Till, Jeremy: „The Architect and the Other". In: *openDemocracy*. 25. Juni 2006

[6] Ebd, S. 31 ff.

[7] Till, Jeremy: „The Negotiation of Hope". In: Blundell Jones, Peter/Petrescu, Doina/Till, Jeremy (Hrsg.): *Architecture and Participation*. London, New York 2005, S. 23 ff. (S. 28)

[8] Ebd., S. 31 ff.

[9] Kamleithner, Christa: *Eine Ästhetik des Gebrauchs. Die architektonische Position Ottokar Uhls. Disko 23*. Nürnberg 2011

[10] Blundell Jones, Peter: „Sixty-eight and after". In: Blundell Jones/Petrescu, Doina/Till, Jeremy (Hrsg.): London, New York 2005, S. 127 ff. (S. 131)

[11] Broome, Jon: „The Segal Method". In: *Architects Journal*. Nr. 5, November 1986, S. 31 ff. (S. 35)

[12] Ellis, Charlotte: „Homes fit for Humans". In: *The Architectural Review*. Heft 3, 1987, S. 83 ff. (S. 85)

[13] Segal, Walter: „.... diese Art von Bauen ist im Grunde genommen eine Art des Denkens". In: Sulzer, Peter/Hübner, Peter/Schneider, Rolf: *Lernen durch Selberbauen. Ein Beitrag zur praxisorientierten Architektenausbildung*. Karlsruhe 1983, S. 223 ff.

[14] Broome, Jon: „Mass Housing Cannot Be Sustained". In: Blundell Jones, Peter/ Petrescu, Doina/Till, Jeremy (Hrsg.): London, New York 2005, S. 65 ff. (S. 72)

[15] Blundell Jones, Peter: *Peter Hübner. Bauen als sozialer Prozeß. Building as a social process*. Stuttgart, London 2007, S. 96

[16] Hübner, Peter: „Nutzerpartizipation als soziale Schule. Evangelische Gesamtschule Gelsenkirchen-Bismarck". In: *Deutsches Architektenblatt*. Heft 6, 2002, S. 8 ff. (S. 9)

[17] Blundell Jones, Peter: Stuttgart, London 2007, S. 98

[18] Carlo, Giancarlo de: „Architecture's Public". In: Blundell Jones, Peter/Petrescu, Doina/Till, Jeremy (Hrsg.): London, New York 2005, S. 3 ff. (S. 5) (Dt.: „Die Öffentlichkeit der Architektur". In: *Arch+*. Heft 211 /212, 2013, S. 87 ff.)

[19] Ebd., S. 13

[20] Ebd., S. 15

[21] Ebd., S. 3 ff.

[22] Schalk, Meike: „Urban Curating: A Critical Practice towards Greater ‚Connectedness'". In: Petrescu, Doina (Hrsg.): *Altering Practices. Feminist Politics and Poetics of Space*. London, New York 2007, S. 153 ff.

[23] Petrescu, Doina: „Losing Control, Keeping Desire". In: Blundell Jones, Peter/Petrescu, Doina/Till, Jeremy (Hrsg.): London, New York 2005, S. 43 ff.

[24] Ebd., S. 45

[25] Ebd., S. 47

[26] Ebd., S. 49 f.

[27] Till, Jeremy: „The Negotiation of Hope". In: Blundell Jones, Peter/Petrescu, Doina/Till, Jeremy (Hrsg.): London, New York 2005, 23 ff. (S. 37)

[28] Ebd., S. 25

[29] Ebd., S. 27

[30] Ebd., S. 25 ff.

[31] Ebd., S. 27 f.

[32] Ebd., S. 30 ff.

[33] Ebd., S. 35 ff.

[34] Blundell Jones, Peter: „Sixty-eight and after". In: Blundell Jones, Peter/Petrescu, Doina/Till, Jeremy (Hrsg): London, New York 2005, S. 127ff.

[35] Cross, Nigel (Hrsg.): *Design Participation*. London 1971, S. 11 ff.

[36] Till, Jeremy: „The Negotiation of Hope". In: Blundell Jones, Peter/Petrescu, Doina/Till, Jeremy (Hrsg.): London, New York 2005, S. 23 ff. (S. 26)

[37] Connelly, Stephen/Richardson, Tim: „Reinventing Public Participation: Planning in the Age of Consensus". In: Blundell Jones, Peter/Petrescu, Doina/Till, Jeremy (Hrsg.): London, New York 2005, S. 77 ff. (S. 98 f.)

[38] Querrien, Anne: „How Inhabitants Can Become Collective Developers: France 1968-2000". In: Blundell Jones, Peter/Petrescu, Doina/Till, Jeremy (Hrsg.): London, New York 2005, S. 105 ff. (113 f.)

[39] Broadbent, Geoffrey: „The Developments of Design Methods. 1979". In: Cross, Nigel (Hrsg.): *Developments in Design Methodology*. Chichester u.a. 1984, S. 337 ff. (S. 341)

[40] Hahn, Achim: „Über das Beschreiben der Wohndinge. Ein soziologischer Exkurs zum Barwert von Architektur." In: *Wolkenkuckucksheim*. Heft 2, 1997, S. 4

[41] Ebd., S. 5 f.

[42] Aalto, Alvar, zitiert nach Schildt, Goran: *Alvar Aalto in his own words*. New York 1998, S. 108; Taut, Bruno: *Architekturlehre*. Tokio 1948, S. 38 f., zitiert nach Gänshirt, Christian: *Werkzeuge für Ideen – Einführung in das architektonische Entwerfen*. Basel, Boston, Berlin 2007, S. 77

[43] Prominski, Martin: *Landschaft Entwerfen. Zur Theorie aktueller Landschaftsarchitektur*. Berlin 2004, S. 103

[44] Nowotny, Helga/Scott Peter/Gibbons Michael: *Wissenschaft neu denken. Wissen und Öffentlichkeit in einem Zeitalter der Ungewissheit*. Weilerswirst-Metternich 2004 (Englische Originalausgabe Cambridge 2001)

[45] Rätzel, Daniela: *Erwachsenenbildung und Architektur im Dialog. Ein Beitrag zur dialogorientierten Konzeption von Räumen in der Erwachsenenbildung*. Hamburg 2006, S. 197

[46] Ebd., S. 75

[47] Till, Jeremy: „The Negotiation of Hope". In: Blundell Jones, Peter/Petrescu, Doina/Till, Jeremy (Hrsg.): London, New York 2005, S. 23 ff . (S. 37)

[48] Ebd., S. 39

[49] Böhme, Gernot: *Architektur und Atmosphäre*. München 2006, S. 32 ff.

[50] Wölfflin, Heinrich: „Prolegomena zu einer Psychologie der Architektur". München 1886 passim; Böhme, Gernot: *Architektur und Atmosphäre*. München 2006, S. 115

[51] Schmarsow, August: „Das Wesen der architektonischen Schöpfung, 1894". In: Dünne, Jörg/Günzel, Stephan (Hrsg.): *Raumtheorie. Grundlagentexte aus Philosophie und Kulturwissenschaft*. Frankfurt/Main 2006, S. 470 ff.; Böhme, G.: München 2006, S. 116

[52] Meisenheimer, Wolfgang: *Das Denken des Leibes und der Architektonische Raum*. Köln 2004, S. 15 f.

[53] Rittelmeyer, Christian: *Schulbauten positiv gestalten. Wie Schüler Farben und Formen erleben*. Wiesbaden, Berlin 1994, S. 107

[54] Walden, Rotraut: *Architekturpsychologie: Schule, Hochschule und Bürogebäude der Zukunft*. Cincinnati, Ohio 2008, S. XIV und S. 157 ff.

[55] Böhme, Gernot: Vortrag in Hamburg, im Rahmen einer Veranstaltung der IBA Hamburg. 31. August 2008 Hamburg (Mitschrift Susanne Hofmann); auch in: Böhme, Gernot: *Atmosphäre. Essays zur neuen Ästhetik*. Frankfurt/Main 1995, S. 14 und S. 182 f.

[56] Turrell, James: *Perceptual Cells*. Stuttgart 1992, S. 66

[57] Zumthor, Peter: *Atmosphären: Architektonische Umgebungen – die Dinge um uns herum*. Basel, Boston, Berlin 2006

[58] Böhme, Gernot: *Atmosphäre. Essays zur neuen Ästhetik*. Frankfurt/Main 1995, S. 21

[59] Böhme, Gernot: *Architektur und Atmosphäre*. München 2006, S. 19 ff.; Auch in: Böhme, Gernot: *Atmosphäre. Essays zur neuen Ästhetik*. Frankfurt/Main 1995, S. 21 f.

[60] Böhme, Gernot: *Architektur und Atmosphäre*. München 2006, S. 44 ff.

[61] 2003 habe ich das Studienreformprojekt „Die Baupiloten" in Kooperation mit der TU Berlin gegründet, um Studierenden die Chance zu geben, konkrete Bauvorhaben im Rahmen ihres Studiums zu realisieren. Die Haftung und Verantwortung lag bei meinem Büro, Susanne Hofmann Architekten, das als Kooperationspartner fungierte. Nach der Abwicklung des Studienprojektes im Jahr 2014 firmierte das Architekturbüro fortan als „Die Baupiloten BDA".

[62] Bischoff, Ariane/Selle, Klaus/Sinning, Heidi: *Informieren, Beteiligen, Kooperieren: Kommunikation in Planungsprozessen. Eine Übersicht zu Formen, Verfahren und Methoden*. Dortmund 2007, S. 257

[63] Rising Education ist von Studierenden selbst initiiert und im Rahmen des Studienprojektes Die Baupiloten und in Kooperation mit der Hope Foundation erarbeitet worden.

[64] Fritzen, Andreas/Kohler, Martin: „Die Stadt der offenen Quellen". In: Busmann, Johannes/Broekman, Ralf Ferdinand (Hrsg.): *polis – Magazin für Urban Development*. Heft 2, Wuppertal 2011, S. 56 ff.

[65] Nowotny, Helga/Scott Peter/Gibbons, Michael: Weilerswirst-Metternich 2004 (Englische Originalausgabe Cambridge 2001)

[66] Faust, Tanja: „Storytelling". In: Bentele, Günter/Piwinger, Manfred/Schönborn, Gregor (Hrsg.): *Handbuch Kommunikationsmanagement*. Köln 2006

[67] Till, Jeremy: „The Negotiation of Hope". In: Blundell Jones, Peter/Petrescu, Doina/Till, Jeremy (Hrsg.): London, New York 2005, S. 23 ff. (S. 39)

[68] Walden, Rotraut: *Architekturpsychologie – Schule, Hochschule und Bürogebäude der Zukunft*. Cincinnati 2008, S. 2 ff.

[69] Babbe, Karin: *Evaluation Silberdrachenschnaubwelten*. Berlin 2010 (unveröffentlichtes Manuskript)

[70] Benjamin, Walter: *Das Kunstwerk im Zeitalter seiner technischen Reproduzierbarkeit*. Frankfurt 2006 (Originalausgabe Paris 1936)

IMPRESSUM

3. Auflage © 2023 by jovis Verlag GmbH
Ein Verlag der Walter de Gruyter GmbH, Berlin/Boston
2. Auflage © 2016 jovis Verlag GmbH; © 2014 by jovis Verlag GmbH

Das Copyright für die Texte liegt bei den Autoren.
Das Copyright für die Abbildungen liegt bei den Fotografen/Inhabern der Bildrechte.

Alle Rechte vorbehalten.

UMSCHLAGMOTIV
Haus für urbane Gartenfreunde, Siegmunds Hof
von Noshe

KONZEPT
Susanne Hofmann
mit Florencia Young

GRAFIKDESIGN
Florencia Young

REDAKTION
Die Baupiloten BDA
Susanne Hofmann
www.baupiloten.com
Schmedding.vonMarlin. GbR
Dr. Anne Schmedding

PRODUKTION
Die Baupiloten BDA
Jana Alexandra Sommer
mit Sandra Feferbaum Siemsen
Robert Henry
Tina Strack

Gedruckt in der Europäischen Union.

Bibliografische Information der Deutschen Nationalbibliothek
Die Deutsche Nationalbibliothek verzeichnet diese Publikation in der Deutschen Nationalbibliografie; detaillierte bibliografische Daten sind im Internet über http://dnb.d-nb.de abrufbar.

jovis Verlag GmbH
Genthiner Straße 13
10785 Berlin

www.jovis.de

jovis-Bücher sind weltweit im ausgewählten Buchhandel erhältlich.
Informationen zu unserem internationalen Vertrieb erhalten Sie
von Ihrem Buchhändler oder unter www.jovis.de.

ISBN 978-3-86859-302-0